교사를 위한
학급운영 마인드셋

교사를 위한
학급운영 마인드셋

트레버 뮤어, 존 스펜서 지음 | 허성심 옮김

NEW TEACHER
MINDSET

한문화

| 차례 |

매년 초임 교사의
마음으로 시작하라

먼저 세 가지 사례를 이야기하며 이 글을 시작하려고 한다. 당신에게 해당하는 사례가 있는지 살펴보자.

수학을 싫어하는 아이들을 만난 교사

첫 번째는 한나의 이야기다. 한나의 부모는 딸이 엔지니어가 되기를 바랐지만, 한나는 여섯 살 때 한 선생님으로부터 훌륭한 교사가 될 거라는 말을 들은 후 평생 교사로 일하고 싶다고 생각했다.

한나에게는 수학이 늘 쉽게 느껴졌고, 그래서 성적이 좋은 것은 물론, 긍정적 자기 확신도 있었다. 다른 사람들도 수학을 잘할 수 있게 돕고 싶은 바람도 생겼다. 솔직히 말하면 한나는 친구들이 왜 미적분을 어려워하는지 도통 이해되지 않았다. 한나에게 미적분은 답을 찾아가는 재미있는 퍼즐과 같았다. 한나는 빨리 대학을 졸업해서 미래의 학생들에게 미적분이라는 퍼즐을 푸는 법을 알려주고 싶었다.

면접시험을 성공적으로 치른 후 한나는 교단에 첫발을 내디뎠다. 그런데 처음으로 담당하게 된 교과목은 미적분이 아니었다. 기하도 아니었다. 다섯 반을 배정받았는데, 모두 대수학 1을 가르쳐야 했다. 게다가 우등생 반이 하나도 없었다.

수업을 시작한 첫날, 학생들에게 유리수와 무리수를 정의할 수 있는지 물었다. 돌아온 반응은 멍한 시선뿐이었다. 몇 주가 지나자 한나도 학생들의 멍한 표정에 익숙해졌다. 학생들은 수업에 무관심했고, 무엇도 하려고 하지 않았다. 가끔 못된 짓을 하기도 했다. 한나는 노력에 대해서는 상을 줬고, 행동에는 결과가 뒤따른다고 강조하며 으름장을 놓았다.

말썽 피우는 학생들을 갈라놓기 위해 전략적인 자리 배치도를 만들었고, 많은 학생에게 D나 F를 줬다. 심지어 본격적인 수업 시작을 알리기 위해 늘 목소리를 높였다. 그러나 어떤 시도를 해도 소귀에 경 읽기였다.

그렇게 두 달이 지났다. 한나는 2004년형 혼다 시빅 자동차에 앉아 눈물을 흘리며 중얼거렸다.

"왜 부모님 말씀대로 그냥 공학을 전공하지 않았을까?"

그러던 어느 날 한나는 교직 경력 30년이 넘는 교사에게 심정을 토로했다. 경험이 풍부한 이 교사는 한나의 좌절과 슬픔 그리고 무엇보다 자기 의심으로 가득 찬 넋두리에 귀를 기울였다. 눈물을 글썽이며 한나가 절규했다.

"학생들이 왜 저를 싫어하는지 도통 모르겠어요."

베테랑 교사는 30년 전의 자신을 마주한 느낌이었다. 그녀는 자신이 더 일찍 알았더라면 좋았을 거라고 생각했던 지혜를 나눠줬다.

"한나 선생님. 아이들은 선생님을 싫어하는 게 아니에요. 아이들이 싫어하는 것은 수학이에요. 수학을 싫어할 이유가 없다는 것을 알려주세요. 그러면 돼요."

"제 말에 귀 기울이는 시늉도 하지 않는데, 어떻게요?"

"선생님이 배웠던 방식과 조금만 다르게 가르쳐 보세요."

학생들이 좋아하는 학교를 만들고 싶었던 교사

다음은 미구엘의 이야기다. 미구엘은 C등급을 받는 학생이었다. 그보다 낮은 성적을 받으면 집에서 외출 금지가 내려졌기 때문에 그나마 그 정도를 유지하고 있었다. 항상 '보통' 반에 배정되었고, 다른 학생들의 공부를 방해해서 근신 처벌을 받기도 했다. 대학 입학을 위해 수학 보충 수업도 들어야 했다. 미구엘은 학교를 좋아하지 않았다. 공부가 어려워서가 아니었다. 그냥 너무 지루했기 때문이다.

하루의 시작은 대체로 순조로웠다. 하지만 오전 10시쯤 선생님이 수업을 시작하면 미구엘은 꼼지락거리기 시작했다. 점심시간이 될 때까지 벽시계 바늘이 천천히 돌아가는 것을 쳐다봤다. 점심시간에는 친구들과 얘기할 수 있었다. 그러나 그것도 고작해야 20분이었다. 오후에 교실로 돌아와 책상에 앉으면 다시 시계를 쳐다보거나, 쉬는 시간에 복도를 돌아다니거나, 선생님이 보지 않을 때 교실 건너편으로 연필을 던지기 일쑤였다.

미구엘에게 학교는 지루함 그 자체였다. 그래서 성적도 좋지 않았고 종종 근신 처분을 받았으며, 심각한 학교 혐오증까지 생겼다. 그런데 글쓰기는 정말 좋아했다. 무엇 때문인지 몰라도 글쓰기가 해방감을 안겨줬다. 국어는 미구엘이 잘하는 유일한 과목이었다. 부모님이 대학은 꼭 가야 한다고 해서 국어를 전공하기로 했다. 그래야만 4년 동안 지루한 수업을 견딜 수 있으리라 생각했다.

교수가 그에게 좋은 국어 교사가 될 수 있다고 말했을 때 미구엘은 바로 앞에서 웃음을 터뜨렸다.

"제가 왜 가르치는 일을 합니까? 전 학교를 싫어하는데요!"

"하지만 미구엘, 난 자네가 글을 쓰는 방식이 아주 마음에 드네. 그 방법을 학생들에게 가르칠 수 있다면 어떻겠는가? 자네라면 학생들을 조금 다른 방식으로 가르칠 수 있지 않을까 싶네."

그렇게 해서 미구엘은 상상해 본 적도 없는 길을 걷게 되었다. 마침내 그는 교사가 되었다. 자신이 오랫동안 경험했던 지루함을 학생들에게 절대 물려주지 않으리라 다짐했다. 칙칙하고 텅 빈 교실 벽 대신, 공부와 관련 없는 포스터들로 벽면을 가득 채웠다. 학생들은 데이브 매슈스 밴드가 누구냐고 자주 물었고, 그럴 때마다 대답 대신에 그 밴드의 음악을 교실 스피커에서 쾅쾅 울려 나오게 틀어줬다. 학생들이 어색해해도 개의치 않았다.

미구엘은 모든 학생에게 별명을 붙여줬고, 학생마다 다른 특별한 악수 방법을 만들었다. 흥분하면 탁자 위로 올라갔고, 수업 시간에 교과서 사용을 금지했다. 매 단원이 거대한 프로젝트였고, 모든 수업에 직접 체험할 기회를 제공했다. 그는 오로지 학생들이 좋아하는 학교를 만들겠다는 목표를 가지고 매일 출근했다.

그런 식으로 몇 년을 가르치다가 미구엘은 마침내 탈진하고 말았다. 6개월 연속 그렇게 에너지를 유지하는 것은 그의 한계를 완전히 벗어나는 일이었다. 학생들은 매번 더 자극적인 것을 기대했다. 어쩌다 불가피하게 재미없는 수업을 하는 날에는 금방 흥미를 잃고 집중하지 않았다.

수업이 혼돈에 빠지면 미구엘은 번번이 이성을 잃었다. 문제 행동이 급격히 증가했고, 놀랍게도 그의 수업을 싫어하는 학생이 점점 늘어났다. 나중에 안 사실이지만, 내성적인 학생들은 재미있는 수업에 수반되는 산만함과 소음을 감당할 수 없었다.

미구엘은 수업을 성공적으로 이끌 방법이 있는지 궁금했다. 그는 '가만히 앉아서 받아먹는' 전통적 학습 모형이 많은 학생에게 통하지 않는다는 것을 보여주는 살아있는 증거였다. 그런데 오로지 신나는 활동과 재미에만 초점을 맞춘 수업도 실질적 효과가 없었다. 미구엘은 다른 수업 방법을 찾아내거나 아니면 전공을 살려서 할 수 있는 다른 일을 찾아야 했다.

베테랑 교사도 혁신적일 수 있다고 믿는 교사

마지막은 케이티의 이야기다. 케이티는 매일 천천히 열쇠를 돌리고, 문고리를 아래로 당기고, 퀴퀴한 교실 공기를 들이마신다. 카펫 세척제와 광택 인화지 냄새가 희미하게 난다. 그러나 케이티에게는 이 모든 것이 잠재성의 냄새처럼 느껴진다. 그녀는 교실 벽을 물끄러미 바라본다. 텅 빈 교실 벽은 학생들의 미술작품과 학습 포스터 그리고 앞으로 진행할 대규모 프로젝트를 위한 집단 브레인스토밍의 결과물로 채워질 하얀 도화지다.

바리케이드처럼 교실 한쪽으로 밀어놓은 가구들을 힐끗 보고 나서 늘 사용하는 중성펜과 공책을 꺼낸다. 교실 공간을 꾸미기 위한 초안을 그릴 것이다. 적응하기 쉽고 자율적이면서도 질서 있는 교실을 꾸미려면 어떻게 해야 할까? 어떻게 협동 학습을 극대화하는 동시에 자기성찰의 필요성을 존중하는 공간을 설계할 것인가?

30분 후, 케이티는 블루투스 스피커를 꺼내고 여러 음악을 모은 믹스테이프를 살핀다. 믹스테이프. 그녀는 아직도 그렇게 부른다. 처음에는 실제 카세트테이프를 가리키는 말이었지만, 27년이 지난 지금은 스트리밍 앱에 있는 재생 목록을 말한다. 그녀가 선별한 음악은 클라우드에 저장되어 있다. 거의 30년 전 교육대학을 다닐 때만 해도 클라우드라는 말을 지금의 의미로 사용할 거라곤 생각하지 못했다.

케이티가 처음 교단에 섰을 때 학교에는 유선 인터넷이 되는 컴퓨터실이 있었다. 여전히 오버헤드 프로젝터와 등사기를 사용하던 시대였다. 교실로 이동식 TV 거치대를 밀고 들어오면 학생들은 환호성을 지르곤 했다.

올해는 느낌이 다르다. 새로운 도시에서 새로운 학년을 맡았기 때문이다. 동시에 무엇인가 더 큰 감정도 느낄 수 있다. 새로운 요구와 도전 의식을 지닌 낯선 세대를 만난 느낌이다. 인공지능 혁명으로 학습 방법뿐만 아니라, 생각하고 창조하는 방식 자체도 달라진 시대다.

한편, 케이티는 가끔 초임 교사 같은 기분이 들 때가 있다. 그래도 괜찮다. 매년 새로운 학급을 맡지 않는가. 이제 새로운 전략을 시도하고, 새로운 프로젝트를 구상할 시간이다. 사실, 케이티는 베테랑 교사이자 전문가지만 혁신을 멈추려고 하지 않는다.

케이티는 불경기와 대규모 유행병을 겪었다. 표준화 시험을 궁극적 해법으로 밀어붙이는 여러 정책도 경험했다. 그녀는 회복력이 뛰어나고 적응력이 좋으며 창의적이다.

"이게 있었네." 그녀는 자료 상자를 뒤지다가 혼자 중얼거린다. 한 번쯤 시도하고 싶은 새로운 아이디어를 적어놓은 공책들이다. 초등학교 3학년 학생들이 좋아할 만한 새로운 방탈출 활동 계획안도 있다. 파닉스 교수법에 관한 새로운 연구 논문은 형광펜으로 표시되어 있다. 아직도 새 학기에 만날 학생들을 생각하면 설렌다. 머지않아 학생 명단은 각기 다른 27명의 아이들로 채워질 것이고, 한 해 동안 그 아이들을 알아갈 것이다.

케이티는 교사로서 경험도 많고 어느 정도 성공했는데도 여전히 긴장감과 약간의 두려움을 느낀다. 27년 전 처음 느낀 후로 매년 이런 감정이 가슴 깊은 곳에서부터 올라온다.

'이 방안들이 효과 없으면 어쩌지?'
'이것을 실행할 수 있는 에너지와 체력이 남아있을까?'
'신기술을 이해하지 못하면 어떡하지?'
'나이가 너무 많아서 학생들과 어울리지 못하는 건 아닐까?'
'아이들이 나를 좋아하지 않으면 어쩌지?'

그러나 케이티는 이런 걱정을 머릿속에 그냥 두지 않는다. 이전에도 이런 걱정을 잘 이겨냈다. 그녀는 사람들의 고정관념을 바꾸려고 할 것이고, 베테랑 교사도 얼마든지 혁신적일 수 있다는 사실을 몸소 보일 것이다. 그녀는 달라질 것이고, 학생들은 그녀를 영원히 기억할 것이다.

어떻게 그들 같은 교사가 될 수 있을까?

이 책의 공동 저자인 우리 둘 다(트레버 뮤어와 존 스펜서) 우리에게 여러 면에서 영향을 끼친 교육 제도 안에서 성장했다. 그 안에서 읽기, 쓰기, 연산, 문제 해결법, 탐구심, 사회성을 배웠고, 어떨 때 문제가 생기고 또 어떻게 하면 곤경을 피할 수 있는지도 배웠다. 다항식 인수분해, 따돌림에 대처하는 법, 책상에 오래 앉아있는 법, 집단 프로젝트에서 일을 혼자 도맡아 하거나 다른 사람에게 떠맡기는 법, 에세이 쓰는 법, 미술 작품 만드는 법, 독서에 빠지는 법 등 많은 것들을 배웠다.

어떤 일을 하면서 13년을 보낸다면 보통 형성 효과(Shaping Effect, 심리학과 행동주의 이론에서 사용하는 개념으로, 어떤 목표 행동을 강화하여 점진적으로 원하는 행동을 형성하는 과정 - 옮긴이)를 얻는다. 유치원부터 고등학교 3학년까지 우리는 교실에 앉아서 정체성과 지식, 기술, 발달을 형성하는 데 중요한 역할을 하는 학습을 경험했다. 학교가 우리를 형성하는 데 일조했다고 볼 수 있다. 그러므로 거기서부터 시작해 보자. 홈스쿨링을 하는 학생이든 사립학교에 다니거나 공립학교에 다니는 학생이든 누구에게나 교육 경험은 매우 큰 영향을 미친다.

교육에서 가장 중요한 형성적 요소는 교육을 이끄는 사람들, 즉 학생들에게 지금뿐만 아니라 앞으로도 도움이 될 수 있는 학습 경험을 설계하고 지도하는 교사들일 것이다. 우리 두 저자가 교사가 되기로 마음먹은 계기도 그런 스승을 만난 경험에 있다. 우리는 각자 전공 분야를 향한 열정과 배움에 대한 깊은 애정을 키워준 선생님을 만났다. 그 선생님들은 우리 기억 속에 뚜렷이 새겨져 있어 여전히 우리와 연결된 느낌이다. 그분들은 모든 것을 지금까지 배운 내용과 연결 지어 생각하도록 도왔고, 우리에게 '그들처럼 좋은 교사가 되고 싶다'는 생각을 하게 이끌었다.

모든 학교생활이 영화 〈죽은 시인의 사회〉에서처럼 시에 대한 설렘과 세상에 도전할 용기로 가득 찬 키팅 선생님의 수업 같지는 않았다. 학교생활의 많은 부분은 그런 느낌이 아니었다. 오히려 무미건조하고 아무런 영감을 느낄 수 없을 때가 더 많았다.

우리는 하루 7시간 동안 줄지어 앉아 어른들이 교실 앞에 서서 하는 말을 가만히 들었고, 시험을 보기 위해 모든 내용을 암기하고 반복했다. 보통 2학년부터는 학교에서 7시간을 보낸 후, 집에 가서도 더 공부해야 했다. 그렇게 하지 않으면 다음 날 학교에서 수업을 따라가기 힘들었고, 교실에서 보내는 시간이 훨씬 견디기 어려웠다.

보상과 처벌이 학교생활의 주를 이룰 때가 너무 많았다. '진짜 세상'에서 어떻게 사용하는지 알려주는 최소한의 힌트도 없이 많은 것들을 그냥 주입식으로 배웠다. 물론 학생들을 먼저 인간으로 배려하고, 그런 다음 다른 것들을 신경 쓰는 피니 선생님이나 학생들에게 배움의 즐거움을 알려주는 프리즐 선생님 같은 분도 있었다.

그러나 해야 할 일은 너무 많고 월급은 너무 적은 직업 세계에 수년 동안 몸담다 보니 일하는 즐거움을 상실한 채 지칠 대로 지친 교사들도 많았다. 가르치는 일에 열정을 상실한 교사가 지도하는 수업에 들어가고 싶은 학생은 없을 것이다.

학교는 좋았다. 그러나 좋지 않을 때도 많았다. 우리 두 사람은 서로 다른 곳에서 다른 시기에 교육자가 되기 위한 길을 걸었지만, 미래의 학생들에게 영향력 있는 교사가 되겠다는 같은 목표가 있었다. 하지만 교육 제도는 우리의 목표를 지원할 만큼 완벽하게 설계되어 있지 않았다. 우리는 목표를 이루려면 교육을 지금까지와는 다르게 생각해야 한다는 것을 깨달았다.

우리는 할 수 있다는 희망과 낙관으로 가득 차 있었다. 학생들이 학교를 떠난 뒤에도 배움, 탐구, 창조에 대한 사랑을 간직하도록 지도할 수 있으리라 믿었다. 감히 말하지만, 우리는 학생들에게 필요한 교사가 될 준비를 마친 이상주의자였다. 대학을 졸업하고, 교사 연수를 받고, 실습을 하고, 잠 못 이루는 밤을 수도 없이 보낸 끝에 우리는 마침내 교사가 되었다.

곧이어 이상과 현실 사이에 뚜렷한 차이가 있음을 깨달았다. 이 책 전반에서 교육 현장의 현실을 자세히 살펴보겠지만 여기서 우리가 느낀 바를 한 문장으로 요약하자면 다음과 같다.

'가르치는 일은 어렵다!'

가르치는 건 쉽지 않은 일이다

교육은 복잡하고 골치 아프고, 변화가 느린 거대한 시스템의 한 부분이다. 초임 교사로서 우리가 이 시스템 안에서 온갖 복잡하고 골치 아픈 일을 이겨내고 성공하는 법을 배우기까지는 꽤 긴 시간이 필요했다. 늘 꿈꾸던 모습의 교사가 되고, 끊임없이 변화하는 학교 조직 문화 속에서 일하고, 새로운 기술에 적응하고, 교육 제도 안에서 생존하고 번창하는 동시에 기존 제도와 맞서 싸우기 위해서는 여러 면에서 달라져야 했다.

교직에 발을 들인 대다수 교사가 앞에서 소개한 세 가지 사례에 어느 정도 공감할 것이다. 우리는 한나와 같은 처지인 적이 있었고, 학생들의 참여를 끌어내기 위해 온갖 잘 알려진 방법을 시도했지만 결국 실패로 끝난 적도 있었다. 미구엘처럼 교실이 따분하지 않은 공간이 되기를 바랐지만, 매 순간 재미있고 신나는 수업을 이어가려고 할 때 어떤 일이 일어나는지도 확인했다. 새 학기 첫날이 가까워질 때 케이티가 느끼는 흥분과 새로운 교수법을 시도할 때 수반되는 불안감도 잘 알고 있다. 때로는 우리가 배운 방법이 항상 효과가 있는 것은 아니며, 그래서 때로는 다른 접근법을 찾아야 한다는 것도 깨달았다.

다르다고 해서 항상 대담하거나 화려한 무언가를 의미하지는 않는다. 교육에서 지금까지 해오던 방법을 모두 버리고 완전히 새로운 것으로 대체한다는 의미도 아니다. 많은 '전통적' 교수법과 경험 많은 교사에게서 얻은 지혜에는 분명 커다란 힘이 있다. 다르다고 해서 남들이 모두 앞으로 나아갈 동안 혼자 변화에 저항하거나 적응하기를 거부한다는 말도 아니다.

다르다는 것의 핵심은 효과적인 방법을 수용하고, 새로운 연구에 주목하고, 새로운 아이디어에 마음을 열고, 끊임없이 변화하는 세상에 적응하는 것이다. 이는 전 세계적인 유행병과 점점 증가하는 사회·정치적 압력, 쉽게 이용할 수 있는 인공지능 기술의 도입을 모른 척하지 않는 것이다. 세상이 변하고 있음을 인지하고 그에 맞춰 적응하는 것이다.

모든 해, 모든 날이 달라질 기회이다

우리는 새 학기 첫날부터 기꺼이 새로운 것을 시도하는 창의적 위험을 감수해야 한다. 우리는 모든 수업을 실험이라 생각해야 한다. 처음에는 완벽하지 않을 수도 있지만, 여러 번의 작은 반복을 통해 점점 더 효과적이고 혁신적인 수업으로 발전한다. 그 결과, 변화에 직면했을 때도 점점 더 잘 적응할 수 있다.

변화는 불가피하다. 특히 교육계에서는 두말할 것도 없다. 그러므로 우리는 방향을 바꾸고, 적응하고, 혁신하고, 때로는 시류를 거스르고, 새로운 방법을 찾고, 변화하는 상황 속에서도 그대로 유지해야만 하는 방식을 식별해야 한다. 우리는 다른 유형의 교사로 거듭나야 한다.

그래서 당신이 이제 막 교직을 시작한 초임 교사라면, 더없이 환영한다. 앞으로 당신과 함께할 이 여정이 기대된다. 만약 교직에 오래 몸담은 교사라면, 경력이 1년이든 31년이든 우리가 매년 새로 시작하는 초임 교사임을 기억하라. 매해가 새로운 해가 될 것이다.

새로운 학생을 만나고, 새로운 전략을 시도하며, 새로운 체계를 설계할 기회가 우리를 기다린다. 모든 날이 혁신하고 반복하며 다른 것을 만들어 낼 새로운 기회가 될 것이다. 하루하루가 새로운 날이자 달라질 기회이다.

1장

관계 형성은 새 학기 첫날부터 시작하라

그날은 교사가 되어 맞이한 첫 학기 첫 주의 금요일이었다. 나(존 스펜서)는 학생들에게 체험하며 배우는 '핸즈온Hands-on(이론만 배우는 것이 아니라 직접 실습하거나 체험하며 배우는 것 - 옮긴이) 학습 활동'을 제안해 보기로 마음먹었다. 지리학의 다섯 가지 주제를 콜라주로 만드는 활동으로, 먼저 학생들의 이해부터 공고히 할 생각이었다. 수업 몇 주 전부터 가족과 친구들에게서 낡은 잡지를 구했다. 신학기 맞이 할인을 하는 가게마다 찾아가 접착제와 카드지, 템페라 물감도 좀 심하다 싶을 정도로 많이 샀다.

수업자료로 쓸 물품들을 진열하기 위해 두 시간 일찍 출근했다. 몇 번이나 수정한 끝에 완성한 수업 안내문을 복사했다. 그러고 나서 언젠가 교사로서 내 이야기를 다룬 영화가 나온다면 어떤 모습일지 잠시 동안 공상에 잠겼다. 핸즈온 학습을 통해 학생들은 사회 과목에 깊은 흥미를 갖게 될 것이다. 지리학의 재미를 발견하고, 역사가 과거의 일이 아니라 현재까지 이어지는 일임을 알게 될 것이다.

정말 대단한 활동이 될 것 같았다. 목요일까지만 해도 첫 주는 꽤 성공적으로 흘러가는 것 같았다. 나는 거의 모든 학생의 이름을 외웠고, 수업하기 전에 교실 문에 모여든 아이들과 스포츠나 비디오 게임, 음악을 주제로 짧은 대화를 나눴다. 우리는 하나의 공동체가 되어가고 있었다. 이제 핸즈온 학습으로 나아가면 되는 때였다. 아침 종이 울리기를 기다리며 시계를 쳐다보는 동안 기대감 반, 불안감 반으로 속이 울렁거렸다. 학생들이 하나둘 교실로 들어왔다.

"오늘은 색다른 하루가 될 거예요."

나는 프로젝트를 진행할 생각에 흥분한 목소리로 입을 열었다. 수업 규칙과 그 규칙을 어겼을 때의 결과를 간략히 설명하고 나서 학생들이 하고 싶은 대로 하게 됐다.

처음 두 반은 수업이 예상보다 일찍 끝났다. 내가 물감 말릴 장소를 정신없이 찾는 동안 대부분 학생이 돌아다니며 잡담이나 했다는 말이다. 쉬는 시간에 나는 쉽게 사그라지지 않는 실망감을 억누르려 애썼다. 대단한 프로젝트가 아니었다. 그냥 콜라주였다. 영화에 나오는 훌륭한 교사들이 하는 그런 학습 활동도 아니었다. 그냥 만들기였다.

학생들이 일단 참여는 했으니 금요일 활동치곤 그나마 성공적이라 할 수 있었다. 나는 기대감을 조금 낮추기로 했다. 그러면서도 여전히 내 기대에 부응하는 반이 있기를 바랐다.

세 번째 반 수업에 들어갔다. 학생들은 얼굴에 물감을 칠하겠다고 했다. 학생들을 화장실로 보낸 바로 그 순간 무엇인가 크게 부딪치는 소리에 이어 유리 깨지는 소리가 들렸다. 나는 재빨리 달려갔다. 한 여학생이 머리카락에서 유리 조각을 빼며 울고 있었다.

"누가 그랬어?" 나는 화난 목소리로 물었다.

아이들은 아무 말도 하지 않았다.

"그냥 솔직히 말해. 누가 그랬어?" 나는 괴성을 질렀다. 교사들 사이에서 소리 지르는 모습을 표현하는 은어로 흔히 '목이 쉬었다'라는 말이 있다. 나는 그야말로 괴성을 냈다. 얼굴이 붉으락푸르락해졌다. 일단 마음을 가라앉힌 다음 학생들에게 누가 그랬는지 적어서 내라고 했다. 한 학생의 이름이 반복해서 나왔다. 호세였다.

놀랍지도 않았다. 학기가 시작되기 전부터 호세를 조심하라는 말을 여러 번 들었던 터였다. 나는 훈육 의뢰서를 쓰고, 호세를 훈육실로 보냈다. 점심시간에 훈육실에 들렀다. 호세는 계속해서 자기는 아무 잘못도 하지 않았다고 말했다.

"그런 말 듣고 싶지 않아. 증인들이 있잖아."

그런데 교실로 돌아가는 길에 늘 조용하기만 했던 한 여학생이 나를 불러 세웠다.

"선생님, 말씀드릴 게 있어요." 아이 얼굴 위로 눈물이 흘러내렸다.

"마리아, 왜 그래? 무슨 일 있니?"

"제가 그랬어요. 제가 그림을 떨어뜨렸어요. 친구에게 딱풀을 던져주려고 했는데, 그만 그림 액자에 맞아버렸어요. 호세가 한 게 아니에요."

나는 마리아와 함께 훈육실로 가서 호세와 호세 어머니에게 사과했다. 내가 일을 처리한 방식을 생각하니 너무나 부끄러웠다. 그 사건은 내가 훈육을 생각하는 방식을 영원히 바꾸는 계기가 되었다.

학급 관리에 만능 해결책은 없다

이 부끄러운 이야기를 공유하는 이유는 나 또한 효과적인 관계 구축을 위한 방법을 완벽히 이해하지 못한다는 점을 미리 밝히고 싶어서다. 트레버와 나는 수업 시간에 목소리를 높이거나, 뜻하지 않게 학생들에게 창피를 주거나, 시끄럽고 말 안 듣는 학생을 진정시키지 못하는 오싹한 순간들을 경험했다.

사범대학을 다닐 때 우리는 학급 관리에 관한 책을 여러 권 읽었다. 제시된 지침만 잘 따르면 '학급 관리에 문제가 없다'라고 약속하는 책들이었다. 우리는 그 지침을 학급 관리 계획에 어떻게 포함할지 설명하는 보고서를 썼고, 교수님과 다른 예비 교사들 앞에서 적용 방법을 시범 보였고, 그게 시험 정답인 양 암기했다.

그러고 나서 가르치는 일을 시작했고, 책에서 말하는 지침을 그대로 따랐다. 그러나 현실에서는 잘 통하지 않을 때가 더 많았다. 처음에는 우리에게 문제가 있다고 생각했다. 어쩌면 일관성이 부족했거나 제대로 된 기법을 완전히 습득하지 못했을 수도 있다. 그냥 교사로서 재능이 부족한 것은 아닌지 의심도 들었다.

결국, 트레버와 나는 각자의 여정을 통해 '만능 학급 관리 매뉴얼' 같은 건 애초에 없다는 사실을 깨달았다. 인간은 모두 어지러운 세상 속에 사는 골치 아픈 존재이므로, 수많은 학생이 함께 생활하는 교실에는 항상 긴장과 갈등, 도전이 있을 것이다. 그래서 가르치는 일이 어렵다. 사람을 대상으로 하는 일이니 당연하다. 하지만 그래서 더욱 가치 있고 아름답기도 하다.

우리는 학급 관리에서 전통적 사고방식으로 교사 생활을 시작했다. 상벌 체계가 있었고, 규칙을 정해두면 모든 학생이 따르리라 기대했다. 규칙이 명확하고 문제 행동에 합당한 결과를 설정해 놓으면 학급이 원활하게 운영되리라 생각했다. 물론 가끔은 효과가 있었다. 가끔 수업이 순조롭게 진행되고, 학생들은 지시를 잘 따르기도 했다. 그러다가 피할 수 없는 갈등이 발생하곤 했다.

감정이 폭발하는 학생이 있었고, 수업 시작 바로 전에 복도에서 싸움이 일어나기도 했다. 규칙을 따르지 않는 학생들도 있었다. 보름달이 뜨는 날처럼 미쳐 돌아가는 날도 있었다. (이 말이 이해되지 않으면 잠깐이나마 학생들을 가르쳐 보라. 금방 이해될 것이다.) 또 어떤 때는 알고 보니 아무 잘못 없는 아이에게 화를 내기도 했다.

단순히 규칙과 상벌만으로는 충분하지 않다는 것이 명백해졌다. 세상 어떤 규칙과 절차를 내밀어도 교육은 본질적으로 골치 아픈 일이라는 사실을 부인할 수 없었다. 그 사실을 깨달은 후부터 더 나은 학급 관리 방법을 찾기 위한 여정이 시작되었다.

이제 우리는 다른 렌즈로, 어쩌면 더 현실적인 렌즈로 학급 관리를 들여다보려 한다. 교육을 관계의 문제로 보기 시작했다는 뜻이다. 모든 관계가 그렇듯 교육에도 완벽한 길로 안내해 주는 지침서나 지도 같은 것은 없다. 관계를 맺는다는 것은 골치 아픈 일이다. 그러므로 지침서를 제공하는 대신에 교육 현장에서 직접 경험하며 얻은 학급 관리에 관한 '뻔하지 않은 진리'를 공유하고자 한다.

해결책① 겸허함에 힘이 있다

내가 사과했을 때 호세는 고개도 들지 않았다. 교장 선생님이 돌아보라고 말했지만 호세는 등을 돌린 채 고집스럽게 벽만 응시했다. 화를 내는 것이 당연했다. 나는 단순한 실수를 저지른 게 아니었다. 학생의 평판을 기반으로 성급한 판단을 내렸다. 나 자신이 두렵고 불안해서 학급 전체를 몰아세웠고, 호세 입장에 귀를 기울이지 않았다.

다음 날, 다시 사과했을 때 호세는 "괜찮아요. 이런 일에 익숙해요."라고 대답했다.

"괜찮은 게 아니야. 선생님은 네가 이런 일에 익숙해지지 않았으면 좋겠구나. 진심으로 미안하다."

다음 주, 호세는 딴 곳을 보며 여전히 나와 눈을 맞추려 하지 않았다. 하지만 미묘하게 무엇인가 달라져 있었다. 질문에 대답도 하고, 조별 토론에도 참여했다. 과제도 제출했다. 심지어 내가 크로스컨트리팀에 들어오라고 했을 때는 테스트 보는 날 이모가 여동생을 돌봐줄 수 있을지 확인하기 위해 엄마에게 전화해 봐도 되냐고 물었다.

그 해가 가기 전에 호세는 수업 시간의 리더로 부상했다. 물론 내가 살짝 바로잡아줘야 할 때도 있었고, 점심시간이나 체육 시간에 싸움에 휘말리는 일도 가끔 있었다. 하지만 호세는 소집단 환경에서 특히 두각을 나타냈다. 호세는 소집단 프로젝트 관리자로 적격인 아이였다.

하루는 연결 통로 건너편에서 한 교사가 비커를 떨어뜨려 유리가 산산이 조각났다. 그러자 호세가 나를 쳐다보며 말했다.

"선생님, 맹세컨대 제가 한 게 아니에요. 아무리 많은 학생이 제 이름을 적어내도 전 아니에요."

호세를 섣불리 재단했던 때를 생각하면 아직도 창피하지만, 호세는 그때 일을 우리끼리 하는 농담으로 승화시켰다. 진심으로 나를 용서했기에 가능한 일이었다. 겸허함에 힘이 있다는 것을 다시 한번 상기하게 된 경험이었다. 당시 나는 학생에게 사과하면 '자칫 유약하게 비치지 않을까?', '학생들이 나를 만만하게 여기지 않을까?' 하고 우려했다. 그러나 내 경험에 비추어 보면 학생들은 대체로 친절한 반응을 보인다. 오히려 사과하는 것을 진정한 강함의 표시로 여긴다. 솔직함과 겸허함이 결국 교사와 학생의 관계를 회복에 이르게 한다.

해결책② 학급 관리는 관계에서 시작된다

초임 교사들은 "학생의 행동을 사적으로 받아들이지 마세요."라는 말을 자주 듣는다. 학생에게 문제가 있을 뿐 교사에게 문제가 있는 건 아니라는 뜻이다. 만일 교사가 말하는데도 계속 떠드는 아이가 있다면 그 아이는 그저 옆 친구와 이야기하고 싶은 것일지도 모른다. 심술 난 얼굴로 교실에 들어와 툴툴거리는 학생은 십중팔구 운동장이나 급식실에서 무슨 일이든 겪었을 것이다.

학생의 행동을 사적으로 받아들이지 말아야 한다는 것은 진리다. 그러나 학급 관리는 관계의 문제이므로 사적인 영역에 속한다. 호세와 있었던 일은 단순한 훈육이 아닌 관계의 문제였다. 마리아는 수업 시간에 마음대로 자리를 이동하면 안 된다고 생각했고, 교사에게 질문하는 것을 무서워하는 학생이었다. 그래서 규칙을 깨는 게 두려운 나머지 교실 건너편으로 딱풀을 던졌다. 그림 액자가 깨진 것을 학생들은 특정 학생의 책임으로 돌렸다. 이 학생에게는 늘 말썽꾸러기라는 꼬리표가 붙어있었기 때문이다.

나는 반 전체를 몰아세웠고, 특정 학생을 꾸짖었다. 모든 순간이 관계와 관련 있었다. 나는 화를 내고, 한 학생을 모욕하고, 학생의 말에 귀 기울이지 않고 상처를 줬다. 어떻게 상황을 해결해야 하는지도 몰랐다.

그 사건 이후로 내 목표는 학생들과의 관계를 회복하고, 개선하는 것이었다. 긍정적인 관계를 구축하는 가장 효과적인 방법은 EMR 방식, 즉 '관계의 수립-유지-회복 과정'을 이용하는 것이다. (그림 1.1 참조)

그림 1.1 EMR 방식

{출처: 쿡Cook 외(2018). 교사와 학생 사이 긍정적 관계 구축하기: EMR 방식 예비평가}

먼저 학생들과 긍정적인 관계를 수립하고, 한 해 동안 관계를 잘 유지하고, 본래 교육이란 골치 아픈 일이므로 발생할 수 있는 불가피한 갈등을 겪은 후 관계를 회복하는 과정이다.

'교사와 학생 사이 긍정적 관계 구축하기'라는 논문에서 저자들은 '교사-학생 관계'와 학생의 긍정적 행동 사이의 연관성을 분석하기 위해 4, 5학년 담당 교사들을 대상으로 맹검법 연구(Blind Study, 실험이나 연구 시 편향을 최소화하기 위해 피험자나 연구자가 실험의 특정 정보를 알지 못하도록 설계한 방법 - 옮긴이)를 시행했다.[1]

연구 결과, 교사가 교실에서 EMR 방식을 사용할 때 학생 성과가 상당히 향상되고, 수업 방해 행동이 두드러지게 감소한 것으로 나타났다. 또 다른 연구는 EMR 방식이 학업 성취 및 수업 참여 향상, 수업 방해 행동 감소, 정학 및 중퇴 위험 감소와 같은 학생 성과에 미치는 영향을 연구했다.[2] 보편적으로, EMR 방식을 사용하는 프로그램들은 학생의 전반적 성과에 매우 긍정적인 효과를 냈다.

당연한 결과다. 교사로부터 신뢰와 존중을 받는다고 느끼면 학생들은 수업에 들어가는 태도부터 달라진다. 교사-학생 관계에서 핵심은 단지 학생에게 친절과 다정함을 베푸는 것만이 아니다. 관계가 학급 관리의 기반이다. 학생들의 태도가 바뀌면 학업에 쏟는 시간과 에너지는 늘어나고, 부정적 행동을 관리하고 바로잡는 데 들어가는 시간과 에너지는 줄어든다.

해결책③ 좋은 학생도 나쁜 학생도 없다

내(트레버 뮤어)가 가르치는 학생 중에 데이브라는 학생이 있었다. 처음에는 게으르고 조금 무례한 학생이라 생각했다. 수업 시간에 손을 들어 발표하는 일이 없고, 말을 걸면 시선을 피했다. 숙제를 내도 절반도 제출하지 않았고, 학습 활동 시간인데도 노트북으로 유튜브 영상을 보는 게 다반사였다. 나는 데이브에게 그야말로 엄청난 인내심을 발휘하고 있었다. 데이브에게 왜 과제를 하지 않느냐고 물으면 그저 어깨만 으쓱했다.

새 학기가 시작된 지 고작 2주나 지났을까, 나는 데이브를 마음속 '나쁜 학생' 명단에 올렸다. 물론 완전히 나쁜 아이라고 생각한 것은 아니지만, 솔직히 말해 데이브는 까다롭고 접근하기 어려운 학생이었다. 그렇게 두 달이 지났다. 참을 만큼 참은 나는 데이브 집에 전화해서 상황을 알리기로 했다. 데이브의 어머니로 짐작되는 여자가 전화를 받았다. 나는 전화기에 대고 말했다.

"안녕하세요. 데이브를 담당하는 교사입니다. 정말 온갖 노력을 다하고 있습니다만, 데이브가 수업에 잘 참여하지 않아서요. 어머니 의견을 여쭙

고자 전화 드렸습니다."

수화기 너머로 목소리가 들려왔다.

"안녕하세요, 뮤어 선생님, 저는 데이브 어머니가 아니라 위탁 어머니예요. 데이브가 저희와 함께 지낸 후로 저희도 같은 문제를 겪고 있습니다. 저도 선생님께 조언을 구하려고 전화할 참이었어요."

이런, 난 데이브가 위탁 부모와 함께 살고 있는지도 몰랐다. 그녀는 데이브가 지역 사회복지과에서 관리하는 아이들 중 가장 짧은 기간에 가장 많은 위탁 가정에서 생활한 아이라고 했다. 데이브가 위탁 가정에 맡겨진 이유와 그동안 겪은 끔찍한 일도 들을 수 있었다. 그리고 그런 경험이 어른, 특히 남자 어른과 교류하는 방식에 어떤 영향을 미쳤는지도 들었다.

가슴 아픈 일이었다. 데이브는 게으른 게 아니라 단지 화나고 슬프고 상처 입은 아이라는 사실을 몰랐던 것이다. 데이브를 수업에 참여시킬 구체적인 해답을 찾지 못한 채 통화를 끝냈다. 하지만 내가 부적절하게 낙인찍었던 학생을 깊이 이해할 수는 있었다.

'나쁜 학생'은 어쩌면 고통 속에 있을 때가 많은 아이일 수도 있다. 다른 한편으로 '좋은 학생'이 나쁜 행동을 하더라도 나는 그리 놀라지 않는다. 행동은 전달 수단이다. 때때로, 게으른 학생은 사실 불안한 학생이다. 때때로, 피곤한 학생은 사실 배가 고픈 학생이다.

때때로, 버릇없고 못되게 행동하는 학생은 사실 불안감을 느끼는 학생이며, 이들은 주어진 과제에 실패하느니 차라리 벌을 받는 쪽을 선택한다. 때때로, 교사에게 상처 주는 말을 하는 학생은 실제로 자신에게도 상처를 준다. 그들이 되는 대로 내뱉는 말은 사실 자신의 고통에 대한 반응으로 나온 것이다.

"
행복은 전달 수단이다.
"

학생의 경험이 나쁜 행동에 대한 변명이 되거나, 그렇다고 기분이 덜 나쁘고 수업을 덜 방해하는 행동이 되는 건 아니지만, 적어도 왜 그런 행동을 하는지는 설명해 준다. 학생들이 행동으로 생각을 전달한다는 것을 인지하고, 그에 맞춰 대응하는 것이 교사에게 가장 어렵고도 중요한 일이다. 학교에서 일어나는 행동 하나하나에는 이유가 있다.

너무 이론적으로 들릴지도 모르겠지만, 이런 사고방식은 여러 의미에서 훈육을 다르게 생각하게 한다. 첫째, 전체 상황을 다 모를 수도 있다는 생각을 받아들일 수 있다. 일단 판단을 보류하고 정보를 더 수집하고 나서 천천히 훈육 조치를 선택해도 나쁠 게 없다. 둘째, 반항적인 학생들일지라도 기꺼이 그들을 가르치려고 할 것이다. 왜냐하면, 그 학생들도 성장할 잠재력이 있다는 것을 알기 때문이다. 마지막으로, 비록 학생들이 중간에 실수하리라는 것을 알지만 모든 학생에게 똑같은 행동 기준을 적용하기로 매일 결심할 수 있다.

해결책④ 학급 관리는 배움의 기회다

학급 관리에 관한 전통적인 행동주의 관점은 학생들이 어디까지나 보상과 처벌 체계에 따라 행동한다고 주장한다. 교사가 학생에게 알맞은 강화물을 사용하면 이상적인 행동을 극대화하고 도전적인 행동은 제한할 수 있다는 것이다. 이 접근법은 '긍정적 행동 중재 및 지원(Positive Behavior Interventions and Supports, 이하 PBIS)' 같은 학교 훈육 계획이나 '토큰 제도

(긍정적 행동에 대한 보상으로 칭찬 스티커나 도장 같은 것을 제공하는 제도 - 옮긴이)'에서 볼 수 있다.

그런데 학급 관리의 궁극적 목표는 무엇인가? 우리는 학생들이 자기 관리와 충동 조절을 배우는 것을 기대한다. 학생들이 갈등을 헤쳐나가고 대인관계 문제를 해결하는 법을 배우기를 바란다. 어쩌면 개인적인 도덕성과 정직함을 기대할 수도 있다. '옳은 일을 하는 것은 단지 그것이 옳은 일이여서다'라고 요약할 수 있는, 여러 요인이 조합된 모습을 기대할 것이다. 다시말해 우리는 학생들이 보상 때문이 아니라 '내적 동기'에서 옳은 일을 했으면 한다.

이것이 바로 훈육을 학습 기회로 다루는 것이 유용한 이유다. 이 주제는 다음 장에서 더 깊이 살펴볼 것이다. 어쨌든 핵심 아이디어는 훈육 문제를 학생의 자기반성과 목표 설정 그리고 성장의 기회로 볼 수 있다는 것이다.

학생의 성장은 PBIS나 다른 보상 시스템처럼 행동 개선으로 이어진다. 그러나 이제 동기는 막대기에 매달린 당근이 아니라, 학생들이 만들어내는 근본적 변화이다. 여전히 행동의 결과와 보상이 필요할 수도 있지만, 우리는 "이 경험을 통해 학생이 무엇을 배웠으면 하는가?"라고 질문하며 이 문제에 접근할 수 있다.

학생들을 알아가는 방법

초임 교사일 때 나(트레버)는 학생들에게 '나를 소개해'라는 제목으로 글을 쓰게 했다. 시 형식으로 각자의 이야기를 공유하는 활동이었다. 어떤 학생들에게는 자신의 가정생활과 환경을 이야기할 수 있는 재미있는 기회였다. 그러나 과제를 건너뛰는 학생도 많았다. 이 활동 자체가 개인의 트라우마에 대한 인지가 부족한 것이었기 때문이다.

모든 학생이 편안한 마음으로 자기 이야기를 공유할 수 있는 건 아니다. 같은 반이 되면 일정 부분 자기를 노출해야 하지만, 공동체로서 신뢰를 형성하는 데는 몇 달이 걸릴 수 있고, 학생들은 남들과 공유하는 이야기의 양을 스스로 조절할 줄 알아야 한다. 그래서 나는 서로 알아가기 활동을 '자기 이야기 들려주기'에서 '자신이 푹 빠져 있는 관심사 소개하기'로 바꿨다. 관심사부터 이야기하기 시작한다면 각자 '특정 분야의 전문가'라는 메시지를 전달할 수 있으므로 학생들이 자신감을 쌓는 데 도움이 된다. 첫날부터 서로에게 배울 수 있는 문화도 조성된다.

서로 알아가기 활동을 시작할 때는 보물찾기, 방 탈출 게임, 상식 겨루기 같이 특정 개인과 상관없는 활동부터 하면 좋다. 그런 다음, 관심사 조사, 자기 물건 소개하기, 자전적 글쓰기 같은 조금 더 사적인 활동으로 이동하는 것이 좋다.

우리는 보통 새 학기 초에 '서로 알아가기' 활동을 집중적으로 하고, 나중에는 핵심 교과 수업만 한다. 하지만 알아가기 활동을 더 많이 계획하고 학년 내내 진행한다면 시간이 지날수록 학생들은 신뢰를 쌓으며 서로를 자연스럽게 알아갈 수 있다.

교사와 학생이 서로를 알아가는 방법

교사와 학생 간의 개인적 유대 관계는 맞춤형 학습과 학급 통솔 모두에 매우 중요하다. 여기 학생을 잘 알기 위한 열 가지 방법이 있다. 함께 살펴보자.

1. 스포츠 행사

학생들이 참여하는 스포츠 행사에 방문하라. 같은 학생이라도 다른 각도에서 보게 될 것이다. 학생의 가족과 자연스럽게 어울릴 기회도 된다.

2. 가정 방문

나는 가정 방문을 할 때마다 새삼 학생들에게 진짜 가족과 진짜 가정이 있다는 사실을 상기한다. 가정 방문을 하면 학생이 속한 환경까지 포함해서 전체론적인 관점에서 학생을 볼 수 있다.

3. 동아리 활동

많은 동아리에서 대회를 연다. 때로는 참석자가 많지 않을 수도 있다. 사람들은 토론 대회보다 아이들이 서로 맞붙어 직접 경쟁하는 활동이 훨씬 흥미진진하다는 말도 안 되는 생각을 한다. 따라서 교사가 이런 행사에 얼굴을 비추면 실제로 학생들의 사기를 올려줄 수 있다.

4. 후원하기

단순히 동아리 행사나 운동 경기장을 방문하는 것에 그치지 말고 직접 코치나 후원자가 되어보라. 전통적인 교실 환경을 벗어난 영역에서 지도자 역할을 맡을 수 있다.

5. 대중문화 맛보기

약간의 시간을 투자해 학생들 사이에서 유행하는 음악이나 영화, TV 프로그램을 찾아보라. 정말 약간의 시간만 투자하면 된다. 최신 유행을 좇는 게 중요한 건 아니다. 음악과 영화, TV 프로그램의 제작자들이 우리가 가르치는 청소년들을 어떻게 생각하는지 엿볼 수 있는 기회다.

6. 과제에 사적인 요소 넣기

학생들이 과제를 통해 자신의 이야기를 자연스럽게 들려주고, 신념을 공유하고, 재능을 발휘할 기회를 제공하라.

7. 가벼운 대화 나누기

교실 문 앞에서 또는 급식실에 오가는 길에 학생들과 가벼운 대화를 나눌 기회를 만들어라. 학생들과의 수다가 대수롭지 않다고 생각할 수 있지만, 그렇지 않을 때도 분명히 있다.

8. 투명성

교사가 겸손하게 행동하고 기꺼이 실수를 인정할 때, 학생들은 경계심을 풀고 실제 자신의 이야기를 꺼낼 수 있다.

9. 일대일 면담

일대일 면담 일정을 잡지 않으면 놓치고 마는 학생이 분명히 있을 것이다. 하루 세 번 5분 면담을 시행하라. 그러면 2주 안에 모든 학생을 면담할 수 있다.

10. 학생 기초 자료 조사

학생의 성격, 신념, 관심사, 재능을 알 수 있도록 학생 기초 자료 조사로 새 학기를 시작하라.

이 방법들을 모두 사용할 필요는 없다. 또한 학생의 보호자로 여기저기 따라다니는 것이 정말 취향에 맞지 않을 수도 있다. 그래도 괜찮다. 요점은 우리가 의도성을 가지고 학생들과 관계를 구축하고 발전시켜 나갈 때 그것이 곧 학생들의 학습을 위한 투자가 된다는 사실이다. 이는 단순히 사회적으로 어떻게 행동하고 관계를 맺는지에 관한 학습만 의미하는 게 아니다.

　학생과 관계를 구축하는 것은 학생을 친절하게 대한다고 끝나는 일이 아니다. 관계에 관한 마음가짐도 새롭게 바꿔야 한다. 학생과 교사의 관계는 내용 전달과 기술 전수에 추가되는 단순한 선택 항목이 아니다.

　관계는 한 해 동안 교실에서 진행되는 모든 학습 활동과 상호작용의 기반이 된다. 학생들과 맺은 관계는 교사와 학생 사이 연결 통로를 형성하는 동시에 수업 내용과 학생들의 태도까지 결정한다.

　보통 관계 형성에 적극적인 학생이 학업에도 열중한다. 물론 관계라는 것도 완벽하지는 않다. 교사가 때때로 말을 잘못할 수도 있다. 학생들 때문에 교사의 기분이 상할 수도 있고, 반대로 교사가 학생들의 기분을 상하게 할 수도 있다. 갈등이 생길 수 있고, 관계가 엉망이 될 수도 있다. 하지만 처음부터 아무 문제 없이 완벽했던 관계 형성의 경험이 있다면 말해보라.

　참고로, 웹사이트 newteachermindset.com에서 'Get to Know You Survey'에 접속하면 '기초 자료 조사 양식'을 확인할 수 있다.

주

1. Cook, C. R., Coco, S., Zhang, Y., Fiat, A. E., Duong, M. T., Renshaw, T. L., Long, A. C., and Frank, S. (2018). Cultivating positive teacher-student relationships: Preliminary evaluation of the establish-maintain-restore (EMR) method. *APA PsycNet.* https://psycnet.apa.org/record/2018-47899-002

2. Kincade, Laurie, Cook, Clayton, and Goerdt, Annie. (2020). Meta-analysis and common practice elements of universal approaches to improving student-teacher relationships. *Sage Journals.* https://journals.sagepub.com/doi/abs/10.3102/0034654320946836

2장

문제 행동은
어떻게 다룰 것인가

처음 교사가 되었을 때 나(트레버)는 나이에 비해 아주 어려 보였다. 첫 학부모 상담 주간에 어느 학부모가 교실에 들어와서 내게 "대체 선생님은 어디에 계시니?"라고 물었을 정도였다. 나는 영화 〈베스트 키드(Karate Kid)〉의 주인공과 닮았다. 그러나 주인공 역을 맡은 랠프 마치오Ralph Macchio와 같은 느낌은 아니고, 가끔 고등학생으로 오해받는 스물네 살의 깡마른 청년이었다.

교직 이수를 할 때 한 교수가 내게 "너무 어려 보이면 학생들이 너를 존중하지 않을 수도 있다."라고 말하고는 나보다 먼저 교사가 된 선배들에게 조언했던 것처럼 지혜로운 말을 들려주셨다.

"크리스마스 전까지는 웃지 마라."(미국은 가을 학기가 1학기이므로 크리스마스는 1학기가 끝날 때를 의미한다. - 옮긴이)

그는 교사가 학생들과 너무 빨리 친해져 방심하면 본질적으로 학생들은 교사를 만만하게 본다고 조언했다. 너무 자주 웃거나 장난치거나 농담을 하면 학생들에게는 교사가 수업에 진지하지 않다는 메시지를 보내게 된다는 뜻이었다.

"학생들은 미쳐 날뛸 거고, 혼란이 뒤따를 걸세. 책상이 날아다니고, 완전 아수라장이 되는 거지. 더 말 안 해도 무슨 말인지 알 걸세."

1학기 동안은 무조건 엄격하고 단호해야 한다고 그는 강조했다. 의심할 여지 없이 존경받을 만한 교사임을 학생들이 확실히 알 때까지 농담과 웃음을 자제해야 한다는 뜻이었다.

나 역시 고등학생 시절에 어려 보이는 교사들을 곤란하게 만드는 학생이었기에 교수의 조언이 마음에 깊이 와닿았다. 하지만 그런 교육 방식은 성격상 나와 잘 맞지 않았다. 내가 처음 교사가 되겠다고 마음먹은 건 학교를 학생들이 머물고 싶어 하는 곳으로 만들고 싶었기 때문이다. 크리스마스 전까지 웃지 말라는 조언은 내 마음속에서 갈등을 일으켰다. 하지만 나는 학생들에게 절대 무시당하고 싶지 않았고, 그래서 일찌감치 그의 조언을 따르기로 했다.

엄격하고 단호한 게 무조건 좋을까?

그해 가을 학기, 내가 맡은 반에 '사라'라는 여학생이 있었다. 이 학생은 도무지 내 말을 들으려고 하지 않았다. 나는 사라에게 수업 시간에 그만 자고 일어나라고 몇 번이나 상냥하게 말했다. 그때 가르쳤던 단원은 꼭 알아야 할 중요하고 복잡한 부분이었다. 교실 뒤에 앉아 잠을 자면 배울 수가 없었다. 나는 직접 사라에게 가서 책상을 두드리며 일어나라고 부탁했다. 그러나 사라는 고개를 번쩍 든 후 사과만 할 뿐, 곧 다시 잠들었다.

또다시 졸고 있는 사라를 발견했을 때, 나는 조금 열을 내며 말하기로 했다. 수업 시간에 깨어있는 게 얼마나 중요한지 확실히 이해시킬 필요가 있었다. 수업 시간에 반복적으로 잠을 자는 건 분명히 문제 행동이었다. 대학에 다닐 때 교수님이 해준 경고가 현실로 나타나는 것 같았다. 그래서 나는 사라에게 소리쳤다. 모두가 보는 앞에서 큰 소리로 말했다.

"사라! 지금은 낮잠 자는 시간이 아니야. 국어 수업 시간이라고. 좀 일어나지 그래!"

아니나 다를까, 사라는 재빨리 고개를 들었고, 남은 시간 동안 계속 고개를 들고 있었다. 심지어 교과서를 꺼내서 그날 과제도 조금 했다. 그래서 나는 비록 초임 교사지만 학급 관리를 제대로 했다고 생각했다. 말을 듣게 하려면 이제 '좋은 선생님'을 그만두고, 본보기를 보여줘야 한다. 이 점은 학생들에게 확실히 전달한 것 같았다. 사라를 혼낼 때 교실에 앉아 있던 모든 학생이 얼어붙은 채 휘둥그레진 눈으로 나를 쳐다보지 않았는가. 분명 이렇게 생각하고 있었을 것이다. '저 열두 살처럼 보이는 선생님도 무서울 땐 무섭구나!'

크리스마스 전까지 웃지 말라던 교수의 말이 어쩌면 옳을지도 모른다. 수업이 끝나갈 무렵 나는 사라에게 다가가서 수업 시간에 계속 조는 특별한 이유가 있는지 물었다.

"죄송해요, 뮤어 선생님."

"아냐. 계속 죄송하다고 하지만, 그러고 나서 또 그러잖아. 선생님은 네가 왜 수업에 집중하지 않는지 알아야겠어."

사라는 피곤해 보이는 젖은 눈으로 나를 쳐다봤다. 그러고는 전날 밤 여동생이 천식 발작을 일으켰는데 흡입기 약제가 다 떨어졌었다며 조용히 이야기를 시작했다. 아빠는 3교대로 일하고, 엄마는 1년 넘게 얼굴도 보지 못했기 때문에 자신이 119에 전화해서 구급차로 동생을 병원으로 데려가야 했고, 아침에 아빠가 병원으로 오셔서 자신을 학교로 데려다줬다고 했다.

사라의 대답에 나는 당황했다. 그 순간 내 기분이 어땠을지 상상할 수 있으리라. 전날 밤 지옥을 경험한 아이에게, 사실상 어린 동생을 돌보고 있고 누구보다 휴식이 절실한 어린 소녀에게 교사라는 사람이 모든 학생이 보는 앞에서 창피를 준 것이다. 나는 머리를 한 대 세게 얻어맞은 기분이었다. 그 순간 내가 할 수 있는 말이라고는 미안하다가 전부였다.

"그런 일을 겪어야 했다니 안타깝구나. 그런 식으로 말해서 선생님이 너무 미안했다."

학생들의 현실을 인식하는 것에서 시작하라

그때의 기억을 떠올리기 싫지만, 교사 경력 초기에 있었던 그 일이 나에게는 변화의 기폭제가 되었다. 그 일을 계기로 학생을 바라보는 새로운 관점을 갖게 되었다. 학생들은 그저 빈 도화지로 교실에 들어오는 게 아니라 각자의 삶 속에서 다양한 이야기를 가지고 온다는 사실을 깨달았다. 그리고 그들의 이야기 속에는 매우 현실적인 갈등이 존재한다.

사라의 경우처럼 트라우마로 남는 갈등이든, 복잡한 21세기에 살면서 겪는 압박과 산만함과 유혹에서 비롯된 갈등이든, 학생들에게는 항상 눈에 보이지 않는 무엇인가가 있다. 교사는 학급 관리를 생각할 때 이 사실을 최우선으로 고려해야 한다.

학생들도 우리와 다를 게 없는 '완벽하지 않은 인간'이라는 사실을 절대 잊어서는 안 된다. 이런 마음가짐은 교실에서 이루어지는 모든 관계와 상호작용의 기본이다. 현실에서는 빙산처럼 아주 작은 부분만 수면 위로 드러난다. 학생들의 행동도 마찬가지다. 모든 행동에는 항상 이유가 있다. 1장에서 말했듯이 이유가 있다고 해서 부정적인 행동이 정당화되는 것은 아니지만, 왜 그런 일이 일어나는지 이해할 수는 있다.

많은 교사가 학급 관리는 흔히 학급을 최상의 상태로 관리하기 위한 전략과 이론이라고 여긴다. 이런 전통적 관점은 부분적으로는 사실일지 모르지만, 학급 관리에서 예방적 접근 방식의 이점을 간과한 것이다. 어떤 전략이든 사용하기 전에 학생들의 현실을 인식해야 한다. 학생을 향한 공감은 학급 관리와 교수법 그리고 커리큘럼에까지 영향을 미칠 것이다. 이와 관련한 자세한 내용은 책의 후반부에서 다시 살펴보기로 하고, 일단 지금은 학생들의 현실을 인식하는 일이 모든 학급 관리의 기본이고 출발점이란 것부터 기억하자.

문제 행동을 예방하는 접근법

다시 말하지만, 인간은 복잡한 존재다. 학생들은 각자의 트라우마와 부담을 짊어지고 교실로 들어온다. 실제로 완벽한 환경이란 없지만, 완벽한 환경에서도 교사는 여러 문제에 부딪힐 것이다. 제아무리 훌륭한 교사라도 학급 관리에 어려움을 겪을 수 있다.

모든 문제 행동을 예방할 수는 없겠지만 선제적 접근법을 취할 수는 있다. 우리가 부딪힐 수 있는 전형적인 문제와 그에 대한 선제적 접근법을 하나씩 알아보자.

문제① 학생들이 지루해한다

학생들은 때때로 지루해서 수업에 집중하지 못한다. 때로는 수업 내용이 무의미하다고 생각한다. 아마 이 책을 읽는 독자들도 그랬겠지만, 초등학교를 다닐 때 나(트레버)는 늘 교실 천장 타일에 구멍이 몇 개인지 세곤 했다. 대개 수학 시간에는 멍하니 천장을 보며 타일 구멍을 하나하나 세는 데 몰입했다. 타일 하나의 구멍을 다 세고 나면 다음 타일로 넘어갔다. 중학교에 다닐 때는 더 나아가 타일 구멍에 연필을 던져서 꽂아 넣는 법까지 익혔다.

선생님들은 나를 무기력한 상태에서 벗어나게 하려고 내 책상을 툭툭 두드리곤 했지만, 실제로 내 정신이 번쩍 들게 했던 것은 대개 수업 마지막에 본 쪽지 시험의 형편없는 점수나 천장에 연필을 던졌다가 방과 후 벌로 학교에 남는 것이었다.

내 행동은 반항심에서 나온 게 아니었다. 고집에서 나온 것도 아니었다. 물론 그 비슷한 경우도 있었지만, 진짜 원인은 지루함이었다. 나는 학습과 과제의 목적이 분명하지 않은 수업에는 흥미를 느끼지 못할 때가 많았다. 그래서 다른 데서 자극을 찾으려 했다.

학생들이 수업 시간에 늘 재미있어야 한다거나 교사의 역할이 지루함의 흔적조차 없애는 거라고 말하는 것은 아니다. 학교에서 지루한 요소를 모두 없애는 것은 현실적이지도 않을뿐더러 실제로 유익하지도 않다. (이에 대해서는 8장에서 더 자세히 다룰 것이다.) 하지만 지루함과 학생의 행동 사이에는 강한 상관관계가 있다. 〈교육심리학 리뷰〉에 발표된 논문에서 연구자들은 '지루함이 학습 동기, 학습 전략과 행동, 성취에 미치는 중요한 차별적 영향'을 발견했다.[1] 우리는 지루함이 문제 행동에 미칠 수 있는 영향을 반드시 고려해야 한다.

때로는 새로운 도전이 없으면 지루할 수도 있다. 이미 학습 표준에 도달한 학생들은 반복되는 교과 내용에 실망하고, 그래서 수업을 방해하기도 한다.

● 해법 - 내적 동기에 집중하라

학생들이 지루해하면 더 재미있게 수업하는 방법을 고민할 필요가 있다. 교육연구가 필립 슐레츠티Philip Schlechty는 학생들이 학교 규칙에 맞춰 행동하는 '전략적 순종'에서 보다 내적인 학습 동기를 가지는 '진정한 참여'로의 전환을 설명한다.[2] 하지만 어떻게 하면 진정한 참여로 변화할 수 있을까? 아래 질문이 길을 안내해 줄 것이다.

- **도전적인 과제인가?** 때때로 학생들은 활동 과제가 너무 단순하고 쉽다고 느껴서 수업을 듣지 않는다. 학습을 한 단계 발전시키고 싶은 학생들을 위한 유의미한 특별 활동을 만든다면 이 문제를 해결할 수 있다.

- **학생들이 비판적 사고를 하는가?** 나중에 시험을 잘 보려고 정보를 흡수하는가? 아니면 여러 각도에서 탐색하고 다양한 결과를 도출하면서 정보를 깊이 파고드는가? 학생들은 분석 및 통합 활동과 창의적 사고를 키우는 활동에 참여해야 한다. 그렇게 할 때 학습에 흥미를 느낄 가능성이 크다.

- 어떻게 하면 관련성 있는 수업으로 만들 수 있을까? 학생들은 자신의 세계를 탐색하고 자신이 관심 있는 분야를 배우고 싶어 한다. 내가 아는 어떤 교사는 자신이 맡은 초등학교 3학년 학생들이 우크라이나에서 막 시작된 전쟁에 관해 조금이라도 배웠으면 했다. 그야말로 엄청난 뉴스였고, 교사는 학생들이 전쟁에 대해 어느 정도 이해했으면 했다. 게다가 이 부분은 3학년 사회 교과 내용 표준과 연계되어 있었다. 교사는 학생 대부분이 그렇게 먼 곳에서 일어난 거대한 국제 갈등을 이해하거나 자신과 연결 지을 수 없으리라는 것을 알았다. 그래서 전쟁의 영향을 받은 동물들에 초점을 맞췄다. 학생들과 함께 전쟁으로 피해를 본 동물원에 대해 알아보고 그곳을 돕기 위한 모금 운동을 벌였다.

교사는 학생 대부분이 동물을 사랑하고, 곤경에 처한 동물에 공감하리라는 것을 알고 있었다. 동물은 학생들에게 '관련성 있는 주제'였다. 이처럼 관련성을 이용했을 때, 학생들은 더 적극적으로 배우려고 했고 학습 단원의 넓은 주제도 더 빨리 이해할 수 있었다.

- 창조성이 있는가? 창조성에는 새로움과 놀라움의 요소가 포함되어 있다. 학생들이 단지 사실을 확인하거나 정보를 찾아내는 게 아니라 새로운 무언가를 창조할 때, 뇌가 역동적으로 활성화된다. 이때 뇌에서 도파민과 세로토닌 같은 신경전달물질이 분비된다. 도파민은 쾌락이나 보상과 관련 있으며, 동기 부여와 집중력을 향상해 창작자가 창작을 지속할 수 있게 한다. 세로토닌은 행복감에 관여하는데, 창작 과정 전반의 긍정적 경험에 영향을 미칠 수 있다.

창조적 활동을 하는 동안 학생들은 발산적 사고를 한다. 문제를 해결하기 위해 뇌가 여러 방식으로 활성화된다는 뜻이다. 이때 통제 중추 역할을 하는 뇌 영역인 기저핵이 작용한다. 무엇이든 창조할 때마다 기저핵이 강화되고, 전문성이 더해지면 아이디어를 더 원활하게 실행할 수 있다.

그러므로 모든 수업에 간단한 창조적 요소를 더하든, 짧은 글쓰기 질문을 제시하거나 학습 내용을 그림으로 스케치하든, 아니면 학습 단원 전체를 학생들이 중대한 문제의 해결책을 만드는 프로젝트로 전환하든, 창조성은 교사가 설계한 교육과정에서 중심이 되어야 한다.

문제② 안절부절못하고 참을성이 없다

따분함보다는 일반적인 불안과 더 관련 있는 다른 유형의 지루함이 있다. 이 경우, 학생들은 안절부절못하고 참을성이 없다. 멍한 시선으로 앉아있거나 의자를 뒤로 젖히거나 쪽지를 주고받을 수도 있다. 몰래 스냅챗을 하거나 교과서 여백에 만화를 그리고 낙서할 수도 있다. 이것은 종종 수업 속도에 문제가 있다는 신호다. 학생들이 다른 활동으로 넘어갈 준비가 되었는데도 수업 진행이 너무 느리다는 것을 뜻한다.

• 해법 - 속도를 높여라

때로는 지금 하는 과제를 접고 새로운 활동으로 전환할 필요가 있다. 하지만 이것은 절대 쉽지 않은 일이다. 교사는 효과가 있을 거라 예상하며 과제와 활동을 설계하지만, 학생들은 눈을 치켜뜨거나 연필을 두드리거나 책상 밑에서 마인크래프트 게임을 할 수도 있다. 기대감을 버리기는 쉽지 않으며 때로는 자존심도 내려놓아야 한다.

때때로 우리는 기대했던 어떤 활동이 생각보다 효과가 없다는 사실을 받아들여야 한다. 활동 자체가 문제이든, 전달 방식이 문제이든, 아니면 무언가에 썼 것처럼 학생들이 잠시 정신이 나갔기 때문이든, 때로는 배를 버리고 다른 방법을 시도해야 한다.

하지만 수업을 잘 설계했다면, 학생들이 집중하는 순간이 반드시 온다. 그런 순간에는 신속한 두뇌 휴식이나 분산적 사고 활동이 도움이 될 수 있다. 간단한 협력 활동을 진행하고 싶다면 때로는 학생들이 배운 내용을 소화할 수 있게 생각 나누기 활동(Think-Pair-Share, 학습 내용을 생각하면서 짝과 먼저 토의한 후에 반 전체와 공유하는 협동 학습 방법 - 옮긴이)이 필요하다. 더 예방적인 차원의 접근 방식으로, 교사는 학생들이 개인 활동, 짝 활동, 모둠 활동에 참여할 시간을 가지도록 다양한 그룹 나누기를 기반으로 수업 계획을 짜볼 수 있다. 남들보다 더 사교적이고, 말할 기회가 더 필요한 학생들도 있기 때문이다.

나는 교사 친구에게 "올해는 정말 수다스러운 반을 맡았어."라고 이야기한 적 있다. 친구는 "학생들이 서로 이야기할 기회가 얼마나 있어?"라고 물었다. 수업을 분석해 봤더니 학생들이 말할 기회가 대략 전체 시간의 10퍼센트밖에 되지 않았다. 그래서 짝 토론과 집단 토론을 더 많이 넣어 수업을 다시 설계했다. 그리고 수업할 때마다 학생들에게 "선생님에게 10분만 시간을 주세요. 그런 다음 여러분에게 말할 기회를 줄 겁니다."라고 먼저 말했다. 변화는 엄청났다.

문제③ 학생들이 헷갈려 한다

학생들에게 지시를 내렸는데, 몇 분 후 여기저기서 이해할 수 없다는 멍한 표정으로 손을 드는 학생들을 마주한 경험이 있는가? 물론 나도 이런 순간을 여러 번 경험했다. 학생들이 무엇을 해야 할지 헷갈려서 과제를 수행하지 못하는 경우가 얼마나 많았는지 모른다.

● 해법 - 수업을 명확하게 다시 설계하라

때로는 학생들에게 수업 절차를 다시 알릴 필요가 있다. 수업 절차를 표로 만들어 뒀다면 다시 검토할 기회. 하지만 과제 지시나 수업자료를 명확하게 제시하지 않아서 문제가 발생할 수도 있다. 그럴 때는 과제를 재설계하거나 절차를 변경하거나 명확하지 않은 수업 체계를 수정해야 한다. 이에 관해서는 5장에서 더 자세히 다룰 것이다.

문제④ 교사의 권위를 존중하지 않는다

"명심하세요. 당신은 교사이지 학생들의 친구가 아닙니다." 나는 이 말을 무수히 많이 들었다. 그러나 교직 생활을 시작한 첫해, 나는 어느 반에서 이미 '친구' 역할을 하고 있었다. 그 반은 우등생 학급이었고, 학생들은 별다른 지시 없이도 규칙을 잘 따르는 듯했다. 그래서 나는 더 친구처럼 행동하기 시작했다. 사소한 수업 방해는 제재하지 않고 그냥 뒀다. '멋진 선생님'이라는 지위를 즐겼기 때문이다. 그러다 문제가 커졌다. 수업에 지장을 주는 행동이 점점 많아졌고, 바로잡으려 해도 학생들이 내 말을 듣지 않았다.

● 해법 - 건강한 경계선을 설정하라

교사와 학생 사이에 명확한 경계선이 있어야 한다. 학생과 관계를 유지하더라도 동등한 동료 관계는 아니라는 것을 학생들에게 알릴 필요가 있다.

- **역할과 기대치를 명확하게 전달하라.** 학년 초에 교사와 학생 사이의 적절한 경계선에 관해 이야기하고 미리 가르쳐라. 서로를 존중하는 관계를 유지하는 일의 중요성을 강조하라.

- **전문가다움을 유지하라.** 학생과 나누는 모든 상호작용에서 전문가다운 태도를 보여라. 모욕적인 언어, 부적절한 농담 또는 학생에게 무례하거나 모욕적일 수 있는 어떤 말도 사용하지 마라. 특히 학생들과 더 친해지고 편안해질수록 그렇다. 수업 시간에 유머를 장려해야 하는 건 맞지만, 재미 때문에 학생들의 복지와 존엄성을 희생시켜서는 안 된다.

- **개인 정보 공유에 주의하라.** 학생들에게 자신을 드러내고 마음을 여는 것도 중요하지만, 개인 정보를 과도하게 공유하는 일은 자제해야 한다. 교사도 인간임을 학생들도 알아야 하지만, 교사의 모든 사적 정보를 시시콜콜 알 필요는 없다. 개인 정보를 공유했을 때 잘못된 해석과 부적절한 추정을 낳을 수 있고, 직업적 경계선을 회복하기 어려워질 수도 있다.

- **물리적 경계선을 유지하라.** 학생들과 적절한 물리적 거리를 유지하고 불필요한 신체 접촉을 피하면서 물리적 경계선에 신경 써라. 교사는 순수한 의도를 지녔더라도 신체 접촉은 잘못 해석되거나 오해받을 수 있다. 교사 자신과 학생들을 위해서라도 신체 접촉은 피하는 편이 좋다.

- **훈육과 규칙에 일관성을 유지하라.** 모든 학생에게 일관되고 공정하게 수업 규칙과 훈육 조치를 적용하라. 교사와 학생 사이의 경계를 흐릴 수

있는 편애나 편견을 피하라.

- 적절한 의사소통 채널을 설정하라. 학생과 소통할 때는 학교 이메일이나 학교에서 지정한 의사소통 앱을 이용하라. 학생들에게 개인 휴대전화 번호를 알려주면 처음에는 편리할 수 있지만, 나중에는 많은 문제를 초래할 수 있다. 간단한 예로 밤이나 주말에 성가신 문자 메시지를 받을 수도 있다. 더 심각하게는 학생과 교사라는 경계선이 허물어질 수도 있다.

- 온라인 교류에 신중하라. 교사가 소셜미디어에서 학생들과 접촉해도 되는지에 관한 학교 방침이 있을 수도 없을 수도 있다. 어쨌든 일반적으로 온라인 교류를 피하는 것이 낫다. 만일 소셜미디어를 사용하고 있다면 대개는 자신과 관계 있는 사람들과 일상 속 정보를 공유할 것이다. 교사는 자신에 관한 세세한 정보에 학생들이 접근하는 것을 원하지 않을 것이며, 학생들의 일상 속 세부 정보도 굳이 보고 싶지 않을 것이다. 나(트레버)는 늘 학생들에게 '졸업 후에 나를 팔로우할 수 있다'고 말한다. 그때까지 친구 요청과 팔로우 요청은 거절하는 것이 내 원칙이다.

　베테랑 교사들의 말이 모두 옳았다. 교사는 학생들의 친구가 아니다. 교사는 교사다. 그리고 이 편이 친구가 되는 것보다 낫다. 교사는 훌륭한 수업을 설계하는 설계자이며, 학생들에게 길을 안내하는 멘토다. 학생들이 가슴 아픈 일을 털어놓을 때 귀를 기울이는 안정적인 어른이다. 직업적 경계선을 유지한다고 해서 학생들과의 관계가 약해지는 것은 아니다. 오히려 장기적으로는 더 돈독해질 것이다.

문제⑤ 공부를 힘들어한다

학생들의 부정적 행동은 교사가 부여한 과제가 너무 힘들다는 메시지일 때가 많다. 물론 학생들에게 도전적인 과제를 내야 하지만, 그런 과제에 대한 일반적인 반응은 좌절이나 무관심 또는 수업 방해 행동인 경우가 많다. 학생들은 수학 문제를 하나라도 더 푸는 게 아니라 책상에 엎드려 잠을 잔다. 책을 교실 바닥에 내팽개치고, 팔짱을 끼고, 지문을 읽으라고 해도 듣지 않는다. 교실 건너편으로 연필을 던지고, 조용해야 할 수업 시간에 불쑥 말을 내뱉는다. 이런 행동을 보이는 근본적 이유는 대체로 교사가 학생들에게 부여한 어려운 과제에서 찾을 수 있다.

● 해법 - 비계를 개선하라

비계(Scaffolding)는 학생들이 특정 과목에서 새로운 기술과 지식을 습득할 때 지원과 안내, 학습 발판을 제공하는 교수학습 전략이다. 보통 학습자의 능력에 맞춰 비계를 제공하는데, 학생이 더 능숙하게 스스로 학습할 수 있게 되면 서서히 지원을 줄인다.

우리는 학생들에게 의미 있는 비계를 제공해야 한다. 여기에는 뼈대 문장, 튜토리얼, 보기란, 학습 포스터, 표본이 포함될 수 있다. 의미 있는 비계를 제공하기 위해 학습을 하나의 과정으로 봐야 한다. 교사에게 다소 버거운 일처럼 느껴질 수 있지만, 학생에게 비계를 스스로 선택하라고 하면 부담을 조금 덜 수 있다. 경우에 따라 과제량을 조정해야 할 수도 있다.

학교에서는 정답을 빠르게 얻는 것에 높은 가치를 두는 경향이 있다. 학생들은 과제를 끝내는 데 시간이 너무 오래 걸리면, 자신이 그 과목을 못 한다는 생각에 사로잡힌다. 그러나 학생들에게 느린 속도로 과제를 수행하도록 허용하고, 이 과정에 의도적인 지침을 제공한다면 학생들은 뒤처져있다는 느낌에 압도되지 않는다. 그 결과, 학생들의 행동도 그에 맞게 달라진다.

도전적인 행동을 다루는 법

도전적인 행동을 다룰 때는 어떤 접근법을 취하기 전과 취하는 도중, 취한 후로 나눠 생각하면 유용하다. 어떤 사건을 생각할 때, "이 일을 막기 위해 사전에 무엇을 할 수 있을까?"라고 먼저 질문하라. 그런 다음, 사건이 일어날 때 무엇을 하고 있을지 생각해 보고, 그 순간에 할 수 있는 일을 고려하라. 마지막으로, 사건 후에 학생들과 그 사건을 어떻게 처리할지 생각해 보라.

사건	교사가 지시하는데 학생들이 잡담한다.
전	· 학생들의 주의를 집중시키기 위한 수신호를 가르친다. · 반드시 지시를 명확하게 하고, 시각적 요소를 곁들인다. · 여러 단계로 이루어진 지시라면 한 단계를 설명한 후, 학생들에게 짝을 지어 서로에게 설명하라고 한다. 그리고 나서 다음 단계로 넘어간다. 이 과정은 인지 과부하를 줄이는 데 도움이 된다.
중간	똑바로 서서 심호흡한다. 문제의 학생들과 눈을 맞추고, 재빨리 학생 책상으로 걸어간다. 그래도 잡담을 계속하면 그만하라고 조용히 부탁한다. 학생 자리에서 계속 이어서 지시한다.
후	학생들이 모둠 학습을 할 때, 잡담하는 학생들에게 "무엇을 하라고 했지? 다음에는 어떻게 할 생각이니?"라고 묻는다. 공식적인 결과를 꼭 정하지 않아도 된다는 점에 주목하라. 이 또한 학습 경험이 될 수 있다.

표 2.1 **사건의 처리 단계**

숙련된 교사가 되려면 수년이 걸린다

헤더 챈스키는 26년 경력의 초등학교 1학년 교사다. 그녀는 내 두 아이도 가르쳤다. 헤더의 수업을 참관할 기회가 여러 번 있었다. 과장해서 하는 말이 아니라 헤더는 숙련된 교사이자, 지금껏 내가 본 최고의 교사다. 나는 헤더에게 학급 관리 계획을 어떻게 세우는지 한 문단으로 요약해 줄 수 있는지 물었다. 그녀는 이렇게 말했다.

"수년을 가르쳤지만 매년 어려운 영역이 하나 있는데, 그게 바로 학급 관리입니다. 한 반에서 잘 통하는 방법이 다른 반에서는 전혀 통하지 않을 수도 있어요. 반 전체 학생에게 통하는 기법이 유독 한 학생에게만 효과가 없을 수도 있어요. 학급 관리는 복잡한 학습 기준을 가르치는 것과 비슷하다고 생각합니다. 모든 학생이 같은 방식으로 배우지는 않습니다. 한 학생에게도 여러 방법을 써야 할 수도 있어요. 그래도 한 가지 변함없는 진리는 '관계와 신뢰가 학급을 만든다'는 겁니다. 새 학기 첫날부터 모든 학생과 일일이 소통하고 유대감을 형성하고 관심을 기울이는 시간을 가지세요. 진정한 유대 관계는 그 자체로 교사나 학생 모두에게 큰 보상이 될 겁니다."

헤더에게 읽기와 쓰기뿐만 아니라 배움을 사랑하는 법까지 배운 두 아이의 아버지로서 나는 그녀가 학생들과 구축해 온 관계와 학생들이 수업에 참여하는 방식이 연결된 결과의 증인이 되어줄 수 있다. 학생들은 헤더를 좋아하고, 그 결과 그녀의 수업 시간에 충분히 실력을 발휘한다.

그런 헤더가 학생들을 관리하는 게 여전히 어렵다고 털어놓았을 때 나는 놀랄 수밖에 없었다. 26년이 지나도 완벽함은 여전히 이루기 어렵다. 학급 관리는 완전히 숙련되려면 수년이 걸리는 기술이고, 심지어 수년이 지나도 여전히 도전적인 일일 것이다.

이 사실을 받아들이고 내면으로 흡수하라. 이것 또한 초임 교사가 가져야 할 마음가짐이다. 그리고 앞으로 계속 교사 생활을 하는 동안 자신에게 충분한 관용을 베풀어라. 모든 전략이 성공하거나, 모든 학생이 몰입과 존중을 보이리라는 기대는 애초부터 실현 불가능하다. 학생 참여(Student Engagement)를 유도하는 능력은 점점 향상될 것이고 어쩌면 그 분야의 대가가 될 수도 있지만, 그렇다고 해서 절대로 완벽해질 수는 없다. 그래도 전혀 문제가 되지 않는다.

주

1. Tze, V.M.C., Daniels, L. M., and Klassen, R. M. (2016). Evaluating the relationship between boredom and academic outcomes: A meta-analysis. *Educational Psychology Review, 28,* 119-144. https://doi.org/10.1007/s10648-015-9301-y
2. Schlechty, P. C. (2002). *Working on the work: An action plan for teachers, principals, and superintendents.* The Jossey-Bass Education Series. Jossey-Bass.

3장

학생들이 원하는
교실은 어떤 곳인가

나(트레버)는 교사가 된 지 5년째 되는 해에 새로운 학교로 이동했다. 그 무렵 교사로서 어느 정도 감을 잡은 것 같았고, 새로 몸담을 학교에서 두각을 나타내고 싶은 열망도 매우 컸다. 새 학교에 도착했을 때 학생들에게 사랑받는 교사가 되고 싶다고 생각했다. 학생들이 내 수업을 좋아했으면 했다. 솔직히 말해 내 수업에 대한 소문이 교장에게까지 전해져 교장이 나를 고용하기로 한 결정을 흐뭇해했으면 했다.

조금 민망한 이야기지만, 출근 첫날부터 나는 약간 미친 사람 같았다. 마치 스탠드업 코미디언처럼 분주하게 첫 주를 맞이했다. 나의 주요 목표는 학생들이 뮤어 선생님의 국어 수업에 들어가면 항상 재미있게 배울 수 있다고 느끼게 하는 것이었다. 나는 탁자 위에 올라가 에미넴의 랩을 쏟아냈다. 교실 문에 농구 골대를 달았고, 아이들이 컴퓨터로 마인크래프트 게임을 하더라도 눈감아줬다. 수업이 재미있고 즐거워지도록 내가 할 수 있는 일은 다 했다.

모든 학생이 내 수업에 들어오는 것을 좋아한다면 수업에 집중하고 프로젝트에 참여시키기가 훨씬 쉬우리라 생각했다. 학생들이 나와 함께 있는 시간을 좋아하면 내 말에 귀 기울이고 나를 존경할 거라 생각했다. 그리고 실제로 효과가 있었다! 정말로 학생들은 내 수업에 들어오고 싶어 했고, 나는 재미있는 교사라는 명성을 쌓아가고 있었다.

솔직히 나는 그 상황이 정말 좋았다. 아이들이 웃는 얼굴로 교실에 들어오는 것을 보는 게 좋았다. 학생들에게 '가장 좋아하는 교사'라고 불리는 것보다 기분 좋은 일은 없으리라. 솔직히 말한다면, 나는 내 명성이 높아지고 있다는 것과 아이들이 새로 온 국어 교사를 얼마나 좋아하는지 교장에게 알리는 학부모들이 많다는 사실이 정말 좋았다.

'재미'만으로 유지되는 학급은 없다

그런데 마음 한구석으로는 학생들이 나를 진지하게 생각하지 않아서 불만이었다. 매번 수업을 시작하기 위해 학생들을 진정시키려면 10분 정도는 걸렸기 때문에 실제로 수업할 시간은 45분뿐이었다. 화장실에 간다고 외출증을 받고 나가서 아예 들어오지 않는 학생들도 있었다. 조용히 책을 읽는 건 거의 불가능했고, 아이들이 숙제를 제출하지 않는 날도 다반사였다. 수업 시간은 종종 혼돈의 장으로 변했다. 설상가상으로 내 수업을 듣는 학생 대부분이 형편없는 점수를 받았다.

어느 날 몸이 아파서 하루 결근했는데, 다시 출근했을 때 나를 대신해 수업에 들어갔던 임시교사가 남긴 쪽지를 발견했다. 큼지막한 글씨로 이렇게 쓰여 있었다.

"선생님 반은 정말 통제 불능입니다! 학생들을 통제하세요! 그 아이들 때문에 저는 결국 울었습니다!"

내가 학생들에게 보여준 것은 사랑이 아니었다. 그것은 방임이었다. 그래서 하루는 수업 시간에 문제를 일으키는 학생 중 한 명인 이른바 '학급의 짱'을 복도로 불러서 터놓고 말했다.

"너희들은 왜 그렇게 행동하는 거니?"

아이는 나를 빤히 쳐다보며 대답했다.

"그건 다 학기 초에 선생님이 이상하게 행동했기 때문이죠. 탁자 위에 올라가질 않나, 수업 시간에 시끄럽게 떠들어도 뭐라고 하지 않았잖아요. 그래서 우리가 그렇게 행동해도 괜찮다고 생각하는 줄 알았죠."

그 학생의 말이 옳았다. 나는 아무 말도 할 수 없었다. 학급 풍토가 문제였다. 내가 학기 초에 설정한 분위기에서 문제가 비롯된 게 분명했다. 앞장에서 다뤘듯이 우리는 크리스마스 전에도 웃고, 학기 첫날부터 학생들과 기쁨을 나눠야 한다. 하지만 나는 '재미'만으로는 번성하는 학급을 만들기 위한 단단한 토대를 쌓지 못했다는 사실을 빠르게 깨달았다. 긍정적인 교실 풍토는 재미를 넘어 더 심오한 곳으로 나아가야 한다. 즉, 교실을 학생들이 실제적 학습에 잘 참여하면서 번성하는 곳이 되게 해야 한다.

우리가 흔히 말하는 날씨와 기후의 차이와 비슷하다. 날씨는 기후의 결과이다. 나는 당연히 교실에 재미있는 일들이 일어나기를 원한다. 하지만 그것은 전체적인 학급 풍토의 결과여야 한다. 학생들이 편안하게 공부하고 배우고 창조할 수 있으려면 긍정적인 교실 분위기가 필수적이다. 이것이 우리가 바라는 학급 풍토다.

우리는 학생들이 교실에 들어설 때 자신들이 존중받고 있다고 느끼기를 원한다. 우리는 긍정적 학급 풍토를 조성하기를 원한다. 그러나 긍정적 풍토의 교실이라고 해서 항상 재미있거나 장난스럽거나 즐거운 공간일 수는 없다. 때로는 도전과 논쟁도 있을 것이다. 시끄러운 웃음, 격렬한 토론, 침묵과 집중 사이를 오가는 다양한 모습이 있을 것이다.

해로운 긍정성과 진정한 긍정성

대학교수로서 나(존)는 수년째 수많은 교실에서 수업 참관을 해왔다. 기대감으로 가득 찬 눈빛의 유치원생들이든 '미국 정부에 대한 이해'를 듣는 자신감 넘치는 고3 학생들이든, 그 학급의 풍토는 단 몇 분이면 바로 알아차릴 수 있다. 이 공간에서 생활한다는 것은 어떤 느낌일까? 이 학급의 감정 상태는 어떤가? 전체적인 분위기는 어떤가?

학급 문화와 학급 풍토는 밀접하게 연관되어 있지만, 풍토는 공간이 주는 전반적인 느낌을 말하고 문화는 정체성이나 가치, 규범처럼 학급을 정의하는 방식에 더 가깝다. 학급 문화의 개념에 대해서는 다음 장에서 더 자세히 다룰 것이다.

"
긍정적 학급 풍토의 목표는
학생들이 소속감을 경험하는 공간을 설계하는 것이다.
"

학급 풍토를 점검할 때 중요한 질문은 다음과 같다.

- 상호 존중하는 분위기인가?
- 학생들이 소속감을 느끼는가?
- 학생들은 자유롭게 아이디어를 내고, 서로 협력하며 공부할 수 있다고 느끼는가?
- 이의를 제기해도 되는 분위기인가?

이 질문에 대한 답이 "그렇다"라면 긍정적인 학급 풍토일 확률이 높다. 긍정적 학급 풍토가 군이 감상적일 필요는 없다. 군이 교실 뒤에 '인내'라는 단어를 강조한 동기 부여 포스터를 걸어둘 필요가 없다는 말이다. 하지만 학생들을 환영하는 따뜻한 분위기는 느껴져야 한다. 학생들이 교실에 들어올 때 교사가 반가워한다는 느낌을 받을 수 있어야 한다.

긍정적 풍토라고 해서 항상 행복한 분위기일 필요는 없다. 매우 긍정적인 학급 풍토일지라도 때에 따라서는 건강한 좌절과 갈등의 순간이 존재한다. 긍정적 풍토의 교실은 교사와 학생들이 자유롭게 감정을 표현할 수 있는 공간이다. 여기서 긍정적이라는 말은 모든 사람이 항상 기분 좋다는 의미가 아니다. 그보다는 학생들이 자신의 감정을 부드럽고 예의 바르게 표현하는 환경이다. 다시 말해서 긍정적 풍토는 기분보다는 해결책을 찾으려는 마음가짐과 관련이 있다.

비슷한 맥락으로, 긍정적 풍토는 반드시 기분 좋은 주제에만 초점을 맞추지 않는다. 불의를 못 본 척하거나 역사 속에서 자랑스러운 사건만을 가르친다는 의미가 아니다. 국어 시간에 행복한 이야기만 읽는 것은 아니라는 뜻이다.

긍정적 풍토는 학생들에게 인종차별이나 성차별 같은 문제를 다룰 때, 마음이 힘들더라도 불편함을 감수하라고 요구한다. 학생들이 인종적 편견을 탐구하는 순간 다소 불편함을 느끼더라도, 궁극적인 목표는 그들이 성숙한 인간으로 성장하도록 돕는 것이므로 긍정적이다.

긍정적 학급 풍토를 생각할 때, 진정한 긍정적 공간과 해로운 긍정적 공간의 차이를 고려하면 도움이 될 수 있다. '해로운 긍정성'에 대해 심리치료사 휘트니 굿맨Whitney Goodman은 사람들이 분노나 슬픔 같은 부정적 감정을 경험하는 것을 허용하지 않는 가스라이팅의 한 형태라고 말한다.[1]

해로운 긍정적 풍토는 사람들에게 어떤 상황에서도 낙관적 태도를 유지하라고 요구한다. 고통을 겪을 때도 미소를 지어야 한다는 뜻이다. 이런 풍토는 세상에 대한 낙관적이고 밝은 이미지만 전달하면서 부정적인 생각이나 토론은 외면한다. 해로운 긍정성은 수치심이나 죄책감, 불안감을 일으킬 수 있다.

진짜 긍정적인 공간에서는 다양한 감정을 인정하면서 진심으로 자신을 표현하고, 진정한 지지를 구하고, 문제를 헤쳐나갈 수 있다. 반면에 해로운 긍정성은 타당한 감정마저 억압하고, 문제를 무시하고, 개인의 경험을 무의미하게 만들어버릴 수 있다.

도전과 감정에 대한 현실적 이해와 긍정적 태도 사이의 균형을 맞추는 일이 진정한 지원과 성장을 위한 환경을 조성하는 핵심 열쇠다. 다음 장의 표 3.1을 통해 진정한 긍정성과 해로운 긍정성의 차이를 살펴보자.

구분	진정한 긍정적 공간	해로운 긍정적 공간
감정 범위	다양한 감정을 타당한 감정으로 받아들인다. 궁극적 목표는 감정 표현을 허용하는 것이다.	부정적 감정은 '나쁜' 감정이라며 인정하지 않는다.
진정성	진짜 감정 표현과 속내 노출을 장려한다.	긍정적으로 보이기 위해 진짜 감정을 억누른다.
지지	진정한 지지와 공감을 보낸다. 긍정적인 결과가 때로는 불쾌한 대화를 수반할 수 있음을 이해한다.	이해가 부족하고 무시하는 말을 한다.
문제 해결	문제를 건설적으로 해결하는 데 초점을 맞춘다.	아예 문제를 인정하려 하지 않는다.
비판	성장을 위해 건설적 비판을 받아들인다. 건설적 비판을 궁극적으로 긍정적인 노력이라고 여긴다.	비판을 '부정적'으로 보고 거부한다.
해로운 행동	해로운 행동이나 또래 괴롭힘을 묵인하지 않는다.	긍정적 태도를 내세워 해로운 행동을 감춘다. 재미를 이용해 사람들의 주의를 분산시키면서 문제 행동을 해결하는 것을 회피한다.
개인의 성장	개인의 성장과 학습을 중요하게 여긴다.	개인의 행복을 우선시하며 성장은 자동으로 일어난다고 가정한다.
회복력	도전을 통한 회복력을 장려한다. 실수를 통해 성장할 기회를 제공한다.	어려움을 빨리 '극복'하라고 압박한다. 때로는 아무도 실패하지 않게 기준을 낮춘다.
공감	공감과 이해력을 함양한다.	강요된 긍정적 태도에 초점을 맞추므로 공감이 부족하다.
자기 공감	어려운 상황 속에서도 자신에게 친절할 수 있게 돕는다.	자기 돌봄을 이기심이나 방종이라고 생각한다.
소통	솔직하고 열린 소통을 장려한다.	표면적이고 얕은 긍정적 태도를 장려한다.
정신 건강	정신 건강과 행복을 우선시한다.	정신 건강 문제를 무시하거나 낙인찍는다.

표 3.1 **진정한 긍정성과 해로운 긍정성**

긍정적 학급 풍토의 특성

긍정적 학급 풍토는 네 가지 중요한 지표를 이용해 정의할 수 있다. 지표들을 살펴보는 동안 과거에 경험했던 학급을 생각해 보자. 어떤 학급에 이런 특징이 나타났는가? 우리가 학생이었을 때는 어땠는가? 먼저 '즐거움' 지표부터 시작해 보자.

● 지표① 즐거움이 있는 학급 풍토

나(존)는 '교실 다시 꾸미기 프로젝트'를 시작하는 학생들에게 이렇게 말했다. "꿈을 크게 가져라. 나쁜 아이디어는 없다. 나중에 모든 것이 가능해 질 수 있다." 이 활동은 우리의 첫 창조 공간으로 이어질 STEAM(융합인재교육) 프로젝트의 일부였다.

학생들은 커피숍, 도서관, 패스트푸드점, 박물관, 스케이트장 등 다양한 곳에서 영감을 얻었다. 그런데 몇몇 학생은 꿈을 크게 가지랬더니 교실에 롤러코스터Rollercoaster를 설치하자고 했다. 그 순간 나는 아이들에게 물었다.

"어떻게 하면 될까? 롤러코스터는 비용이 너무 많이 들고, 너무 위험하고, 또 크기도 너무 큰데 말이야."

'꿈을 크게 가져라'라는 목표가 예기치 않은 결과를 낳은 것이다. 그런데 마침 좋은 수가 떠올랐다. 우스꽝스러운 짓 같지만 통할지도 모른다는 생각이 들었다. 나는 컵 받침대(Coaster) 하나를 꺼내서 강력접착테이프로 레고 세트의 작은 바퀴와 연결했다. 롤러처럼 앞뒤로 굴릴 수 있는 코스터를 완성했다. 그렇게 '롤러 코스터'가 만들어졌다. 나는 '롤러 코스터'를 세 개 더 만들었다.

학생들이 교실에 들어오자 나는 "너희들이 원했던 '롤러 코스터'가 네 개나 있어."라고 말했다. 이것은 정말 형편없는 개그였을까? 물론이다. 그렇다면 효과가 있었을까? 단연 그랬다. 바보 같은 농담은 더 큰 농담으로 변했다. 학생들은 '롤러 코스터'를 자랑하기 시작했다. 내가 교직원 휴게실에 들어갔을 때, 한 교사가 물었다.

"선생님 교실에 정말 롤러코스터가 있어요?"

"네." 내가 대답했다.

"진짜 롤러코스터 같은 게 있다고요? 작동하는 롤러코스터 맞아요?"

"그럼요, 네 개나 있습니다."

한 번도 이메일을 보낸 적 없는 학부모들도 아이가 거짓말하는 게 아닌지 묻는 이메일을 보내왔다. 학생들은 교사 면담을 앞둔 동생에게 "그 교실에 진짜 롤러코스터가 있는지 꼭 확인해 봐."라고 말하곤 했다.

롤러코스터 이야기는 우리 학급에서 하나의 문화가 되었다. 긍정적인 학급 풍토를 만드는 데 도움이 된 우리끼리 하는 농담이었다. 유머, 재치, 기쁨, 재미 같은 것들은 실제로 긍정적 학급 문화를 발전시키는 데 필수적이다.

처음에는 긴장을 풀어주는 개그쯤으로 생각했지만, 그것은 학급 풍토를 완성하는 마지막 장식과 같았다. 나는 속으로 너무 어물쩍 넘어가는 게 아닌가 생각했다. 하지만 결국, 그런 유머가 긍정적 학급 문화의 중요한 부분임을 깨달았다. 때로는 엉뚱한 행동에도 꽤나 진지한 의미가 숨어있다.

- **유머는 심리적 안전감을 준다.** 많은 이야기에 개그 요소를 즐겨 사용하는 데는 이유가 있다. 작가는 유머를 통해 독자가 어둡고 긴장감 넘치는 이야기에 더 깊이 빠져들도록 '고조된 분위기'를 만든다. 《해리 포터》시리즈를 생각해 보자. J. K. 롤링은 시리즈의 처음 몇 권에서 유머를 이용

해 '이름을 말해서는 안 되는 존재' 볼드모트를 맞닥뜨리게 하면서 어두운 주제들을 더 깊이 탐구할 수 있도록 했다.

학교에서도 마찬가지다. 우리는 때때로 어려운 주제들을 다루지만, 함께 웃고 나면 어려운 대화도 한결 편안하게 나눌 수 있다. 심리학자들은 유머가 심리적 안전감을 준다는 것을 입증했다. 유머는 가벼운 분위기를 조성하여 모두를 편안하게 만든다. 그러면 팀 구성원들은 더욱 마음을 열고, 적극적으로 대안을 제시하고, 능숙하게 위험을 감수할 수 있다. 이는 다음 논점으로 이어진다.

- 유머는 창의적 위험 감수를 장려한다. 유머에는 취약성이 있다. 인정하고 싶든 아니든 간에 우리는 유머러스한 사람이 되려고 노력하거나 아니면 유머를 시도할 때마다 적어도 재치 있게 보이려고 노력한다. 유머도 사실 작은 위험을 감수하는 과정이다.

내가 중학교에서 가르칠 때, 교실 뒤쪽에 '소방 훈련(fire drill)' '슬로 잼 slow jam' '눈금 실린더(graduated cylinder)'에 관련된 터무니 없는 아재 개그*로 도배된 말장난 게시판이 있었다. 그 교실에는 부활절 달걀 장난처럼 재미있는 요소가 곳곳에 숨겨져 있었다.

사실대로 말하자면, 많은 학생이 말장난 게시판을 째려보며 "어휴, 아

---

* 예를 들어, fire가 해고한다는 의미도 되므로 소방 훈련을 '해고 대비 훈련'이라고 한다. 슬로 잼은 느리고 잔잔한 R&B 발라드를 가리키지만, 영어에서 jam은 빵에 발라먹는 잼과 차량정체의 의미도 있으므로 "음악가들이 가장 좋아하는 잼은? 슬로 잼". "음악가들이 선호하는 교통 상태는? 슬로 잼" 등의 말장난이 있다. 눈금 실린더 영어를 직역하면 '졸업한 실린더'이고, 온도의 단위 '도(degree)'가 학위라는 의미도 있으므로 "온도계가 눈금 실린더에게 말했다. 너는 졸업했을지 모르지만 나는 학위가 100개나 있어."라는 개그가 있다. - 옮긴이)

재 개그!"라는 식으로 반응했다. 그러나 변화가 일어나기 시작했다. 몇몇 학생들이 직접 익살스러운 그림을 그려 넣었다. 경찰복을 입은 초콜릿 캐릭터를 만화로 그린 '리세스 땅콩버터 경찰'이 대표적이다.

학생들은 교실 안에서도 우스꽝스러운 짓을 하고, 괴짜같이 굴고, 엉뚱한 일을 벌일 수 있게 되었다. 그 과정에서 자신만의 창의적인 목소리를 낼 수 있었다. 이런 분위기는 교실 문화 전체에 스며들었다. 학생들은 '남들과 조금 다른 것도 괜찮다'는 암묵적 메시지를 이해하고 받아들였다. 사실, 그 다름이 그들을 특별하게 만든다는 사실도 이해했다.

- 유머는 문제를 창의적으로 해결하도록 돕는다. 노스웨스턴대학교의 카루나 수브라마니엄Karuna Subramaniam 박사는 사람들에게 다양한 장르의 동영상을 보여주는 실험을 진행했다.[2] 참가자들은 영상을 본 후에 문제 해결 과제, 단어 연상(수렴적 사고), 브레인스토밍(발산적 사고)을 했다. 대체로 코미디 영상을 본 사람들이 공포물이나 양자 역학 강의 영상을 본 사람들보다 모든 창의적 문제 해결 영역에서 더 높은 점수를 받았다. 다른 연구에서 발명가 배리 커드로비츠Barry Kudrowitz는 즉흥적인 유머가 발상력을 높인다는 사실을 입증했다.[3] 이 결과의 원인은 겉보기에 무관한 듯한 아이디어들을 연결하는 전이 기술이 촉진되었기 때문이다.

유머가 있으면 분위기가 밝아지고 마음의 여유가 생겨 연결적 사고를 더 능숙하게 할 수 있다. 새로운 아이디어를 더 잘 받아들이고 유연하게 사고할 수 있는 놀이적 사고방식을 얻는 것이다.

- 유머는 항상 친절해야 한다. 유머는 매우 개인적이고, 사람마다 각각

독특한 특성이 있다. 개인의 문화적 배경, 미디어 소비 성향, 개인사, 가족 경험 그리고 성격에 따라 재미있다고 느끼는 것이 다르다. 유머는 자기 자신의 이야기를 바탕으로 나와야 한다. 내가 아는 어떤 교사는 무미건조한 유머를 생기 없이 전달하는데도 학생들을 웃게 만드는 재주를 가졌다. 그녀는 미소를 지어도 표정이 너무 미묘해서 억지웃음으로 오해를 받곤 했다. 그러나 늘 창의적인 도전의 본보기를 보이며, 학생들이 편안히 웃을 수 있는 교실 환경을 만든다.

내가 아는 다른 교사는 수업 시간에 특별한 의상을 입거나, 즉흥적으로 댄스 경연을 벌이고, 과장된 유머나 몸 개그를 한다. 학생들은 그의 수업에 들어가는 것을 무척 좋아했다. 두 교사는 모두 4학년을 맡았는데 그들의 교실에 들어서는 순간, 즐거운 분위기를 바로 느낄 수 있고 학생들도 무척 즐거워한다는 것을 알 수 있다.

두 교사의 유머는 모두 친절에서 비롯되었다. 유머는 강력한 도구이지만, 회복 불가능한 손상을 일으키는 데도 사용될 수 있다. 그러므로 교사로서 우리는 유머의 적절한 범위를 정해야 한다. 예를 들어, 유머가 특정 개인이나 특정 집단을 겨냥해서는 안 된다는 규칙을 세울 수도 있다. 그러면 인신공격성 언어 사용은 금지될 것이다. 학생들이 더 자라면 아이러니, 풍자적 유머, 냉소적 태도 사이의 차이를 설명해 줄 수도 있을 것이다.

어느 순간, 유머가 수업을 방해할 수도 있다. 과도한 유머나 주제에서 벗어난 이야기는 학생들의 소중한 학습 시간을 빼앗고, 수업 내용을 산만하고 이해하기 어렵게 만들 수 있다. 그러나 유머를 잘 사용하면 더 긍정적인 학급 풍토를 조성할 수 있다. 여기, 수업에 유머가 자연스럽게 스며들게 하는 몇 가지 방법이 있다.

1. **수업에 활용할 수 있는 밈 모음을 만든다.** 재미있는 밈을 이용해 학생들의 감정 상태를 재빨리 확인할 수 있다. 본격적인 수업에 앞서 준비 활동으로 밈을 활용할 수도 있다.

2. **교과 내용 속 개그 요소를 찾는다.** "원자를 믿지 마. 뭐든 다 지어낸다니까."라는 과학 유머나 "각도가 90도일 때 문제는 항상 올곧아야 한다는 것이지."라는 수학 유머도 있다. 이런 농담을 게시판에 게시할 수도 있다. 스스로 괴짜 같다고 느낀다면, 농담이 새겨진 셔츠를 입을 수도 있다. 나도 매년 3월 14일에는 해적(Pirate) 상징과 원주율(Pi-rate) 기호가 그려진 티셔츠를 입는다. 어려운 과목에도 놀이적 요소가 있다는 것을 학생들에게 이해시키기 위한 일이다.

3. **학급 구성원끼리만 아는 농담을 만든다.** 최고의 코미디언들은 이전에 했던 농담을 다시 언급하며 웃음을 유도하는 '콜백Call Back' 기법을 사용한다. 이와 비슷하게 교실에서도 내부 농담이 콜백 효과를 일으켜 농담이 점점 더 깊고 풍성해진다. 내부 농담은 더 *끈끈한* 공동체를 만드는 데도 도움이 된다.

4. **재미있는 이야기를 기록해 둔다.** 주변에서 일어나는 재미있는 사건에 주의를 기울였다가 수업에 이 이야기를 적절한 예시로 사용할 수 있다. 그러면 학생들의 참여도를 높일 수 있다.

5. **소품과 시각적 유머를 활용한다.** 코미디언 캐럿 톱(본명은 Scott

Thomson으로 소품 사용으로 유명한 미국 스탠드업 코미디언 - 옮긴이)처럼 할 필요는 없지만, 특정 소품을 이용한 개그가 특정 연령의 집단에서 실제로 잘 통할 수 있다. 특히 초등학교 저학년 학생들에게는 유치한 소품 개그가 효과가 좋다.

• 지표② 호기심이 있는 학급 풍토

앞에서 언급한 '교실 다시 꾸미기 프로젝트'에서 나(존)는 '아이들과 창조자를 위한 창조 공간(Makerspace)'을 계획하기 시작했다. 초반에는 성공적이었다. 하지만 교실에 필요한 주요 아이템을 정하기 시작하면서부터 '창조자'보다 '공간'에 더 집중하는 실수를 저질렀다.

나는 우리에게 필요한 아이템에 초점을 맞췄고, 몇몇 값비싼 장비를 구매하지 못했을 때는 좌절감을 느꼈다. 멋진 가구와 최첨단 고급 장비로 완벽한 공간을 꾸미는 게 내 꿈이었다. 하지만 자금 부족을 겪는 '타이틀 1 기금 학교(Title I school, 저소득층 학생들의 학업 향상을 지원하는 미국 연방 정부 기금을 받는 학교 - 옮긴이)'에서는 절대 가능하지 않으리라는 것을 알고 있었다.

그래서 학급 풍토의 역할에 대해 다시 생각해 봤다. 창조 공간은 학생들에게 창조성을 발휘하도록 자극하는 공간이기 때문에 창조 공간이다. 나는 전에 방문한 적 있는 창조적 교실 공간들을 떠올렸다.

연극실, 음악실, 미술실, 목공실. 모두 창조 공간이었다. 그러나 학생들이 교실 사방에 화이트보드를 설치하는 아이디어를 내고 전략을 논의했던 놀라운 수학 수업도 사실 창조 공간이었다. 학생들이 다양한 소설에 몰입하고 블로그 게시글과 수필을 창작하는 국어 수업도 창조 공간이었다. 모든 수업이 창조 공간이 될 수 있다. 나는 창조 공간 계획안 상단에 "교실은 창의성과 호기심의 요새가 되어야 한다."라고 적었다.

학생들이 교실에 들어와서 호기심을 자극하거나 문제 해결에 영감을 주는 무엇인가를 찾았으면 했다. 어떤 것은 물리적 공간과 관련 있을 것이다. (이에 대해서는 나중에 다룰 것이다.) 그러나 대부분은 공간의 전반적 풍토와 관련 있을 것이고, 교실 내에서 이뤄지는 대화와 상호작용 활동 속에 존재할 것이다.

수학 수업에서는 학생들이 태양광 발전소에 필요한 태양전지판이 정확히 몇 개인지 알아내야 하는 '디자인 스프린트design sprint(구글 벤처스에서 개발한 시간제한 아이디어 개발 방법으로 문제 이해 및 정의, 해결책 제안, 가장 좋은 제안 결정, 프로토타입 제작, 유효성 검증 과정으로 구성된다. - 옮긴이)' 같은 것일 수도 있다. 학생들은 열심히 규칙성을 탐색하고, 질문하고, 도전 과제를 해결하기 위한 창의적 접근 방법을 찾는다. 그 과정에서 여러 전략을 비교하고 대조한다.

독서 시간이면 호기심은 등장인물의 행동 동기에 대해 활발히 토론을 벌이거나 줄거리의 반전을 예측하는 형태로 나타난다. 다른 때에는 '호기심의 날 프로젝트'를 위한 연구 질문을 제시하고 여러 출처의 자료를 깊이 탐구한 후, 최종적으로 블로그나 팟캐스트에 답을 공유하는 방식일 수도 있다. 학생들이 자신을 표현하고 효과적으로 소통하고 싶은 욕구에서 다양한 주제를 탐구하고 여러 스타일을 실험할 때, 호기심이 불타오르는 모습을 볼 수 있다.

체육 수업에서는 자신의 신체적 능력을 탐구하고, 새로운 활동을 시도하고, 신체 구조와 영양에 관해 질문하는 학생들의 모습에서 호기심을 관찰할 수 있다. 목표를 설정하거나 자기성찰 중인 모습에서도 찾아볼 수 있다.

호기심은 과학의 핵심이다. 호기심은 학생들이 자연 세계에 관해 질문하고, 실험하고, 자연현상의 '이유'와 '과정'에 대한 가설을 세우는 탐구 과정 전체를 이끄는 원동력이다. 내가 좋아하는 몇몇 과학 교사들은 학생들이 혼란에 가까운 호기심을 자주 경험하게 유도한다. 호기심이 커지면 학생들은 끈기를 가지고 생산적인 활동에 몰입할 수 있다.(이에 대해서는 다음 지표를 설명할 때 다룰 것이다.) 어떤 과목에서든 호기심은 학생들이 적극적으로 지식을 탐구하고, 관점을 넓히고, 평생 배움을 사랑하는 마음을 키우도록 이끈다.

● **지표③ 고군분투가 있는 학급 풍토**

1학기가 끝나갈 즈음, 나는 학생들에게 교실의 분위기를 평가하는 설문 조사를 실시했다. 많은 학생이 문제 해결과 프로젝트 참여로 느낀 재미와 즐거움을 묘사했다. 그런데 놀랍게도 자신이 경험한 고군분투를 묘사한 학생도 있었다.

"이곳은 재미있는 공간이지만 그렇지 않을 때도 있습니다. 여기에서 나는 이런저런 아이디어를 시도하고 질문합니다. 이곳은 깊은 사고를 요구하는 곳이기도 합니다. 어떤 때는 생각이 막혀서 좌절하고 심지어 화도 납니다. 그래서 다른 친구들이 아무리 이 공간이 재미있다고 말해도 나는 항상 재미있지는 않았습니다."

나는 이 학생의 말을 완벽하게 이해할 수 있었다. 호기심이 있는 학급 풍토가 조성되었을 때, 우리는 학생들에게 생산적인 고군분투의 기회를 제공한다. 학생들이 정신적으로, 심지어 심리적으로 압박감을 느끼는 어려운 과제에 참여하는 것이다. 생산적인 고군분투에는 더 많은 노력과 비판적 사고, 그리고 궁극적으로는 인내심이 필요하다. 어려움을 회피하기보다 적극적으로 붙들고 싸우는 건설적인 문제 해결 방식이다. 이러한 풍토 속에서 학생들은 실수하면서 성장할 수 있고, 도전적인 문제를 해결하려고 시도하면서 상호작용을 경험한다. 교육자로서 우리는 학생들이 스스로 투지를 키울 수 있게 도와야 한다.

설문 조사에 적힌 학생의 사례처럼 생산적인 고군분투는 재미있는 일은 아니다. 그러나 여기에는 분명히 긍정적인 면이 있다. 학생들은 좌절과 불확실한 순간을 경험할 수 있지만, 그 순간들이 소중한 성장 기회가 될 수 있다. 아이들은 실수로부터 배운다. 그 과정에서 복잡한 문제를 새로운 방식으로 해결하면서 자신의 역량이 강화되는 것을 느낀다.

- 생산적인 고군분투를 장려하는 방법

1. **열린 질문을 한다.** 즉각적인 답이 나오지 않는 질문을 하라. 그러면 학생들은 다양한 접근법과 해법을 탐색할 것이다. 꼭 추상적인 질문일 필요는 없다. 구체적 질문이어도 된다. 하지만 단답형으로 끝나지 않고 반드시 추가 질문으로 이어지는 형식이어야 한다.

2. **어려운 과제를 부과한다.** 학생의 현재 능력 수준보다 약간 높은 과제를 부과하라. 그러면 학생들은 도전 과제를 해결하기 위해 자신의 능력을 최대한 발휘하고 창의적으로 사고할 것이다. 연구자들에 따르면, 학생들은 과제의 수준이 자신의 실제 능력치나 스스로 생각하는 능력치보다 조금 높을 때 가장 효과적인 몰입 상태에 도달한다. 비디오 게임이 매우 중독성 있는 이유도 여기에 있다.

3. **즉각적인 도움을 주는 것은 피한다.** 학생들에게 5분에서 10분 동안 어려운 문제를 풀어야 하며, 그 시간 동안 교사는 어떤 도움도 주지 않을 것이라고 미리 말한다.

4. **답이 아니라 피드백을 제공한다.** 학생들이 장애물에 부딪혔을 때 직접적인 답을 내놓는 대신, 생각의 방향을 전환하는 피드백을 제공하라.

5. **성적을 매기지 않는다.** 학생들이 생산적인 고군분투를 불안하게 느끼는 이유는 성적 하락으로 이어질지도 모른다는 두려움 때문이다. 따라서 과제에 성적을 매기지 않거나 중복 제출을 허용하는 것이 좋다.

6. **학급 전체가 함께 '대실패'를 축하한다.** 학생들을 둘씩 짝지어 서로 엄청난 실패를 경험한 이야기를 공유하게 한 후 어떤 실수를 했고, 무엇을 배웠고, 다음에는 어떻게 할 계획인지 반 전체 앞에서 공개적으로 발표하게 한다.

7. **비계 학습을 시행한다.** 때때로 학생들이 힘들어하는 이유는 인지 과부하에 걸리기 때문이다. 이는 종종 '불필요한 인지 부하'로 여겨진다. 그럴 때는 복합한 과제를 더 작고 관리하기 쉬운 단계로 나눠 접근하라. 학생들은 각 단계를 거치는 동안 자신감을 기르고, 더 큰 도전에 대처할 수 있게 된다. 주어진 주제의 다양한 측면을 탐색하고 더 깊이 이해할 수 있도록 책, 기사, 동영상, 전문가의 조언 등 다양한 자료와 자원을 제공하라. 학생들이 생산적인 고군분투를 감당하기 쉬워질 것이다.

8. **생산적인 고군분투 중에 느끼는 감정을 탐색하게 한다.** 학생들이 고군분투 중에 경험하는 자연스러운 감정을 탐색할 수 있게 성찰의 시간을 마련하라. 긍정적인 학급 풍토에도 때로는 좌절과 실망, 심지어 분노도 있다는 점을 기억하자.

9. **생산적인 고군분투의 예시를 든다.** 도전과 좌절에 직면했지만 결국은 투지와 노력으로 성공에 이른 유명인의 이야기를 들려줘라. 학생들이 좋아하는 프로그램이나 상품, 예술작품 중에 여러 번의 수정을 거쳐 마침내 세상에 나온 예시를 찾아서 이야기해도 좋다.

● **지표④ 소속감을 느끼는 학급 풍토**

나(트레버)는 한때 나를 신뢰하지 못하고 교실에서 내가 하는 모든 행동을 의심하는 듯한 교장과 일한 적이 있다. 그 교장 밑에서 오래 버티지 못하고 나는 모든 행동을 바꿀 수밖에 없었다. '전문가답지 못하다'라는 낙인이 찍힐까 봐 두려워서 역사 수업 시간에 더는 특별 의상을 입지 않았다. 일이 잘못되어 처벌을 받을까 봐 학생들을 위한 프로젝트도 규모를 줄였다. 교장은 학생들에게 전달되는 모든 말을 교사가 나서 제어해야 한다고 강조했지만, 솔직히 나는 초청 연사가 수업 시간에 하는 말까지 모두 제어할 수 없었기 때문에 더는 초청 연사를 모셔 오지 않았다.

나는 교사로서의 자신감을 점점 잃어갔다. 결국에는 그 학교를 떠나 자신감을 회복할 수 있는 곳으로 가야 했다. 학생들도 마찬가지다. 신뢰보다 두려움에 좌지우지되는 삭막한 풍토 속에서 억지로 공부해야 한다면 자신감과 공부의 질이 당연히 떨어질 것이다. 유감스럽게도 학생들에게는 더 좋은 학교와 더 좋은 교사를 고를 선택권이 없다.

긍정적인 학급 풍토의 가장 핵심이 되는 요소는 안전감이다. 학생들은 자신이 어딘가에 소속되어 있다는 것을 깨달을 때 안전감을 느낀다. 최근 몇 년 동안 '안전한 공간'이라는 용어를 두고 열띤 논쟁이 벌어졌고, 정치적으로도 이슈화된 적이 있다. 일각에서는 '심리적 안전감'이란 학생들이 자신이 동의하지 않는 불편한 사상이나 철학에 노출되지 않는 것을 의미한다고 본다. 그러나 대학교수이자 조직심리학자 아담 그랜트Adam Grant는 다음과 같이 중요한 차이를 제시한다.

"심리적 안전감과 '안전한 공간'을 혼동하지 말아야 한다. 안전한 공간은 인간을 연약한 존재로 보고, 반대 의견을 위협으로 간주한다. 반면에 심리적 안전감이 있는 환경은 다른 의견을 존중하고 수용하며 여기에서 배울 수 있는 역량을 길러준다. 또한 다양한 관점에 노출되는 것이 성장의 연료가 된다."[4]

심리적 안전 분야의 세계적 권위자 티모시 클락Timothy R. Clark은 심리적 안전감을 소속감에서 시작해 자유롭게 이의를 제기할 수 있는 단계로 나아가는 일련의 과정으로 설명한다.[5] 그는 심리적 안전감을 네 단계로 나눠 개념화했다. 클락의 설명은 주로 어른들이 이끄는 조직에 초점을 맞추지만, 여기에서는 학생들에게 어떤 의미가 있는지 이야기할 것이다.

1. 포용

이 초기 단계에서 학생들은 학급 내 소집단은 물론, 학급 전체에 대한 소속감과 수용감을 느낀다. 자신의 학급 내 기여도가 비록 얕은 수준일지라도 충분히 가치 있다고 인식한다. 학생들과 교사가 서로 존중하며 상호 존엄성을 발전시키기 때문에 전반적으로 학생들은 더 큰 교실 공동체 안에서도 자기 본연의 모습으로 존재할 수 있다고 느낀다.

2. 학습자 안전감

이 단계에서 학생들은 부정적인 결과를 두려워하지 않고 편안하게 자기 생각과 아이디어, 심지어 실수까지 드러낼 수 있다. 질문하고 피드백을 구하고 지식 부족을 인정하는 것이 언제든 허용되고 권장된다고 믿는다. 교사는 학생들에게 비판에 대한 두려움 없이 자기 생각을 제시하고 의견을 표현하라고 장려한다. 교사는 학생들에게 건설적이고 개방적인 대화 분위기를 조성하고, 학생들은 답을 모를 때도 언제든 그 사실을 인정할 수 있다.

3. 기여자 안전감

심리적 안전감이 깊어질 때, 학생들은 걱정이나 불안 없이 적극적으로 자기 아이디어와 의견을 내놓고, 자기가 가진 기술을 드러내며 학급에 이바지한다. 자기 의견이 기존 방식에 도전하거나 다수의 의견과 다를지라도 건설적으로 고려해 줄 거라 자신한다. 교사는 학생 개개인이 학습에 이바지할 수 있도록 상호의존적 요소를 수업에 넣을 수 있다. 간단한 협동 학습 활동이든 더 진지한 협업이든, 학생들은 자신이 더 큰 학습 환경에 이바지하고 있음을 알고 있다. 어떤 경우에는 학생들이 학급에 이바지하도록 1인 1역을 정해줄 수도 있다.

4. 도전자 안전감

안전감의 가장 높은 단계로, 학생들은 기존 가정에 의문을 제기하고, 혁신적인 해결책을 제시하고, 개방적이고 건설적인 토론에 참여할 수 있다고 느낀다. 이 수준의 안전감을 느낄 때, 반대 관점을 표현하는 행동은 단순한 허용을 넘어 집단의 성장과 의사 결정 향상을 촉진하므로 가치 있게 여겨진다. 안전감이 있는 교실은 다양한 배경과 관점, 경험을 수용하고, 모든 학생이 소속감을 느끼는 곳이다. 학생들은 갈등이 지적 다양성의 자연스러운 부분임을 이해하고, 회피하지 않는다.

심리적 안전감의 네 단계는 학생들이 진정한 자신이 되고, 두려움 없이 자기 생각을 표현하고, 혁신과 협업으로 이어지는 의미 있는 상호작용에 참여할 수 있는 학습 환경으로 나아가는 과정을 반영한다. 학생들이 교실에서 느끼는 소속감을 이해하기 위해 우리는 스스로 다음의 질문을 해볼 필요가 있다.

- 다양한 문화적 배경을 가진 학생들이 모두 자기 자신을 객관적으로 보는가?
- 신경다양성을 포용하는 학급 풍토인가?
- 내향적인 학생과 외향적인 학생 모두 잘 생활할 수 있는 풍토인가?
- 소외 계층 학생들이 제 목소리를 내는가?
- 성소수자 학생들에게 안전한 공간인가?
- 학생들은 실수해도 된다고 느끼는가?
- 교실 내 활동에서 모든 학생이 역할이나 임무를 맡고 있는가?
- 학생들이 반대 의견을 제시하는 것을 장려하거나, 반대로 억제하는 학급 풍토 요소는 무엇인가?

내향적인 학생과 외향적인 학생 모두를 긍정하라

학생들의 소속감을 키우고 싶다면 내향적인 학생과 외향적인 학생 모두를 긍정하고 지지하는 학급 풍토가 형성되어야 한다. 학생이었을 때, 나(존)는 내성적인 성격 때문에 가끔 무시당하는 기분이 들거나 혼자라고 느꼈다. 그런 나에게 시끄럽고 혼란스러운 교실 분위기는 감당하기 힘든 부분이었다. 그래서 긴장을 풀 수 있는 공간이 필요했다. 나와 대조적으로 트레버는 개별 학습 시간이나 선생님의 설명이 길어지는 수업 중간에 친구들에게 지나치게 말을 걸고 떠들다가 교무실로 불려가곤 했다.

> "
> **내향적인 학생들은 관심을 못 받고,**
> **외향적인 학생들은 너무 자주 벌을 받는다.**
> "

그렇다면 학급 풍토 안에서 이런 상황을 어떻게 변화시킬 수 있을까? 한 가지 방법은 학생의 내적·외적 처리 시간을 다양화하는 것이다. 먼저 매 수업 시간을 조용한 몸풀기 활동으로 시작해 보라. 활동 일지 작성, 스케치 노트 작성, 마음 챙김 활동과 같은 의도적인 침묵의 시간으로 시작할 수도 있다. 단순히 프로젝트를 계획하거나 관련 질문을 작성하거나 자유롭게 글을 쓰는 기회일 수도 있다.

이렇게 침묵의 시간으로 수업을 시작하면 내향적인 학생들이 본격적인 협업 과제에 들어가기 전, 긴장을 풀고 집중하는 데 도움이 될 수 있다. 침묵의 시간을 가진 다음에는 학생들에게 짝을 지어 상호작용할 기회를 제공하라. 내향적인 학생과 외향적인 학생 모두의 요구를 충족하는 방법이 될 것이다.

수학 연습문제를 풀 때, 우선 학생들에게 혼자 문제를 풀라고 하고, 5분 후에 학생들끼리 문제 풀이 전략을 비교하고 대조하거나 새로운 개념을 서로 가르쳐주는 시간을 갖게 할 수 있다. 학생들이 연습장에 각자의 아이디어를 정리한 후 대화형 전자칠판을 이용해 반 전체가 함께 문제를 풀 수도 있을 것이다.

토론 수업을 계획한다면 두 가지 토론 모델을 고려할 수 있다. 첫째는 개방형 대화, 즉 소크라테스식 토론이다. 둘째는 학생들이 조용히 답을 입력하며 실시간으로 토론에 참여하는 디지털 백채널Digital Backchannel이다. 학생들은 포럼이나 토론 게시판 같은 비동시성 토론 방식을 선호할 수도 있다. 토론 방식을 정한 후에는 원하는 토론 공간을 정하면 된다.

학생들이 인정받는다고 느끼게 하라

포용적 학급 풍토는 궁극적으로는 모든 학생을 집단적 차원에서 긍정한다. 하지만 개인적 차원에서 각각의 학생을 긍정하는 노력도 의도적으로 시도해야만 한다.

● 학생을 긍정하는 여섯 가지 방법

1. **칭찬은 공개적으로 하고, 비판은 다른 사람이 없는 데서 한다.** 공개적인 장소에서의 행동 수정은 종종 학생들이 위험을 회피하려는 경향을 더욱 부추긴다. 교사가 행동을 수정하려 할 때, 학생들이 체면을 세우

려고 하면서 자칫 힘겨루기로 이어질 수도 있다. 그러므로 "아무개 학생, 그만 떠들어."라고 말하지 말고, 대신에 학급 규범을 잘 따르는 학생들을 공개적으로 칭찬하는 것이 좋다.

2. **적어도 일주일에 한 번씩 모든 학생을 긍정한다.** 각각의 학생을 긍정하는 횟수를 기록하라. 처음에는 좌석 배치도를 활용할 수 있다. 학생을 긍정하는 것은 "빨리 제자리로 돌아가서 고맙구나."라고 말하는 것처럼 간단한 일일수도 있다. 때로는 어려운 문제에 도전하는 학생의 노력을 인정하는 것일 수도 있다.

3. **긍정적인 글을 주기적으로 가정에 보낸다.** 학생이 무엇을 잘하는지 기록한다면 이 내용을 메모장에 적거나 이메일로 가정에 보낼 수 있다. 교사는 학생이 말을 안 들을 때만 학부모에게 연락하는 오류를 범하기 쉽다. 하지만 학생에 대한 긍정적인 내용을 담은 글을 가정에 보낸다면 학생뿐만 아니라 학부모나 보호자와 관계를 맺는 일에도 좋은 영향을 미칠 수 있다.

4. **생일 축하 행사를 마련한다.** 나는 학생들의 생일 축하 카드를 직접 만들곤 했다. 예산을 적게 들여 만들 수 있는 간단한 카드였다. 새 학기 첫날에 실시한 설문 조사 내용을 토대로 막대사탕도 샀다. 생일이 되면 다 함께 생일 축하 노래를 불렀고, 생일을 맞이한 주인공은 자신이 가장 좋아하는 막대사탕과 함께 생일 카드를 받았다. 물론 여러 이유 때문에 생일을 기념하지 않으려는 학생들도 있는데, 그런 경우에는 생

일과 별도로 학생에게 의미 있는 다른 일을 축하해 줄 수 있다.

5. **학교 수업 외의 활동이나 관심사가 무엇인지 물어본다.** 학생들에게 선호하는 비교과 활동이나 관심사에 관해 물어보라.

6. **학생들을 체계적인 '동료 긍정하기 활동'에 참여시킨다.** 각 학생에게 모든 학생의 이름이 적힌 익명의 구글 양식을 작성하게 하고, 그런 다음 긍정적인 말을 써서 제출하게 하라. 교사는 이것을 수집해 목록으로 만들고, 그에 맞는 워드 클라우드를 생성할 수 있다.

완벽해야 한다는 강박을 버려라

몇 년 전 제자 한 명이 긍정적 학급 풍토를 조성하기 위한 조언을 구하기 위해 나(존)에게 연락했다. 예비 교사인 제자는 곧 교단에 설 예정이었다.

"긍정적인 학급 풍토를 유지하기 위해 제가 할 수 있는 실전 아이디어가 없을까요?"

"글쎄다. 너희들을 가르칠 때 실수를 많이 했지, 그땐 나도 초임 교사였으니. 수업하다가 가끔 인내심을 잃었던 기억이 난다."

"선생님 생각엔 그랬을 수도 있지만 제 기억은 달라요." 제자가 말했다. 그리고는 그해 가장 좋았던 순간을 묘사했다. 그때를 회상하며 들려주는 긍정적인 이야기에 나도 함께 웃었다.

"그렇게 기억하고 있다니 기분이 좋구나. 그래도 그때 했던 실수를 생각하면 여전히 민망하기 짝이 없단다. 지금 알고 있는 지식을 가지고 과거로 돌아가서 모든 것을 다시 시작하고 싶구나."

"음, 그때 선생님 수업을 받으면서 심적으로 안전하다고 느꼈던 기억이 나요. 안전하면서도 힘들었죠. 저는 선생님 수업에 들어가는 것을 정말 좋아했어요."

제자와 대화하면서 나는 날씨와 기후의 차이를 배웠다. 인내심이 바닥나고, 좌절감을 느끼고, 실수를 저지르는 것은 비 오는 날이었다. 그것은 날씨였다. 날씨가 기후를 정의하는 것은 아니다. 기후는 전체적인 패턴과 관련 있다. 제자는 자신이 기억하는 패턴이 밝고 따뜻했다고 말했다.

주

1. Harrington, Kimberly. (2022). What is "toxic positivity" and why is it a problem? A new book explains. https://www.washingtonpost.com/books/2022/01/27/toxic-positivity-book/
2. Subramaniam, K. (2018, October 2). Title of the work [Dissertation]. Neuroscience Institute Graduate Program. https://doi.org/10.21985/N28Q88
3. University of Minnesota. (n.d.). What humor & creativity can teach us about innovation. Retrieved from https://clinicalaffairs.umn.edu/news/what-humor-creativity-can-teach-us-about-innovation
4. Grant, A. (2022, January 14). [Tweet]. Twitter. https://x.com/AdamMGrant/status/1695452949583888738?s=20
5. Clark, T. R. (2020). *The stages of psychological safety: Defining the path to inclusion and innovation*. Berrett-Koehler Publishers.

4장

학급 문화는
첫 주에 결정된다

해마다 새 학기 첫날에 나(트레버)는 '좋은 일 공유하기'로 수업을 시작한다. 먼저 팝송 'Tell Me Something Good(좋은 일을 말해봐)'의 일부를 들려주고 나서 학생들에게 자기 삶에 일어난 좋은 일 또는 긍정적인 일을 각자 3초 동안 말하라고 한다. 흔히 나오는 대답은 "어제 축구 경기에서 이겼어요." "엄마 생일이에요."(아이들은 엄마 생일이 언제인지 말하는 것을 참 좋아한다.) "아침에 와플을 먹었어요." "어제 포트나이트 게임에서 이겼어요." 등이다.

둘째 날에도 반복해서 한다. 시험이 있을 때는 '여러 좋은 일 공유하기'로 수업을 시작한다. 공휴일 전날도 마찬가지다. 전체 조회가 있거나 단축 수업을 하는 날에도 여전히 이런 방식으로 수업을 시작한다. 토의 주제가 무엇이든, 수업 시간에 다뤄야 할 내용이 얼마나 많든, 중학생을 가르치든 대학 4학년 학생들을 가르치든 상관없이 나는 매일 학생들에게 삶에서 일어나는 긍정적인 일을 찾아 공유할 기회를 제공하며 수업을 시작한다.

이것은 하나의 루틴이다. 학생들은 내 수업이 항상 이런 방식으로 시작된다는 것을 알고 있다. 그날 공부가 어렵든 아니든, 수업이 흥미롭든 지루하든, 좋은 하루를 보내고 있든 나쁜 하루를 보내고 있든 항상 3분은 긍정적으로 사용하는 것이다.

교실 밖에서 보면 '좋은 일 공유하기'가 그저 재미 삼아 하는 일처럼 보일 수도 있다. 어떤 사람들은 학습 목표나 수업 내용과 연관 없으니 가볍게 여기며 이렇게 말할 수도 있다.

"55분 수업에서 어떻게 3분을 포트나이트 게임이나 축구 경기 이야기를 하는 데 할애할 수 있어요?"

그러나 내가 항상 그렇게 수업을 시작하는 이유는 단지 재미를 위해서가 아니다. 솔직히 말해 학생들 삶에 일어나는 일이 그리 궁금해서도 아니다. 사실, 나는 포트나이트 게임에서 이기든 지든 관심 없다. 진짜 이유는 이런 루틴이 모든 수업을 시작할 때 '자신에게 확신을 주는 긍정성'을 강화한다는 점 때문이다. 워싱턴대학교 메디컬센터에서 수행한 연구 결과를 보면, 주기적으로 긍정적인 말을 하는 습관이 개인의 행복과 스트레스 수준, 학업 성적에 상당한 영향을 미친다.[1]

여기에서 교사의 마음가짐 변화가 일어나야 한다. 관계 형성처럼 표준 교과 내용이나 교육과정과 직접 연결되지 않는 재미있는 루틴을 만드는 것도 학급을 하나로 묶는 목적에 도움이 된다면, 무시해도 되는 시시한 것이 아니라 꼭 필요한 요소다.

'좋은 일 공유하기'는 학생들이 수업 시간을 최대한 활용하기 적절한 방법이다. 많은 교수법과 마찬가지로 이 방법은 항상 명확하지는 않아도 나름의 체계가 있다. 이 루틴은 학급 문화를 형성하는 데 도움이 된다. 즉, 학급을 단합시키고 응집력을 끌어내며 공동의 가치를 창출한다는 뜻이다. 집단적 가치는 교실에서 일어나는 모든 학습의 토대를 이룬다.

집단적 가치란 무엇인가?

'집단적 가치'는 보통 눈에 잘 띄지 않는다. 배경에서 윙윙거리는 백색소음처럼 작용하기 때문이다. 사회학자, 인류학자, 철학자마다 정의하는 방식이 다르지만, 일반적으로 집단적 가치는 한 집단이 공정하고 정의롭고 중요하다고 여기는 가치를 포함한다. 종종 안전과 자유, 개인적 성취와 집단적 책임처럼 서로 충돌하기도 한다.

집단 공동의 가치는 구성원의 관계가 친밀한 소규모 공동체에도 존재하고, 국가와 문화 안에도 존재한다. 물론 교실 안에도 존재한다. 교육자로서 우리는 학생들이 직접 가치를 창출해 공동의 가치가 가시적인 것이 되도록 도울 수 있다. 교실은 다양한 사람들이 모이는 몇 안 되는 장소 중 하나다. 반향실 효과(echo chamber, 비슷한 사상이나 신념을 지닌 사람들이 한정된 공간에 모여 생각을 공유하면서 그 생각이 강화되고 확대되는 현상 - 옮긴이)와 필터 버블 filter bubble(이용자의 취향과 관심에 맞는 정보만 걸러내 이용자에게 도달하는 정보 여과 현상 - 옮긴이)이 일어나는 시대에 교실이야말로 학생들이 폭넓은 이념과 세계관을 경험할 수 있는 공간이다.

교실 공동체는 사회경제적 배경부터 문화적 정체성, 가족 구조, 종교적 소속, 이념적 배경, 언어적 경험까지 다양한 요소들이 어우러진 아름다운 모자이크를 이룰 것이다. 우리는 학생 개개인의 생생한 경험에서 나오는 다양성을 수용해야 한다. 그러나 동시에 서로를 연결하는 다리를 건설할 수 있도록 공동의 가치를 찾는 것도 도와야 한다. 학생들이 서로의 공통점과 공동의 가치를 찾도록 돕는 방법의 예를 살펴보자.

개인적 성찰로 시작하라

먼저 학생들에게 개인적인 성찰의 시간을 갖게 한다. 우리가 각자 자신을 돌아볼 수 있다면 다른 사람과의 관계 맺기는 더 쉬워질 것이다. 다음은 자기성찰을 위한 예시 질문이다.

- 삶에서 가장 중요하게 생각하는 것은 무엇인가?
- 어떤 사람이 되고 싶은지 생각해 보라. 그런 사람이 되기 위해 할 수 있는 일은 무엇인가?
- 친구에게서 중요하게 생각하는 네 가지 특성은 무엇인가?
- 모든 사람이 따랐으면 하는 인생 규칙은 무엇인가?

초등학교 저학년 학급이라면 먼저 학습에 집중하는 분위기를 조성하기 위해 그림책을 함께 읽는 것으로 수업을 시작할 수 있다. 몸풀기 활동으로 학생들에게 '자기가 되고 싶은 사람'의 모습을 그림으로 그려보라고 할 수도 있다. 고학년 학급에서는 "여러분이 동의하는 우리 사회의 중요한 가치는 무엇인가요? 반대로 동의하지 않는 가치는 무엇인가요?"와 같이 심도 있는 질문을 다룰 수도 있다.

짝과 토론하게 하라

두 번째 단계에서는 교사가 일련의 빈칸 채우기식 문장 틀을 사용해 토론을 유도할 수 있다. 아니면 학생들에게 일단 자신의 짝과 자유롭게 대화하라고 한 다음, 학생들이 어떻게 행동하는지 지켜볼 수도 있다. "짝꿍의 생각은 네 생각과 비슷하니? 아니면 어떻게 다르지?"라는 질문을 던져 대화를 확장할 수도 있다.

조용히 글을 쓰게 하라

세 번째 단계에서는 교실 곳곳에 붙여놓은 모조지나 화이트보드에 질문이나 주제를 적어둔다. 예를 들면 다음과 같다.

- 우리 반은 _____를 가치 있게 생각한다.
- 우리 모두 _____에 동의해야 한다.
- 기호나 그림만으로 우리 학급 공동체의 가치를 설명하라.
- 어떤 종류의 교실 공간을 원하는가?

학생들은 조용히 이 질문이나 주제에 맞는 글을 쓴다. 말을 하지 않고 모두 조용히 글을 쓰는 것은 자기 생각을 공개하고 활발한 대화에 참여하는 활동 못지않게 강력하다. 수줍어하거나 내성적인 성격의 학생들도 이 순간에는 대담한 단어와 기호를 사용해 목소리를 높일 것이다.

학생들이 자유롭게 이동하는 것을 허용하는 회전목마 활동(carousel activity, 소집단을 이뤄 교실을 돌아다니며 일련의 과제를 수행하는 협동 학습 방법 - 옮긴이)으로 이 과정을 진행할 수도 있다. 두 사람씩 짝을 지어 한 사람은 문제를 읽고 다른 사람은 글을 쓰게 하는 것도 도움이 된다. 서로 돌아가며 역할을 바꾸는 것도 잊지 말자.

활동을 평가하라

네 번째 단계에서는 학생들에게 질문한 후 활동을 평가하게 한다.

- 활동이 어땠는가?
- 어떤 기분이 들었는가?
- 우리 반이 동의하지 않을 수 있는 부분은 무엇인가?
- 공통으로 나타나는 현상이 있는가?

고학년 학생들의 수업에서는 이 활동을 소크라테스식 토론으로 확장할 수 있다. 학생들은 처음에 확인했던 '성찰을 위한 질문'을 주제로 더 깊은 토론에 참여하게 된다.

공동의 가치를 찾아라

다섯 번째 단계에서는 반 전체가 공동의 가치를 함께 만든다. 어떤 경우에는 학생들에게 가치에 대해 투표하게 하고, 진정한 합의가 이루어졌는지 확인할 수 있다. 어떤 가치는 교사가 수정할 수도 있다. 하지만 결국에는 학급 전체가 동의할 수 있는 핵심적인 가치가 나와야 한다.

행동으로 옮기게 하라

마지막으로, 집단적 가치를 확실히 지킬 수 있도록 돕는 규범과 기대치를 정할 때 학생들이 여기에 기여할 수 있는 과정이다. 가장 대표적인 방법 중 하나는 '학급 계약서'를 만드는 것이다.

학급 계약서를 함께 만들어라

공동의 가치를 탐색한 후, 학생들은 행동과 규범에 대한 기대를 명시한 계약서를 학기 초에 함께 만든다. 이 계약서는 1년 내내 책임감을 상기하는 도구로 쓰이며, 계약 위반이 발생했을 때 또는 예방 차원에서 참고할 수 있는 합의서다. 학급 계약서를 만들기 위해 학생들에게 건강한 학급이란 어떤 곳인지부터 생각하게 해야 한다. 다음과 같은 질문이 도움이 될 수 있다.

- 건강한 학급은 어떤 모습일까?
- 건강한 학급이라고 하면 어떻게 들리는가?
- 건강한 학급은 어떤 느낌인가?
- 어떤 학급에서 가장 잘 배울 수 있는가?

가능하다면 학생들 각자 질문의 답을 적게 하고, 그런 다음 학급 토의를 열고 학생들의 대답을 기록하라. 만약 계약서에 포함하고 싶은 특정한 기대가 있다면 토론의 어느 시점 즈음 방향을 유도해서 그 내용이 반드시 반영되게 하라.

예를 들어, 쓰레기를 처리하고 깨끗한 교실을 유지하는 일이 교사에게 중요한 가치이지만, 학생들은 이것을 자연스럽게 떠올리지 못할 수도 있다. 그러면 이렇게 질문해 보라. "깔끔한 교실에서 공부를 더 잘하는 사람이 있나요?" 그러면 여러 학생이 손을 들 것이다. "선생님도 그래요. 그러면 교실을 깔끔하고 깨끗하게 유지하기 위해 계약서에 어떤 내용을 넣는 게 좋을까요?"

이 경우, 교사의 기대를 학급 토론에 밀어 넣었지만, 명령이 아닌 질문이나 제안 형식으로 표현했다. 학급 계약서의 힘은 그 계약서를 학생들이 직접 만들었고 학생들 스스로 계약 내용을 책임진다는 데 있다. 따라서 학급 계약을 지키는 것은 교사뿐만 아니라 학생들의 책임이기도 하다.

학급 토의를 마치면 토의한 내용을 명확하고 간결한 항목으로 요약하라. 손 글씨로 벽보를 만들거나 워드 문서로 작성해 출력할 수도 있다. 다음은 학급 계약서에 포함하면 좋은 몇 가지 항목이다.

- 친구 존중
- 교사 존중
- 자기 자신 존중
- 학습 환경 존중
- 교실 안전
- 포용
- 주체성과 개인 책임감
- 협력

갤러리워크로 학급 계약서 만들기

학급 계약서를 만들기 위한 활동으로 갤러리워크Gallery Walk(미술관에서 작품을 관람하듯 학생들이 교실을 돌아다니며 서로 작업물을 살펴보고 피드백을 주고받는 수업 형태 - 옮긴이)도 생각해 볼 수 있다. 위에서 언급한 계약 항목을 각

각 별도의 모조지에 적어 게시하면, 학생들이 각 계약 항목에 대해 어떻게 생각하는지 모조지 위에 직접 적는 방법이다. 만일 자기가 적으려던 말을 다른 학생이 먼저 적었다면 옆에 체크 표시를 한다. 이를 통해 해당 항목이 계약서에 꼭 포함되어야 한다는 것을 확인할 수 있다. 갤러리워크가 끝나면, 모조지에 기록된 내용을 모두 함께 검토하고 토의한 후에 그 내용을 토대로 계약서를 만든다.

계약서가 완성되면 모든 학생이 계약 조항에 동의한다는 표시로 하단에 서명한다. 이로써 명확한 학급 규범이 만들어졌을 뿐 아니라, 교사에게는 정기적으로 참고할 수 있는 기준 자료가 생긴 것이다. 새로운 학습 단원이나 프로젝트를 시작할 때마다 계약서를 검토하라. 한 학년이 끝날 때까지 주기적으로 학생들에게 계약서를 소리 내어 읽게 하라. 누군가 무례하게 행동하거나 교실이 제대로 관리되지 않는 것처럼 학급 계약서에 명시된 사항을 위반했을 때, 교사는 이 계약서를 참고해 문제를 처리할 수 있다.

교사는 학급 계약서에 근거해 학급 전체에게 또는 학생들을 개별적으로 불러내서 이렇게 말할 수 있다. "얘들아, 우리가 학기 초에 만든 계약서 기억하지? 너희가 그 계약에서 넣었던 조항을 잘 지키고 있다고 생각하니?" 이런 식으로 한다면, 용납할 수 없는 행동에 불쾌감을 드러내도 학생들이 불만을 품지는 않을 것이다.

학급 계약도 하나의 도구일 뿐 완벽한 해결책은 아니다. 마법처럼 학생들이 교사의 기대에 부응하거나 완벽한 행동을 하게 하지는 못한다. 하지만 학생들의 목소리와 선택권을 반영하고 의도대로 잘 실행한다면 학급 계약은 건강한 학급 규범을 확립하는 데 큰 도움이 될 것이다.

공동의 목표를 찾아라

나(존)는 우리 학교 사회참여 프로그램(IMPACT program)의 봉사 학습 부분을 기획하기 위해 동료 교사들과 함께 앉았다. 학생들은 이 프로그램을 진행하기 위한 브레인스토밍과 계획, 성찰 과정을 거쳐야겠지만 교사들은 프로그램의 전체 구조를 설계해야 했다.

어느 순간 수학 교사가 손뼉을 치며 말했다.

"찾았어요! 우리에게 필요한 것은 1,000시간 봉사를 달성했을 때 학생들을 축하해 주는 거예요. 그러면 남은 학기 동안 프로젝트를 지속할 추진력을 얻을 수 있을 거예요."

"그럼, 피자 파티 같은 거요?" 내가 물었다.

"네, 피자 파티요. 플래카드도 걸고, 상장도 주는 거죠. 행사를 크게 해서 학부모들도 초대할 수 있겠지요. 농구 경기에서 이기면 축하해 주는 것처럼 봉사 학습도 목표를 달성했을 때 축하해 주는 겁니다."

나는 회의적인 시선을 보내며 고개를 저었다.

"제 생각에는 음, 그저…. 그런 보상이 오히려 동기를 없애버리는 거 같아요. 봉사는 가슴에서 우러나는 선한 동기에서 해야 합니다. 그게 진정한 동기죠. 상을 받으려고 봉사한다면 무슨 의미가 있겠어요? 저는 봉사시간을 꼭 기록해야 하는 건지도 잘 모르겠습니다."

"네, 무슨 말씀인지 알겠습니다. 하지만 우리 모두 그런 식으로 생활해요. 우리는 기록으로 남긴 것을 소중하게 생각합니다. 돈을 소중하게 여긴다면 끊임없이 주식과 은행 계좌를 확인할 겁니다. 건강을 소중하게 여긴면 아마 얼마나 뛰었는지, 어떤 중량의 바벨을 들어 올렸는지 기록하겠지요. 공동체도 마찬가지입니다. 우리는 기록하는 것을 소중하게 여깁니다. 그리고 목표를 달성했을 때 축하하는 겁니다."

"네, 하지만 이건 돈도 아니고 미식축구 경기도 아닙니다. 사회적 활동이 지 경쟁이 아니라고요." 내가 지적했다.

"좋아요. 좋습니다. 하지만 제 말 들어보세요. 선생님은 결혼하셨죠?"

"네."

"몇 년 후, 결혼 10주년을 기념할 계획이시죠?"

나는 고개를 끄덕였다.

"하지만 그게 동기는 아니잖아요. 그렇죠? 선생님의 동기는 아내를 사랑하는 마음입니다. 그래도 여전히 결혼한 지 몇 년인가를 기록할 겁니다. 매년 결혼기념일도 챙길 테고요. 이것도 데이터를 기록하는 거예요. 핵가족처럼 매우 작은 공동체에서도 우리는 늘 데이터를 기록합니다. 아이의 생일은 태양이 한 바퀴 더 도는 동안 살아있음을 축하하는 거죠."

처음에만 해도 나는 회의적이었지만, 그는 정말 중요한 점을 지적하고 있었다. 결국 나는 봉사시간을 기록하자는 데 동의했다. 우리는 숫자 표시가 있는 막대그래프를 벽에 붙이고, 막대에 색을 칠해 봉사시간을 기록했다. 확실히 몇몇 학생들은 단순히 막대그래프의 숫자를 올리기 위해 자원봉사에 나섰다. 보통은 긍정적인 또래 압력의 결과였다. 그런데 놀랍게도 이 학생들은 점차 지역사회에 진심으로 공감하기 시작했다. 아이들은 다른 사람들을 돕고 싶은 내적 욕구에서 봉사하기 시작했다. 그렇다면 축하 파티는 어떻게 되었을까? 사실, 기대 이상이었다. 우리는 피자와 현수막, 풍선, 심지어 노래방 기계도 준비했다.

나중에 우리는 데이터 기록을 확장해서 학생 개개인의 활동을 순위 표시판에 기록했다. 그런데 이것은 오히려 역효과를 냈다. 어떤 학생들은 점점 순위에 집착해 공감과 친절이라는 목표에 온전히 집중하지 못했다. 어떤 학생들은 완전히 포기해 버렸다. 이 학생들은 공동의 목표를 이루기 위해 노력하는 게 아니라 '자신이 끊임없이 누군가와 경쟁한다'고 생각했다.

이 경험은 학급 공동체로서 함께 목표를 설정하고 축하하는 일이 어떤 힘이 있는지 다시 한번 일깨우는 계기가 되었다. 다음 사항을 고려해 보자.

- **목표를 설정할 때 어떤 부분에 중점을 두는가?** 시험 성취도를 기록하고 싶은가? 전체 과제 완성률을 측정하고 싶은가? 학생의 행동에 초점을 맞추고 싶은가?

- **어떤 유형의 목표를 세우고 싶은가?** 봉사 학습 시간이나 시험에서 학업 성취 수준(지역 성취 기준을 통과한 학생 비율)과 같은 특정한 성과에 초점을 맞춘 목표를 세울 수도 있다. 성장에 초점을 맞춘 목표를 세울 수도 있다. 예를 들어, 읽기 유창성 학습의 목표는 읽기 수준이 한 단계 상승한 학생 수를 의미할 것이다.

  습관에 초점을 맞춘 목표도 있다. 이런 목표는 대개 연속된 기록을 추적하는 것과 관련 있다. 예를 들어, 학생들이 연속으로 수학 센터(학생들에게 수학에 대한 흥미를 불러일으키고 수학 능력을 발달시키기 위한 활동을 제공하는 교실 내 작은 교실 - 옮긴이)에 시간을 맞춰 참여하는 연속 일수를 기록하는 것처럼 간단한 일일 수도 있다.

  여기에 약간의 미묘함이 있다. 잘못된 종류의 목표는 역효과를 불러올 수 있다. 학생들이 서로 경쟁하게 만드는 목표는 오히려 피해야 한다. 그런 목표는 공동의 목표를 설정하는 과정에 방해가 된다. 협력적인 성격의 목표일수록 학생들은 목표를 달성하기 위한 노력에 더 적극적으로 동참할 것이다.

- **진행 상황을 어떻게 기록할 것인가?** 학급 전체가 데이터뿐만 아니라 목표를 향해 나아가는 과정도 확인해야 한다. 막대형 진도표, 온도계형 진도표, 원 색칠하기, 네모 칸에 줄을 긋는 점검표 등을 사용할 수 있다. 저학년 학급의 경우, 작은 종이 사슬을 만들어 진척이 일어날 때마다 고리를 하나씩 뜯는 방법이 있다. 아니면 구슬 항아리 채우기 방법을 쓸 수도 있다. 이렇게 기록하는 것은 진행 상황을 가시화할 뿐만 아니라 학생들에게는 함께 공유하는 일종의 의식이 될 수 있다.

- **어떻게 축하할 것인가?** 반 전체가 공동의 목표를 달성했을 때 어떻게 보상하거나 축하할지 생각해 보라. 학생들과 함께 논의할 수도 있다. 조용히 독서하는 시간을 늘려주는 것은 어떤가? 보드게임 하기는 어떤가? 잠옷 입고 등교하기는? 여러 축하 방법을 떠올려 보자.

학급 문화는 개학 첫날부터 형성된다

새 학년 첫 주는 수업을 바라보는 학생들의 첫인상이 결정되는 시간이다. 개학하고 처음 며칠 사이에 수업에 관한 첫인상이 형성될 것이고, 학생들은 첫인상을 그대로 유지한 채 남은 한 해를 보낼 것이다. 물론 시간이 지나면서 첫인상은 조금씩 바뀔 수 있지만, 교사와 학생들이 1주 차에 중요하다고 생각한 것은 한 해 동안 지속적으로 그 중요성이 강화될 것이다.

나(트레버)는 '학기 첫 주부터 학습에 몰두하는 것을 피하라'라는 조언을 자주 한다. 첫 주는 학급 문화 형성, 규범과 목표 설정에 집중하라. 그러고 나서 둘째 주부터 본격적인 학습에 뛰어드는 것이 좋다. 새 학기 초의 약간의 투자가 남은 한 해 동안 큰 이익을 가져다줄 것이다. 가끔 내가 이 말을 소셜미디어에 올리면 교사들의 반응은 이렇다.

"제발 그럴 수 있다면 좋겠습니다. 하지만 표준 교과 내용이 너무 많아서 당장 진도부터 나가기 바쁜 걸요."

물론 충분히 이해한다. 한 주를 학급 문화 형성에 할애하는 것이 큰 투자처럼 보일 수 있다. 특히 다뤄야 할 교과 내용은 많고 시간은 부족하다면 더욱 그럴 것이다. 하지만 단언컨대 의도적인 문화 형성은 분명 가치 있는 투자다. 개학 첫 주는 남은 한 해 동안 학생들이 참여할 학습 환경에 대한 기대치를 소개하고, 학급 분위기를 설정하는 시기다. 교사가 학생을 만나고, 학생이 교사를 만나는 시기다. 교사는 학생들의 학습 스타일을 접하고, 학생들은 교사의 수업 스타일을 처음 목격하는 시기다.

그렇다고 해서 첫 주부터 교사가 완벽한 모습을 보여야 하거나 모든 학생이 수업을 좋아하도록 만들어야 하는 것은 아니다. 완벽한 교사는 어디에도 존재하지 않으며, 모든 학생이 좋아하는 수업을 만드는 것이 최종 목표가 되어서도 안 된다. (이에 관해서는 나중에 더 다루기로 하자.) 첫 주에는 일단 신중하게 문화를 형성해야 한다. 왜냐하면, 첫 주를 보내고 나서 학생들이 수업을 어떻게 생각하느냐가 남은 한 해 동안의 반응을 암시하기 때문이다.

로욜라대학교 시카고 캠퍼스에서 시행한 한 연구에서는 학생들이 첫 수업을 들은 후 교수들을 평가하게 했다.[2] 학생들은 학기 중간과 학기 말에 교수들을 다시 평가했다. 흥미롭게도 교수들이 처음 받은 평가는 학기가 끝난 후 받은 평가와 거의 일치했다. 한 학기를 보냈는데도 학생들의 의견은 거의 달라지지 않았다. 이 연구 결과는 첫인상의 힘이 얼마나 강력한지 잘 보여준다.

첫 주 수업 계획은 어떻게 짜야 할까?

새 학기 1주 차 수업 계획 중이라면 이렇게 질문해 보라. '나는 학생들이 수업을 어떻게 생각하기를 원하고, 어떤 점을 알기를 원하는가?' 우리는 학생들이 특정한 방향으로 생각하도록 조종할 수 없다. 우리가 바라는 대로 무언가를 억지로 깨닫게 할 수도 없다. 이는 첫 주만이 아니라 1년 내내 해당하는 교훈이다. 하지만 학년 초에 '단단한 토대를 다지는 데 도움이 되는 활동'을 계획할 수는 있다. 우리가 원하는 학급 문화의 핵심 원칙은 무엇인가?

- 표현의 자유?
- 학습을 향한 열의?
- 학생 역량 강화?
- 협력적 환경?
- 부지런한 학습자?
- 예의 바른 학습자?

시간을 두고 천천히 고민해 본 다음, 새 학기 첫 주에 이 주제들을 소개하는 활동을 계획하라. 이 주제들은 1년 동안 지속적으로 강화해야 하지만, 처음 학생들에게 소개하는 과정이 정말 중요하다. 긍정적 학급 문화 형성을 위한 첫 주 수업 계획안은 newteachermindset.com에서 Digital Download First Week에 접속하면 무료로 내려받을 수 있다. QR 코드를 스캔해 보자.

주

---

1. Boynton, Emily. (2021). How to practice positive affirmations—and why they work. Right as Rain by UW Medicine. https://rightasrain.uwmedicine.org/mind/well-being/positive-affirmations

2. Loyola University Health System. (2010). The importance of making a good first impression in the classroom. https://phys.org/news/2010-12-importance-good-classroom.html

5장

자율적인 학급을 위한
교실 의례

삶은 작은 의례들로 가득하다. 우리 집(존의 집)에서는 가족들이 앉는 자리를 따로 정한 적이 없다. 그러나 우리 아이들은 '섬'에 자기 자리를 가지고 있다.(지형의 종류인 섬을 말하는 게 아니다. 우리 아이들은 주방 조리대를 섬이라 부른다. 애석하게도 우리는 진짜 섬을 소유하지는 못했다.) 나는 아들들과 캐치볼을 할 때면 늘 장갑을 낀다. 유년 시절 가장 애정 어린 기억인, 아버지와 캐치볼을 하던 때를 떠올리기 위한 나만의 의례다. 딸과 그림을 그릴 때는 미술용품을 꺼내면서 무엇을 그릴지 함께 말해보는 의례가 있다.

일상적인 것과 심오한 것 모두에서 의례를 찾을 수 있다. 우리는 결혼과 장례는 물론, 아침 식사나 자동차 시동 걸기 등 모든 순간의 의례를 알아야 한다. 식료품점에서 계산할 때 '어느 줄이 더 빠를까?' 하고 추측하는 순간부터 영수증을 받는 순간까지 의례를 따른다. 식기세척기의 그릇을 정리하거나 쓰레기를 버리거나 바닥을 쓸 때도 일정한 절차가 있다. 이런 의례가 삶의 리듬을 형성한다. 의례란 일종의 습관처럼 행해지는 것이지만, 그렇다고 의례의 강력함이 줄어들지는 않는다.

의례는 규칙이라기보다 우리가 어떻게 살아가는지 결정하는 암묵적 과정과 같다. 가장 좋은 의례는 자연스럽고 형식이 없으며, 유연하고 사랑에서 비롯된 것들이다. 이런 이유에서 나는 수업 절차를 단순히 '따라야 하는 규칙'이 아닌 '자율적으로 실천하는 의례'로 보는 것을 선호한다. 의례는 행하는 기간이 길수록 더 단단해지고, 자동으로 일어날 때 가장 강력하다.

개학 첫날, 학생들은 수업 진행 방식을 잘 모르는 상태로 교실에 들어온다. 고학년이라면 전반적으로 어디로 가야 하고 무엇을 해야 하는지에 대한 감은 있을 것이다. 그러나 교실 환경은 낯설고, 교사의 기대 사항이 무엇인지 불분명하다. 만약 의례가 분명하게 정해져 있지 않다면 시간이 지나면서 교실은 혼란 속으로 빠져들 수 있다. 학생들은 심지어 불안해할 수도 있다. 이런 상황에서 교사들은 자칫 학생이 실제로 규칙을 어긴 게 아니라 그저 의례를 이해하지 못해 보인 행동까지 징계할 수도 있다.

초임 교사였을 때 나(존)는 규칙과 절차가 학생들을 위해 만든 엄격한 시스템이라고 생각했다. 내 임무는 학생들이 그 시스템을 잘 따를 수 있게 세부적인 규칙과 절차를 가르치는 것이었다. 나는 '학생들이 시스템을 따르게 하려면 어떻게 해야 할까?'에서 '학생들에게 맞게 시스템을 어떻게 조정해야 할까?'로 서서히 관점과 태도를 바꿨다. 목적과 의도에 맞게 교실 의례를 함께 설계할 수 있도록 학생들의 역량을 강화하는 데 초점을 뒀다. 지금부터는 교실에 적용해야 하는 의례의 기본 특성을 알아보자.

훌륭한 루틴에는 목적이 있어야 한다

교사 생활을 시작한 첫해에 나(트레버)는 중간 이름이 어쩌면 '루틴'이었을 법한 한 교사와 공동 수업을 해야 했다. 그녀는 내가 만난 다른 어떤 사람보다 A형 성격(적극적이고 강한 성취욕과 인정욕구, 성공욕이 있고 조바심과 시간 압박감을 느끼는 경향이 있는 성격 유형 - 옮긴이)이 강했다. 그래서인지 자신의 삶뿐만 아니라 교실에서도 모든 면에서 체계와 질서를 원했다.

반면에 나는 체계나 계획을 잘 따지지 않는 사람이었다. 하루하루가 새로운 날인데, 왜 앞으로 일어날 일을 예상할 수 있는 것처럼 계획해야 할까? 나는 달력에 일정을 표시하거나 전날 밤에 다음 수업을 계획한 적이 없었다. 모든 일상이 즉흥적인 요소에 좌우되어도 상관없었다.

어릴 때부터 미루는 습관이 있었던 나에게는 이런 태도가 잘 맞는 것 같았다. 어쩌면 그래서 내 학점이 별 볼 일 없었던 것인지도 모르겠지만, 나는 루틴 없이도 충분히 잘 살아가는 것 같았다. 체계와 루틴을 정립하려면 훈련과 노력이 필요한데, 그런 것 없이도 그럭저럭 살아갈 수 있다면 굳이 왜 노력을 기울여야 할까?

그러나 곧 나의 체계성 부족 때문에 공동 교사가 매우 짜증이 났다는 것을 눈치챘다. 어느 날, 그녀는 나를 자리에 앉히고는 모든 일을 조금 더 체계적으로 해달라고 요구했다.

"물론이죠. 노력할게요." 나는 대답했다.

"아뇨, 선생님. 노력이 아니라 꼭 해야 해요. 그렇게 하지 않으면 더는 선생님과 같이 일할 수 없어요."

처음에는 그녀가 조금 극성을 부린다고 생각했다. 그러나 학기가 이어지면서 체계가 전혀 없는 내 방식 때문에 나까지 미칠 지경이 되고 말았다. 수업에 일관성도 없고, 본격적으로 수업을 시작하기까지 시간이 너무 오래 걸렸다. 학생들의 과제가 책상 위에 쌓이기 시작했고, 채점은 악몽 같은 일이 되었다. 내가 보기에도 이런 혼란은 일부 학생들과 공동 교사를 어쩔 줄 모르게 만드는 것 같았다.

루틴의 목적을 명확히 설명하라

나는 확고한 수업 루틴을 만들어야 하는 타당한 이유를 곧 파악했다. 그 이유는 규율과 노력이 부족하면 실제로 나를 포함한 모든 사람이 훨씬 더 큰 노력을 기울여야 한다는 것이다. 교육이나 삶의 많은 부분에서도 그렇듯이 직업적 발전을 촉진하는 가장 강력한 동기는 '목적'이다. 학생들도 마찬가지다. 학생들에게 루틴의 목적을 명확히 설명하고 루틴의 가치를 이해하도록 도울 수 있다면 수업에 체계와 예측 가능성을 제공하고, 그 결과 학생들의 스트레스와 불안감을 줄일 수 있다. 불확실한 상황이나 변화를 싫어하는 학생들에게 특히 도움이 될 것이다.

새로운 루틴을 개발하거나 기존 루틴을 평가할 때는 하나하나 그 근거를 설명하려고 노력하자. 만약 매번 수업이 끝날 때 학생들이 퇴실권(exit ticket, 배부된 쪽지나 카드에 그날 무엇을 배웠는지 쓰게 하는 학습 종료 확인 활동으로, 학생들은 퇴실권을 쓰고 제출해야 퇴실할 수 있다. - 옮긴이)을 제출하는 규칙이 있다면 그 목적이 무엇인지 학생들에게 물어보자. 학생들의 이해도를 파악하기 위한 일종의 형성평가인가? 퇴실하기 전에 배운 내용을 한 번 더 되새김하고 처리하는 기회인가? 다음날 다룰 새로운 내용을 제시하기 위한 것일까? 아니면 다른 목적이 있는가?

학생들에게 쉬는 시간에 밖으로 나가려면 먼저 줄을 서라고 요구한다면 줄이 왜 중요한지 질문해 보자. 매일 학생들이 돌아가면서 선두에 선다면 특별 활동실에 갈 때 선두를 돌아가면서 맡는 이유가 무엇인지 질문해 보자.

목적이 무엇이든 간에 그것을 확실히 밝혀야 한다. 그러니 글로 적어서 학생들에게 알려라. 일단 학생들을 대화에 끌어들이는 것이 중요하다. 루틴이 제멋대로 정해진 것처럼 보이면 반감이 생길 수 있다. 하지만 루틴의 이유를 이해한다면 학생들은 훨씬 더 잘 받아들일 것이고, 결과적으로 수업이 덜 혼란스럽고 교사의 스트레스도 감소할 것이다. 게다가 함께 일하는 동료 교사에게 버림받을 가능성도 줄어들 것이다.

루틴은 학생들과 협의해서 정하라

전통적으로 교사들은 새 학기 첫 주 내내 학생들과 수업 절차를 검토하는 데 시간을 쓴다. 때로는 그런 과정이 필요하다. 예를 들어, 과학실에서는 엄격한 안전 수칙이 있어야 할 것이다. 유치원 교사는 시간을 두고 기본적인 학교 규칙을 설명해야 할 것이다. 그러나 학생들에게 학급 공동체를 위한 교실 의례를 만드는 일을 도와달라고 하는 것도 가치가 있다. 이때 교사는 조력자로서 학생들이 수업 절차를 만들고 협의하는 과정을 안내하는 역할을 한다. 이러한 접근 방식에는 몇 가지 이점이 있다.

- **공감을 바탕으로 시작할 수 있다.** '학생들이 내가 만든 시스템을 따르게 하려면 어떻게 해야 할까?'가 아니라 '학생들의 요구에 맞는 시스템

을 어떻게 만들 수 있을까?'라는 질문으로 시작할 수 있다.

• **학생들이 자기 주도성을 경험할 수 있다.** 학생들이 수업 절차를 만들면 학급 공동체의 구조와 시스템에서 더 많은 발언권과 선택권을 경험할 수 있다. 이는 학생들에게 소속감을 느끼게 하고, 교사가 학생들의 의견을 중요하게 여긴다는 강력한 메시지를 전달한다.

• **갈등 해결의 본보기를 보여줄 수 있다.** 루틴을 정하는 과정에 약간의 갈등이 있을 것이고, 서로 양보하는 순간들도 있을 것이다. 그래도 괜찮다. 새 학기 초기부터 건설적인 비판과 갈등 해결의 본보기를 보여주는 것이다.

• **모든 목소리가 존중받는 학급 분위기를 만들 수 있다.** 학생들은 자신이 학급에서 중요한 존재라고 느낀다. 학급 절차를 하향 전달식으로 정하면 교사가 순종을 가장 중요하게 여긴다는 메시지를 전달할 수 있지만, 학생들과 수업 절차를 협의하면 학생들은 교사가 자기 주도성과 협업을 중요하게 여긴다는 사실을 깨닫는다.

루틴은 직관적이어야 한다

나(존)는 최근 한 식당에 갔다가 그날 저녁 내내 반복되는 어떤 현상을 발견했다. 식당 문을 열고 들어오는 사람들이 하나같이 멈춰 서서 두리번거리는 것이었다. 어떤 사람은 안내 표지판을 찾았고, 또 어떤 사람은 일행을 찾았다. 하지만 모두 어디로 가야 할지를 모르는 듯했다. 몇몇 잠재 고객은 들어오다 말고 밖으로 나가버렸다. 개중에는 올바른 절차를 따르고 있는지 살피며 소심하게 자리에 앉아 기다리는 손님도 있었다. 왜 그렇게 혼란스러웠던 걸까? 그 식당에는 일반 식당이라면 으레 있을 법한 간단한 안내 표지판도 없었다.

대부분 식당에는 '좌석 안내가 있을 때까지 기다려 주세요.' 또는 '편안한 자리에 앉아주세요.'라고 적힌 표지판이 있다. 얼마나 명확한 문장인가. 동작 동사의 단순 현재 시제를 사용했고, 표현도 정중하다. 두 표지판 모두 요청하는 말로 끝난다. 게다가 모두 긍정문이다. '아무 데나 앉지 마세요.'가 아니라 '좌석 안내가 있을 때까지 기다려 주세요.'이다. 우리는 메시지를 인식하고, 직관적으로 다음 동작을 취한다.

이와 마찬가지로 직관적인 의례는 인지 부하를 줄여 학생들이 무엇을 해야 할지 고민하는 시간을 줄이고, 당장 마주한 학습 과제에 더 많은 시간을 쏟을 수 있게 돕는다. 별로 대수롭지 않게 보일 수도 있지만, 시간당 2~3분만 절약한다면 1년에 3,240분을 절약할 수 있다. 환산하면 한 학년 동안 거의 2주를 아낄 수 있다. 직관적인 설계는 학생들이 긴장을 풀고 안정감을 느낄 수 있게 돕고, 최상의 학습으로도 이어질 수 있다. 앞서도 이야기했지만 교사로서 나는 '학생들에게 루틴을 어떻게 보여줄 것인가?'에서 '학생들이 헷갈리지 않도록 어떻게 루틴을 명확하게 만들 것인가?'로 마음가짐을 바꿨다.

우리는 직관적인 시각 자료와 설명을 활용해 학생들이 새로운 것을 배울 필요 없이 루틴을 자연스럽게 실행하도록 도울 수 있다.

교실에 들어오면 무엇을 해야 할까?

직관적인 방법은 '몸풀기' 또는 '벨소리 활동'(bell ringer, 수업이 시작될 때 학생들에게 주어지는 짧은 과제나 퀴즈 같은 학습 활동 - 옮긴이)이라는 명확한 지침을 제공하는 것이다.

- **오늘 무엇을 할 것인가?** 가장 직관적인 방법은 매일 같은 장소에 '일정표'를 게시하는 것이다. 초등 저학년 학급에서는 색상으로 구분한 시각 자료를 이용해 학생들에게 활동을 쉽게 알려줄 수 있다.

- **과제에 주어진 시간은 얼마인가?** 직관적인 방법은 학생들이 눈으로 확인할 수 있도록 시각적 타이머를 사용하는 것이다.

- **과제물을 언제 어디에 제출해야 할까?** 직관적인 방법은 나가는 문 근처에 '여기에 과제를 제출하세요.'라는 문구와 함께 제출을 나타내는 그림을 붙여두는 것이다.

- **수업 중간에 화장실을 가려면 어떻게 해야 할까?** 직관적인 방법은 '외출'이라고 명확하게 표시된 장소에 학생들이 시간과 이름을 적는 작은 출입증과 서명으로 출입 기록을 남기는 바인더를 배치하는 것이다.

교실 의례 안내판을 만들어라

첫 수업 시간에 의례를 주제로 토의를 이끌어보자. 학생들이 주변에서 의례를 접할 수 있는 곳은 어디일까? 아마 교회나 절, 사원이나 성당일 것이다. 운동장이나 극장일 수도 있다. 학생들은 자신도 모르게 특정 관행을 경험했을 것이다. 발언권을 얻기 위해 손을 드는 행동도 그 예다. 이런 순간을 이미 암묵적으로 채택한 현행 의례에 관해 이야기를 나눌 기회로 삼을 수 있다.

이때 교사는 모두를 주목시킬 때 사용하는 의례를 도입할 수 있다. 조용히 손을 드는 방법을 직접 보여줄 수도 있는데, 그러면 모두가 똑같이 따라 할 것이다. 그런 다음 학생들에게 학급 의례를 함께 정할 수 있게 도와달라고 요청할 수 있다. 여기에서 목표는 학생들이 학급 공동체로서 주도적으로 학급 루틴을 만들 수 있게 하는 것이다. 개인이 아닌 학급 차원에서 의례를 협의한다면 참여도가 높아지고, 의례가 독단적으로 느껴지지 않는다. 게다가 협의 과정을 거치면서 학생들은 이런 절차가 필요한 이유를 이해할 수 있다.

교실 의례 안내판을 만드는 과정은 '목소리와 선택권'이 단순한 과제를 넘어 학급 공동체로 확장된다는 분명한 메시지를 전달한다. 개학 첫 주에 수업 절차를 논의할 때 학생들을 참여시킴으로써 학생들에게 힘을 실어줄 수 있다. 이 과정의 요지는 다음과 같다.

- **1단계** 학생들은 포스트잇에 수업 시간에 허용되는 행동과 허용되지 않는 행동에 관해 궁금한 점을 적는다. 교구의 위치와 반납 방법 등을 질문할 수 있다. 전형적인 질문은 "화장실에 가도 되나요? 연필을 깎아도 돼요? 쓰레기 버리고 와도 돼요? 교구를 가져와도 돼요?" 등이다.

- **2단계** 비슷한 질문들을 모아 반 전체가 함께 살펴본다. 학생들이 질문

을 다 함께 소리 내어 읽거나 교사가 소리 내어 읽어줄 수도 있다.

- **3단계** 가장 많이 나온 공통 질문들을 추려 안내판에 적는다. 안내판은 개인, 짝, 모둠, 학급 전체로 활동 유형을 구분한다.

- **4단계** 반 전체가 함께 의례를 정한다. 이 과정은 학생들이 교실 의례를 뒷받침하는 강한 근거를 생각해 내는데 도움이 된다. 예를 들어, 학생들은 개인 활동 시간에는 이어폰을 사용해도 괜찮지만, 짝과 함께하는 활동 시간이나 선생님이 설명할 때 사용하면 무례하다고 말할 것이다.

질문 유형	개인 활동	짝 활동	모둠 활동	학급 전체 활동
누구와 말할 수 있을까요?	손을 들면 선생님에게 말할 수 있다. 학생들끼리 서로에게 질문할 수도 있다. 이때 목소리는 작게 하기.	짝꿍에게만 말할 수 있다. 질문이 있으면 선생님에게 간다. 짝끼리 함께 문제를 해결하는 게 중요하다.	같은 모둠 친구들에게만 말할 수 있다. 질문이 있으면 선생님에게 간다. 모둠 구성원끼리 협동하는 게 중요하다.	손을 들면 학급 전체 토의에 참여할 수 있다. 그렇게 하지 않으면 서로의 말을 들을 수 없다.
휴지통에 쓰레기를 버리고 와도 되나요?	Yes. 한 번에 한 사람씩.	Yes. 한 번에 한 사람씩.	Yes. 한 번에 한 사람씩.	No. 수업에 방해된다.
연필을 깎아도 되나요?	Yes. 한 번에 한 사람씩.	Yes. 한 번에 한 사람씩.	Yes. 한 번에 한 사람씩.	No. 수업에 방해된다.
활동 결과물을 제출해도 되나요?	Yes. 한 번에 한 사람씩.	No. 짝꿍이 다 끝낼 때까지 기다린다.	Yes. 한 번에 한 모둠씩.	No. 수업에 방해된다.

표 5.1 교실 의례 안내판 예시

- **5단계** 도표나 포스터 형식으로 의례 안내판을 만든다. 워드 문서로 만들어도 좋다. 그러면 전학생이 올 때마다 참고 자료로 제공할 수 있다.

교실 의례 안내판은 교실이 어떻게 운영되는지 시각적으로 나타낸 것이다. 명확한 행동 기대치와 직관적 시스템이 있는 학급 분위기를 만드는 동시에 학생들의 책임의식과 참여도를 늘리는 것이 목적이다.

루틴을 위한 연습이 필요하다

교실 의례 안내판은 출발점에 불과하다. 교실 의례를 정했으면 연습을 해야 한다. 이때는 다음과 같은 방법을 활용할 수 있다.

- **루틴 그림책** 루틴이 어떻게 진행되는지 보여주는 그림책을 만든다.
- **실천 피드백** 루틴을 실천하고 학생들끼리 피드백을 주고받는다.
- **그림 맞히기 게임** 그림을 그리면, 다른 학생들이 그림이 나타내는 루틴이 무엇인지 알아맞히는 게임을 한다.
- **거짓 하나 진실 둘 퀴즈** 루틴에 관한 진실 두 가지와 거짓 하나를 제시하고 거짓인지 진실인지를 알아맞히는 게임을 한다.

루틴을 연습하기 위한 활동 자료는 newteachermindset.com에서 얻을 수 있다. 다음 장의 QR 코드를 스캔해 보자.

임시교사가 수업할 때를 대비하라

진정으로 자율적인 학급 공동체의 특징은 교사가 부재중일 때도 학생들이 변함없이 교실 의례를 잘 따른다는 것이다. 하지만 이렇게 되려면 교사는 자신의 부재 시에 일어날 상황을 예측하고 사전에 대비해야 한다. 만약 부재 첫날부터 학급이 달라진다면 교사가 조성한 학급 풍토와 임시교사의 방식이 서로 맞지 않는 것일지도 모른다. 임시교사가 수업해야 할 때를 대비해 어떤 준비가 필요한지 살펴보자.

학생들을 미리 준비시켜라

학기 시작 처음 2주 안에 수업 시간의 10분을 할애해 학생들에게 임시교사가 있을 때 어떻게 행동해야 하는지 이야기하라. 존중의 중요성, 임시교사가 겪는 어려움, 교실 의례를 따라야 할 필요성을 강조하라. 교실을 비우게 될 일정을 사전에 안다면, 처음에 수업을 진행하고 나서 학생들이 다음 날 무엇을 해야 하는지 기대 사항을 알려줘라. 그러면 학생들이 잘 준비된 상태로 임시교사를 맞이할 수 있다. 교사는 다음과 같은 정보를 검토해야 한다.

- 학생들이 해도 되는 것과 할 수 없는 것

- 출석과 결석 같은 문제를 처리하는 법
- 학급이 순조롭게 운영되도록 돕는 학급 도우미의 중요성
- 반 학생들을 신뢰한다는 사실
- 임시교사에게 보이는 못된 행동에 대해 참지 않는다는 점

임시교사는 소음이나 자리 이동 등에 관한 기대치가 다를 수 있다는 것을 학생들에게 상기시킬 필요가 있다. 대화를 통해 학생들을 충분히 이해시키고, 학생들에게 방문하는 교사를 존중하라고 요청하라. 이때 학생들이 학급에서 맡는 구체적인 역할과 그에 상응하는 임무와 책임이 있다면 도움이 될 것이다.

그런 다음, 임시교사에게 학급이 운영되는 방식을 알려준다면 임시교사도 그에 맞게 대비할 수 있다. 진정으로 자율적인 학급에서는 학생들이 교실 시스템의 많은 부분을 스스로 운영할 수 있어야 한다. 하지만 임시교사가 학생 주도 학급에 비교적 익숙하지 않을 수도 있으므로 학생들은 순발력과 충분한 적응 능력도 갖춰야 한다.

중요한 것은 학생들이 이러한 잠재적 문제를 이해하고 예상할 수 있도록 함께 논의하는 것이다. newteachermindse.com에서 필요한 자료와 지침을 담은 무료 서브 폴더 서식을 이용할 수 있다. QR코드를 스캔해 보자.

때로는 유연성도 필요하다

어느 날, 나(트레버)는 학생들을 밖으로 데리고 나가 한겨울 눈 속에서 오직 성냥 3개비와 나뭇가지만 사용해서 누가 모닥불을 피울 수 있는지 시합하면 좋겠다고 생각했다. 하지만 그전에 좀 더 영감을 얻기 위해 잭 런던Jack London의 《불을 지피다(To Build a Fire, 인간과 자연의 관계, 생존 본능, 오만의 위험성을 다룬 단편 소설 - 옮긴이)》를 읽으면 좋겠다고 생각했다. 문해력과 재미있는 실제 활동을 연결하는 훌륭한 아이디어가 아닌가.

우리는 소설을 읽은 후 교실 밖으로 나가 학교 옆의 숲으로 갔고, 그곳에서 불을 피웠다. 엄청난 일이었다. 하지만 다시 학교로 돌아왔을 때 학생들에게서는 모닥불 냄새가 났다. 결국 교장에게 불만이 접수되었다. 교장은 내게 "오늘 남은 수업에서도 똑같이 할 계획인가요?"라고 물었고, 나는 "그렇습니다."라고 대답했다. 그러자 교장이 다시 말했다.

"음, 선생님 생각대로 하기는 어려울 것 같네요. 학교 밖에서 불을 피우는 활동은 그다지 좋은 생각이 아닐 겁니다."

그의 말에 수긍했지만, 교장이 가고 난 뒤에 실망감이 밀려왔다. 문학 작품을 재미있고 실질적인 학습 경험과 연결한다는 것에 기대가 컸고, 게다가 학생들이 이 수업을 얼마나 좋아하는지 똑똑히 목격했기 때문이다. 그래서 다음 수업을 시작했을 때, 학생들에게 더 이상 밖으로 나갈 수 없다는 소식을 알리는 것이 그리 내키지 않았다. 그런데 학생들에게 이 사실을 막 전달하려고 할 때, 교장이 불쑥 교실로 고개를 내밀면서 말했다.

"뮤어 선생님, 신경 쓰지 마시고 밖으로 나가 모닥불을 피우세요."

교장의 생각이 바뀐 것이다. 우리는 그날 책을 읽고 모닥불을 피우며 시간을 보냈다. 마시멜로도 구워 먹었다. 수업이 끝난 후, 나는 교장에게 어째서 생각이 바뀐 것인지 물었다. 교장은 첫 교시 수업을 들은 학생들이 얼마나 재미있는 시간이었는지 이야기하는 것을 우연히 들었다고 했다. 고등학교 졸업반 학생들이 국어 수업에 신이 난 진귀한 모습을 보기 위해 약간의 항의를 받아도 가치 있다는 생각을 했다고 한다.

이 일을 겪는 동안 교장의 리더십에서 가장 마음에 들었던 부분은 유연성이었다. 교장은 자신의 결정을 고정하지 않고 상황에 맞춰 유연하게 바꿨다. 그는 언제든 추가 정보가 있으면 그것까지 고려해서 결정을 내렸다. 이는 교사인 나에게도 매우 값진 교훈이었다. 나는 엄격한 규칙을 고수하면서, 그 규칙의 경계를 확장할 만한 타당한 이유가 생길 때마다 갈등했다. 한두 번이 아니었다. 하지만 이미 규칙이 명시되어 있으므로 경계선을 넘을 수 없다고 생각했다.

예를 들어, 글쓰기를 가르치면서 운율을 이루도록 시를 써야 한다고 말했는데 한 학생이 운율이 없는 매우 훌륭한 시를 제출했을 때 점수를 깎는 상황과 비슷하다. 어떤 수학 문제를 두고 반드시 정해진 방식대로 풀어야 한다고 설명했는데 학생들이 다른 방식으로 풀어서 정답을 구했을 때, "그건 틀렸어."라고 말한다거나, 독서 시간에 조용해야 한다고 했는데 두 학생이 함께 읽은 책을 주제로 열정적으로 토론하는 모습을 보고 '대화 금지'라고 말하는 상황과도 같다.

5장 전체에서 내내 강조하듯 명확한 경계는 중요하다. 그리고 나는 시의 운율을 맞추고 특정한 방식으로 수학을 배워야 하는 이유나 독서를 위한 조용한 환경의 장점도 이해한다. 하지만 가끔은 그런 경계를 벗어나도 괜찮다. 의례와 관련해서 우리는 루틴을 깨고 완전히 다른 방식을 취할 때도 있다. 루틴이 필요한 것도 맞지만, 때로는 새로운 접근도 필요하다.

항상 그렇게 해왔다는 이유로 특정 방식을 고수하기는 쉽다. 하지만 때로는 다른 길이 있다는 것을 알게 된다. 생각을 바꾸거나, 좀 더 유연해지거나, 심지어 스스로 정한 규칙을 깨야 하는 충분한 이유가 있을 때도 있다. 물론 합리적인 범위 안에서 해야 할 것이다. 만약 불을 피우는 것이 위험하고 다른 수업을 방해한다고 판단했다면 교장은 당연히 자신의 결정과 규칙에 확고해야 한다. 하지만 교장이 결과를 따져보고 약간의 유연성을 발휘할 가치가 있다고 판단했기에 학생들은 국어 시간에 특별한 즐거움을 경험했고, 나는 교장으로부터 신뢰와 존중을 받는 기분을 느꼈다. 게다가 그날은 마시멜로도 잔뜩 먹을 수 있었다.

교실 루틴 점검표를 활용하라
다음은 교실에 필수적인 루틴을 확립하는 데 도움이 되는 점검 목록이다.

- **아침 루틴**
  - 교실로 들어오는 학생들에게 인사하기
  - 일찍 등교하는 학생을 위한 아침 과제나 활동 준비하기
  - 출석을 부를 때의 루틴 설정하기

- **정리 루틴**
  - 가방, 외투, 개인 소지품 보관 장소 지정하기
  - 과제 수합 및 제출 시스템 도입하기
  - 교과서, 노트, 기타 학습 자료 배부 및 수거 시스템 확립하기

- 학급 용품을 확인하고 모자란 것을 보충하는 루틴 도입하기

• **활동 전환 루틴**
- 활동 전환을 나타내는 신호 정하기
- 활동 전환을 위한 초읽기나 타이머 제공하기

• **학급 관리 루틴**
- 행동 기대와 결과를 정해 놓은 시스템 개발하기
- 긍정적 행동에 대한 보상 시스템 도입하기
- 기대 행동을 논의하고 우려 사항을 해결하기 위한 정기 학급 회의 열기

• **수업 시작 및 종료 루틴**
- 명확한 일정과 학습 목표로 수업을 시작하기
- 흥미를 끄는 수업 도입부나 몸풀기 활동 시행하기
- 수업 내용을 요약하고, 다음 주제를 미리 소개하고 나서 마무리하기
- 수업 종료 활동으로 퇴실권 나눠주기

• **숙제와 과제**
- 숙제를 내고 걷는 루틴 확립하기
- 과제 완수와 제출에 관한 기대치를 명확히 전달하기

• **학부모와의 소통**
- 소식지, 이메일 등 학부모와의 주기적인 소통 창구 만들기

- 학부모 상담 일정을 잡고 학생의 학습 진전에 관해 전달하기
- 학부모의 우려나 문의 사항을 다루는 시스템 확립하기

● 테크놀로지 통합
- 교실에서의 테크놀로지 사용에 관한 지침 설정하기
- 디지털 시민으로서 지켜야 할 규칙을 숙지하고 준수하게 하기

● 교실 청소 루틴
- 활동 후 정리를 위해 학생들에게 특정 임무 할당하기
- 깨끗한 교실 유지를 위한 루틴 확립하기

● 평가와 피드백
- 과제에 대한 피드백을 주고받는 루틴 확립하기
- 퀴즈, 시험, 기타 평가를 위한 일정 정하기
- 과제 채점과 반환에 관한 명확한 기준 설명하기

초임 교사였을 때 나(트레버)는 마치 사명처럼 전통적 교실 공간의 모든 면을 열렬히 비난했다. 대학에서 '현대적 교실은 원래 학생들이 공장에서 일하는 환경에 적응하도록 설계한 것이다'라고 배웠기 때문이다.

줄지어 앉는다. 언젠가 조립 설비에 모두 같은 방향으로 서 있어야 할 테니. 종이 울리면 다음 수업으로 이동할 수 있다. 언젠가 공장에서도 종소리를 듣고 이동할 테니. 책상의 무게는 45kg이다. 굳이 책상을 옮길 필요가 없을 테니. 그저 교실 정면을 향해 있으면 된다. 교사가 서 있는 교실 앞이 모든 학습과 교육의 중심이니.

머리 위 형광등은 공장 작업장의 조명을 모방한 것이다. 남은 인생을 그런 조명 아래서 보내게 될 테니 학교 조명에 익숙해져야 한다. 교실 벽을 쓸데없는 미술품으로 장식할 필요도 없다. 공장은 일하고 생산하는 공간이고, 교실도 그래야 한다.

하지만 젊은 교사인 나는 20세기 초반과 달리 내가 가르친 학생 대부분이 공장에서 일하지는 않을 거라는 사실을 잘 알고 있다. 그리고 공장에서 일하게 되더라도 현대 교육 시스템이 설계되었을 당시와는 전혀 다른 환경에서 일할 가능성이 크다. 일하는 공간은 변했다. 그러나 교실의 물리적 설계는 아직 변하지 않았다.

테드TED 강연부터 블로그에 올린 글, 교직원 회의에서의 발언에 이르기까지 나는 어디든 찾아가서 현대 교실이 구식이고 비효율적이라는 사실을 알렸다. 전통적인 교실 공간을 열정적으로 반대하게 된 것은 주로 내가 학생이었을 때의 경험 때문이었다. 나의 청소년 시절은 아마 우리 할아버지가 50년 전에 껌을 붙여놓았을 책상에 줄지어 앉아 시간을 보낸 게 대부분이었다. 나는 몰래 낮잠을 자려고 항상 선생님에게서 가장 멀리 떨어진 책상을 찾으려고 했다. 그렇게 하지 못했을 때는 교실 천장에 있는 구멍 개수를 세거나, 내가 태어나기 전부터 벽에 붙어있던 색이 바랜 동기 부여 포스터를 읽곤 했다.

이런 교실 공간은 여간해서는 내게 영감을 주지 못했다. 나는 '제도'를 탓했고, 제도 개혁이 절실하다고 생각했다. 그래서 나는 전통적인 교실을 폐지해야 한다고 목소리를 높였을 뿐만 아니라 직접 교실 개혁을 실천하기로 했다. 그 출발점으로 일단 '줄 없는 교실'을 만들었다. 책상을 모둠형으로 배치해서 모둠 구성원을 주기적으로 바꿨지만, 기본 방향은 항상 최소 4명이 한 모둠이 되는 것이었다.

형광등을 없애기 위해 전등 스위치 위로 테이프를 붙여버린 후 교실 곳곳에 굿윌스토어(기부받은 중고 물품을 판매하여 얻은 수익으로 장애인이나 취약계층을 돕는 사회적 기업 - 옮긴이)에서 나온 램프를 배치했다. 학생들에게 교실이 아니라 커피숍에 있는 듯한 느낌을 주고 싶었다. 벽은 다채로운 포스터와 그림으로 채웠다. 심지어 벽지를 사서 벽면 하나를 강렬한 색으로 덮기도 했다. 이제 교실은 학생들이 머물고 싶은 공간으로 탈바꿈했다.

자리 배치를 둘러싼 고민

14세 학생들에게 산업 혁명이 미친 영향에 관해서 15분 동안 설명한 적이 있는가? 나는 '줄 없는 교실'을 만들었을 때 그렇게 한 적이 한 번도 없었다. 학생의 절반이 다른 방향을 보며 앉아있는 모둠형 자리 배치 공간에서는 직접적인 교수나 복잡한 설명을 하기가 어렵다는 사실을 깨달았다.

주의력 결핍 과잉행동 장애(ADHD)가 있는 학생이 글과 이미지로 뒤덮인 포스터와 미술품에 둘러싸인 환경에서 집중할 수 있도록 도운 적이 있는가? 나도 그런 적은 없다. 사실, 우리 교실을 채운 온갖 미술품은 많은 학생에게 신경 과부하를 일으켰다. 책의 글자를 선명하게 볼 수 없는 희미한 조명 아래에서 조용히 책을 읽는 것은 또 어떤가?

교사로서 배우는 과정의 많은 측면이 그렇듯이, 나는 모든 전통적 관행을 버릴 필요는 없다는 것을 곧 깨달았다. 잠시 후에 다루겠지만, 교실 설계의 산업적 모델에서 변화가 필요한 부분도 분명히 있다. 하지만 일부는 시간을 두고 어느 정도 효과를 거두었기 때문에 오늘날까지 유지된 것이기도 하다.

예를 들어, 여전히 현대 교실에서 행해지는 직접 교수(이에 대해서는 학생 참여에 관한 장에서 더 깊이 살필 것이다.)를 적용할 때 가장 이상적인 방향은 강사에게 초점을 맞추는 것이다. 가장 적합한 좌석 배치는 책상이나 탁자를 행렬형으로 배열하는 것이다. 청중은 강사를 직접 볼 수 있어서 몸짓 언어를 자세히 보고 목소리를 명확하게 들을 수 있는 이점이 있다. 강사로서는 청중이 집중을 잘하고, 청중의 몸짓 언어를 읽으면서 그에 맞춰 전달 방식을 조절할 수 있다는 이점이 있다.

직접 교수를 하는 수업에서는 행렬형 자리 배치가 장애가 되지 않는다. 하지만 토론 수업을 할 때는 줄지어 앉는 것이 매우 제한적일 수 있다. 토론 상대가 왼쪽이나 오른쪽에 앉은 사람으로 제한되며, 만약 벽 쪽에 앉는다면 토론할 수 있는 상대는 한 명뿐이다. 의미 있는 협업이나 집단 프로젝트를 할 때도 마찬가지다. 게다가 때로는 다른 사람들과 떨어져 있을 공간이 필요한 내향적인 학생에게는 적합하지 않다. 행렬형 자리 배치나 다른 전통적인 자리 배치가 지금도 유용하지만, 오직 그런 배치가 필요한 학습 활동을 할 때만이다.

교실 공간 구성에서 주의할 점

교실 공간을 이야기의 배경으로 생각해 보자. 영화 〈라이온 킹〉의 배경이 뉴욕시라면 말이 되지 않을 것이다. 대도시가 아닌, 아프리카 사바나와 이야기가 전개될 수 있는 풍경이 필요하다. 교실도 마찬가지다. 학습에서 체험과 협업을 목표로 한다면 먼저 이것이 가능한 공간을 설계해야 한다. 이때 모둠 구성원들이 서로 마주 볼 수 있도록 책상들을 한데 붙이면 좋다. 긴

탁자는 만들기 활동용으로 정해 놓을 수 있다. 모둠별 맞춤 수업이나 미니 수업을 할 수 있도록 한쪽 구석에 의자를 U자형으로 배치할 수도 있다.

그러나 직접 교수를 적용하는 수업에는 행렬형 자리 배치가 가장 나은 선택일 것이다. 이동과 변형을 할 수 있는 가구의 등장이 큰 변화를 가져올 수 있는 이유가 여기에 있다. 교실 가구 배치를 조정하면 다양한 학습 경험의 요구를 충족할 수 있다. 교사가 이야기에 맞는 배경을 만들 수 있다는 뜻이다. 예를 들어, 바퀴 달린 탁자와 의자가 있으면 목적에 맞게 공간을 활용하고 학생들의 요구에 맞출 수 있다.

'형태가 기능을 따른다.'라는 건축 및 디자인 분야의 기본 원리가 있다. 본질적으로 도구의 기능은 그것의 디자인보다 우선한다. 건물이나 건물 내부 공간의 형태는 의도한 기능을 수행하도록 설계한다. 교실 공간에서도 이치는 같다. 나는 한 기업에서 만든 교육용 가구 시제품을 실험적으로 사용하는 학교에서 근무했다. 그런 가구 중 하나가 교실 구석에 설치된 레스토랑 부스였다. 학생들이 서로 마주 보고 앉을 수 있는 편안한 공간을 제공하는 것이 목적이었다.

하지만 얼마 지나지 않아 학생들은 그곳이 숨기 좋은 공간이라는 것을 깨달았다. 부스 바로 앞까지 가지 않는 이상 그곳에 앉은 학생이 잘 보이지 않았다. 그래서 게임을 좋아하는 학생들은 게임을 하고, 낮잠을 자고 싶은 학생들은 잠을 자고, 커플끼리 애정 표현을 나누는(이걸 못 하게 하기도 참 곤란하다.) 장소가 되어 버렸다. 게다가 그 부스는 너무 크고 교실 공간을 많이 차지해서 교실에 단 하나만 놓을 수 있었다. 한 번에 네 명의 학생만 이용할 수 있다는 의미였다. 부스의 목적과 형태는 매력적이었지만, 교실 환경에서의 기능은 그렇지 못했다.

형태가 기능을 따르는가? 형태가 지금 환경에서 원하는 기능을 지원하는가? 이 두 질문이 가구나 공간 설계가 교실에 적합한지를 판단하는 기준이 되어야 할 것이다.

기능인가 형태인가?

하지만 이 기준에 한 가지 문제가 있다. 저명한 건축가 프랭크 로이드 라이트Frank Lloyd Wright는 뉴욕시 구겐하임미술관을 설계했다. 20세기의 가장 중요한 예술품을 소장한 이 미술관은 뉴욕시에서도 단연 눈에 띄는 색다른 건물로, 나선형 경사로를 따라가면 주변 고층 건물들이 한눈에 보이는 돔형 채광창까지 이어진다. 이 건물은 맨해튼의 전통적인 고딕 양식 건물들 속에 우아한 하얀 벌집 모양으로 서 있다.

라이트는 미술관 디자인이 실용적이지 못하고 사치스럽다는 비판을 받았다. 미술관은 예술품을 보는 곳이지, 그 자체가 예술품이 되어서는 안 된다는 주장이었다. 라이트는 기능보다 형태를 우선시했다는 비난도 받았다.

그러나 '유명 인사'로 알려진 사람들이 대부분 그렇듯이, 라이트는 사람들의 비난에도 좌절하지 않고, '형태가 기능을 따른다.'라는 개념을 재정립했다. 그는 구겐하임미술관의 디자인을 설명하는 편지에 이렇게 썼다. "형태가 기능을 따른다는 말을 사람들은 잘못 이해했습니다. 형태와 기능은 영적 결합으로 이어진 하나여야 합니다."[1]

나는 그의 말이 마음에 든다. 기능이 당연히 중요하지만, 어떻게 보이고 어떤 느낌을 풍기는지도 중요하다는 말이다. 교실의 외관과 느낌은 학생들이 수업에 참여하는 방식에 결정적인 영향을 미칠 수 있다. 이제 교실의 형태, 즉 교실의 외관을 설계할 때 고려해야 할 몇 가지 사항을 살펴보자.

밝고 복잡하면 산만해질 수 있다

과도한 시각적 자극은 학생들을 압도해 인지 과부하를 일으킬 수 있다. 인스타그램이나 핀터레스트에서 교실 벽면이 포스터와 미술품, 장식물로 촘촘히 메워져 있고, 색감도 넘쳐나는 교실을 본 적 있을 것이다. 물론 그런 교실은 아름답다. 하지만 신경 발달 장애가 있는 학생뿐만 아니라 일반 학생들의 주의도 쉽게 분산시킬 수 있다.

카네기멜런대학교 심리학 연구진의 연구에 따르면, 색감이 다양하고 화려하게 장식된 교실에서 생활한 아이들은 장식이 없을 때와 비교해서 더 산만해지고, 과제에 집중하지 못하는 시간이 늘어나고, 학습 향상도가 낮은 것으로 나타났다.[2]

이 연구에서 유치원생 24명은 낯선 주제를 다루는 여섯 개의 과학 기초 수업을 들었다. 그중 세 수업은 수많은 장식물로 꾸며진 교실에서 진행했고, 나머지 세 수업은 최소한으로 꾸민 교실에서 진행했다. 연구 결과를 보면, 아이들이 두 교실의 환경을 모두 경험했을 때 장식이 적은 교실에서 학습 효과가 더 좋은 것으로 나타났다.

비어 있는 교실 벽은 영감을 주지 못한다

반대로 밋밋한 교실 벽은 학생들에게 어떤 자극도 주지 못할 우려가 있다. 색상은 학생들의 심리에 큰 영향을 미치고, 학생들의 기분과 감정을 좌우할 수 있다. 예를 들면, 심리학자들은 파랑과 초록 같은 색이 평온과 평정을 불러일으킨다고 말한다. 한편, 빨강이나 노랑, 주황 같은 색조는 따뜻함과 환영의 의미를 전달할 수 있다. 그러나 반대로 분노와 적대감을 유발할 가능성도 있다.

학생들이 시험 전에 빨간색에 노출되면 좌절감이 고조되고 성적에 부정적인 영향을 미치면서 부정적인 결과로 이어진다는 것이 연구로 입증되었다. 반면에 시험 전에 파란색에 노출되는 것은 긍정적 효과와 연관 있었다. 파란색이 차분함을 유도하고 빨간색은 흥분이나 화를 유발할 수 있다면, 흰색은 어떤 감정을 일으킬까?

아마도 어떤 감정도 일으키지 않을 것이다. 교실을 과도하게 꾸며서 과도한 자극을 일으킬 수도 있지만, 반대로 교실 설계를 과소평가해서 학생들에게 도움이 되는 감정조차 유발하지 못하는 환경을 만들 수도 있다.

색상의 조합도 중요하다

과도한 자극과 부족한 자극의 중간값을 찾고 싶다면 교실 벽에 붙일 내용보다는 일단 색상 조합에 초점을 맞추자. 교실의 주요 색상은 포스터에 적힌 명언보다 생산적이고, 안전하고, 흥미를 유발하는 환경을 지원하는 데 더 도움이 될 것이다. 앞에서 언급했듯이 색상은 기분과 행동을 좌우할 수 있다. 즉, 교실 디자인이 학급 관리와 직결된다는 의미다.

따라서 학교에서 허락하고 재료도 구입할 수 있다면 벽 페인트를 사용하거나, 교실의 분위기를 조정하는 데 도움이 되는 색상이 담긴 간단한 미술품을 활용해도 좋다. 독립적 활동이나 독서 시간 또는 다른 여러 이유에서 마음을 가라앉힐 공간이 필요할 때를 대비해 교실 한쪽에 '정숙 구역'을 지정해 놓고, 그곳에 차분한 파란색 바다와 영감을 주는 초록색 땅이 그려진 세계 지도를 걸어 놓으면 어떨까?

이야기 시간이나 직접 교수 시간에 학생들이 깔개 위에 자주 모여 앉는 초등학교 교실이라면 노란색 깔개를 사용해 보라. 노란색은 일반적으로 행복감과 열정, 창의력을 자극하는 감정과 연관된다. 학생들이 교실에서 어떤 감정과 기분을 느끼고 싶어 하는지 잠시 생각해 보고, 알맞은 색상 조합을 선택하라.

생체친화적 디자인을 활용하라

생체친화적 디자인(Biophilic Design)은 사람을 자연과 더 밀접하게 연결하려는 건축 및 인테리어 디자인 접근법이다. 자연적 요소를 건축에 통합해 건강과 생산성, 전반적인 삶의 질을 향상하는 것을 목표로 한다. 교사와 학생을 포함해 우리 모두 본질적으로 자연과 연결되어 있으며, 자연이 우리의 정신적, 신체적 건강에 긍정적 영향을 미칠 수 있다는 사실이 연구를 통해 밝혀졌다.

색상이 미치는 영향처럼, 자연의 요소와 관련지어 선택한 디자인이 학생들의 행동에 영향을 미칠 수도 있다. 생체친화적 수업 환경을 만드는 방법은 사실 꽤 간단하다. 예를 들어, 가능할 때마다 자연광이 교실에 들어오게 하는 방법이 있다. 자연광은 기분과 집중력을 개선할 수 있다. 교실에서 실내 화초를 키우는 방법도 있다. 학생들에게 화초 관리를 도와 달라고 해도 좋다.

교실에 어항을 놓을 수 있을까? 교실 벽에 아름다운 자연을 찍은 사진을 붙이는 것은 어떤가? 화창한 날에 학생들을 밖으로 데리고 나갈 수 있을까? 이런 간단한 행동들이 학생들의 심리에 큰 영향을 미칠 수 있다.

학생의 의견을 존중하라

어느 날 나(존)는 몸풀기 활동으로 학생들에게 교실 지도에 색을 칠하라고 시켰다. 학생들이 생각하는 개인 공간에는 노란색을 칠하고, 교사의 공간이라고 생각하는 곳은 빨간색을 칠하기로 했다. 반 전체가 공유하는 공간이라 생각하는 곳은 녹색을 칠하기로 했다.

나는 지도의 대부분이 녹색이기를 바랐다. 그러나 학생들 열에 아홉은 교실 앞과 뒤에 있는 공간을 빨간색으로 칠했고, 수납장과 물품보관구역도 거의 빨간색이었다. 일부 학생은 모둠과 모둠 사이의 공간도 빨간색으로 칠했다. 실제로 모둠 책상이 모여 있는 곳만 녹색 공간으로 여긴다는 의미였다. 한편, 그동안 좌석을 미리 지정해서 자리를 배치한 적이 없었는데도 모든 학생이 자기 자리는 노란색으로 칠했다.

눈이 번쩍 뜨이는 일이었다. 학생이 주인이라고 줄곧 이야기했는데도 학생들은 교실을 자신들의 공간이라 느끼지 못했다. 교실 안에서 자유롭게 이동하거나 교실 디자인을 선택할 권한이 있다고도 느끼지 못했다. 아이들은 교실을 교사의 것처럼 생각했다. 교사가 교실의 주인이고 학생들은 방문객이었다.

돌이켜보니 학생들이 교실 환경에 주도권을 가지지 못하게 한 적도 없었지만, 그렇다고 학생들이 주인이라고 명확하게 언급한 적도 없었다. 그래서 몇 가지 변화를 주기로 했다. 의도적으로 학생들을 칠판 쪽으로 가까이 이동하는 활동을 고안해서 학생들이 자기 생각을 더 명확히 표현할 수 있게 했다. 직접 교수를 할 때도 최대한 교실을 넓게 쓰면서 수업을 진행했다. 몸풀기 활동 시간에 출석을 확인할 때도 다양한 책상에 돌아가며 앉았다.

학생들에게 자리를 어떻게 배열하고 싶은지 물어본 후, 대답을 고려해 자리를 배열했다. 내가 좋아하는 포스터나 미술품을 걸어놓는 대신, 학생들의 작품으로 벽을 채웠다.

학생 중심으로 공간을 설계하라

어느 해인가 한 문구점에서 캔버스를 매우 싸게 할인하고 있길래 나(트레버)는 캔버스를 잔뜩 샀다. 그리고 교실을 꾸밀 작품을 만들고 싶은 학생은 캔버스를 한 장씩 가져갈 수 있다고 말했다. 놀랍게도 1분도 안 돼서 캔버스가 동났다. 일주일 사이에 교실 벽은 학생들의 독특한 작품들로 가득 채워졌다.

이 갤러리 벽은 우리 교실의 핵심이자, 가장 사랑받는 장소가 되었다. 단지 작품들이 아름다워서가 아니었다.(사실 몇 개는 아름다웠지만 몇 개는 그다지 아름답지 않았다.) 그보다는 교실 벽이 학생들의 것이기 때문이었다. 학생들이 자신을 표현하는 공간이고, 학생들이 선택하고 작업한 작품이 전시된 공간이기 때문이었다.

우리는 교실을 교사만의 것이 아닌 학생들의 것으로도 바라봐야 한다. 이런 마음가짐을 가지면 학생들에게 교실 공간에 대한 주인의식을 심어줄 수 있다. 대부분 우리 세대가 학생이었을 때는 교실이 교사의 공간이었고, 교사가 학생들의 상사나 마찬가지였다.

교실 공간을 설계하는 일은 대체로 교사에게 맡겨진다. 그러나 이 책에서 다루는 다른 모든 내용과 마찬가지로 교실 설계의 목표는 학생 중심의 학습에 있다. 학생 중심의 교실이라고 해서 교사가 어떤 선택을 내릴 때마다 단순히 학생을 고려한다는 의미가 아니다. 종종 학생들이 선택의 중심에 서고 대화에 참여할 수 있게 한다는 의미다. 교실에 대한 주인의식을 더 강하게 느낄수록 학생들은 그만큼 교실을 지키고 아낄 가능성이 크다.

내향적인 학생과 외향적인 학생을 위한 공간의 차별화

학생 중심의 교실 설계에서 우리가 고려해야 할 또 다른 측면은 학생들의 다양한 요구가 공간 활용과 설계에 어떤 영향을 미칠 수 있는가이다. 미국의 작가이자 강연가 수전 케인Susan Cain은 내향적인 사람들의 힘을 주제로 한 TED 강연에서 학교에서 내향적인 학생들이 겪는 어려움을 상세히 묘사했다.[3]

"오늘날 전형적인 교실의 모습을 그려보세요. 제가 학교에 다닐 때는 학생들 모두 열을 맞춰 앉았어요. 줄지어 앉아서 거의 모든 공부를 혼자 했습니다. 그러나 요즘 전형적인 교실을 보면 책상들을 붙여놓고 4명, 5명, 6명 또는 7명의 학생이 서로 마주 보며 앉아요. 그리고 무수히 많은 모둠 과제를 하지요. 심지어 수학과 창조적 글쓰기 같이 혼자 사고해야 하는 수업에서도 아이들은 위원회 위원처럼 행동해야 한다는 기대를 받습니다. 조용히 떨어져 있거나 그냥 혼자 공부하는 것을 선호하는 아이들은 흔히 특이한 아이로 여겨지거나 더 심한 경우, 문제 학생으로 여겨지기도 합니다."

본질적으로, 교실 공간과 교수법은 협력 학습을 위한 것, 아니면 독립적 학습을 위한 것으로 구분되며 둘 모두를 충족시키기는 어렵다. 따라서 교사들이 선택할 수 있는 경로가 두 가지 있다. 첫째는 협동적이고 양방향으로 진행되는 수업이다. 어쩌면 조금 시끄러울 수도 있다. 둘째는 조용히 혼자 하는 수업이다. 하지만 이런 이분법적 사고는 우리가 사는 실제 세상을 제대로 반영하지 못한다. 삶이 너무 분주할 때도 있고, 그러지 않을 때도 있지 않은가. 게다가 모든 학생의 요구를 충족시키지도 못한다.

내향적인 학생과 외향적인 학생들을 모두 존중하는 교실 공간을 설계한다면 어떨까? 내향적인 사람은 혼자 있거나 자극이 적은 환경에서 편안함과 활기를 더 많이 느끼고 집중도 잘하는 경향이 있고, 대체로 정보를 처리하거나 깊이 생각할 수 있는 조용하고 사색적인 공간을 좋아한다. 반면에 외향적인 사람은 사교적인 환경에서 더 번성하고, 다른 사람과 상호작용을 통해 에너지와 동기, 열정을 얻는다. 집단 활동과 토론을 즐기며, 협업과 아이디어 공유가 가능한 활기찬 대화형 학습 환경을 선호한다. 두 가지 기호를 모두 인지하고 반영할 수 있다면 모든 학생의 요구와 장점을 존중하는 균형 잡히고 포용적인 학습 환경을 만들 수 있다.

학생들은 내향적 성격이 부끄럼을 많이 타는 것과 다르다는 것을 이해할 필요가 있다. 내향적인 사람인데 시끄럽고 사교적인 사람도 있고, 외향적인데 비교적 조용한 사람도 있다. 여기에서 목표는 학생들이 집단 구성원에 대한 공감을 형성하고, 내향적인 사람과 외향적인 사람 모두 창조적 협업의 성공에 이바지할 수 있다는 것을 이해하도록 돕는 것이다.

조용해야 할 공간과 시끌벅적해야 할 공간

공간을 설계하는 열쇠는 차별화에 있다. 이는 학생들의 요구를 고려하고 그것을 교실 공간에 수용하려고 노력한다는 말이다. 가능하다면 내향적인 학생들이 교실의 소음과 혼란에서 벗어날 수 있는 공간을 만들어라. 이것은 학생이 생각을 정리하기 위해 도서관에 잠깐 다녀오고, 그러고 나서 협력 공간으로 다시 들어가는 것을 허락한다는 의미일 수 있다. 또는 소음을 피할 수 있도록 이어폰 사용을 허용한다는 의미일 수도 있다.

내향적인 학생들만을 위한 별도의 공간을 설계할 수도 있다. 교실 밖 정원이나 복도 공간을 활용할 수도 있고, 칸막이를 설치해 큰 집단에서 분리하는 방법도 있다.

마찬가지로, 교실에 협력의 공간도 포함하라. 학생들에게 집단 활동의 기회를 제공하라. 교실 한쪽에 아이들이 함께 앉을 수 있도록 낡은 소파라도 놓아라. 사교 시간이 필요한 학생들은 재빨리 무리 지어 앉고, 혼자만의 시간이 필요한 학생들은 떨어져 앉을 수 있도록 유연한 자율좌석제를 도입하라. 물론 공간적 제약 때문에 항상 모든 학생의 요구를 수용하는 이상적인 환경을 만들기는 어려울 수 있다. 하지만 내향적인 학생과 외향적인 학생 모두의 요구를 충족할 수 있도록 주어진 자원을 최대한 활용해야 한다는 사실만은 변함없다.

이야기의 배경을 만든다는 마음가짐

교실을 학생들의 이야기가 펼쳐지는 배경으로 생각한다면, 우리는 그 이야기가 어떻게 펼쳐지기를 원하는지 상상할 수 있다. 만일 학생들이 학교에서 협력하고 함께 일하는 법을 배우기를 바란다면 그에 적합한 좌석 배치가 필요하다. 내성적인 학생들이 배우고 성장하는 과정에서 정신적 과부하를 겪지 않기를 바란다면 그런 일을 방지할 수 있는 공간부터 만들어야 한다. 교실에서 일어나는 이야기가 활기차고 역동적이기를 바란다면 아마 천장과 벽도 그래야 할 것이다.

여기서 우리는 교실 공간에 관한 사고를 전환해야 한다. 예전에는 교실을 단순히 학습이 이루어지는 장소라고 여겼다. 그러나 이야기의 배경에 관한 본질적 성질을 안다면 교실 공간을 학습이 이루어지는 하나의 방식으로 보는 것 역시 중요하다. 공간은 학생들이 학습하고 참여하는 방식을 결정한다.

그러므로 이번에 처음으로 교실을 설계하든 스무 번째로 설계하든 '나는 학생들이 교실을 어떻게 이야기하기를 원하는가?' '어떻게 해야 그 이야기를 지원하는 배경을 만들 수 있을까?'라는 질문부터 생각해 보라.

교실 공간 점검표를 활용하라

물리적 교실 공간을 구성하거나 현재 교실을 평가할 때 이 점검표를 사용하자.

- **좌석 배치**
  - 다양한 학습적 기호를 수용할 수 있는 유연한 좌석제
  - 이동 장애가 있는 학생들을 위한 접근성
  - 원활한 이동과 접근성을 위한 장애물 없는 통로

- **교실 공간 배치**
  - 전체 수업을 위한 충분한 공간
  - 소집단 협동 학습 지정 공간
  - 개별 활동 및 집중 학습을 위한 전용 공간

- **조명**
  - 편안하고 집중할 수 있는 분위기를 지원하는 자연광 및 인공조명
  - 눈부심과 밝기를 관리할 수 있는 조절식 창문 덮개
  - 독서 및 기타 과제 수행을 위한 조명이 잘 켜진 공간

• 시각적 전시

- 학습을 향상하는 연관성과 목적이 있는 전시

- 다양한 문화, 배경, 관점을 반영하는 전시

- 집중력 유지를 위해 시각적 산만함 최소화

• 정리정돈

- 학급물품과 학습 자료는 명확한 라벨을 붙여 보관

- 수업자료와 자원의 효율적 정리

- 과제물 배부 및 수합 시스템

• 유연성 및 조절 가능성

- 다양한 학습 활동에 맞춘 변경 가능한 좌석 배치

- 다양한 교수학습 요구를 수용하기 위한 쉽게 조절할 수 있는 가구

- 개인 맞춤형 좌석이 필요한 학생 배려

• 테크놀로지 활용

- 전자 기기의 전원 콘센트 접근성

- 다양한 학습 유형을 지원하는 테크놀로지 활용

- 책임감 있고 목적에 맞는 테크놀로지 사용을 위한 명확한 지침

• 안전 및 응급상황 대비

- 명확하게 표시된 출구 및 응급상황 시 절차

- 쉽게 접근할 수 있는 구급상자 및 비상 연락망

- 안전장비(소화기, 경보기)의 주기적 점검 및 관리

• 소통과 피드백
- 교실 환경에 관한 학생 피드백 수집 시스템
- 우려 사항이나 제안을 다룰 수 있는 열린 소통 창구
- 학생 피드백에 기초한 주기적 성찰 및 조정

주

1. Frank Lloyd Wright to Harry Guggenheim, July 15, 1958. From Frank Lloyd Wright: From Within Outward (EXH.CAT. New York: Solomon R. Guggenheim Foundation, 2009), 268.
2. Association for Psychological Science. (2014). Heavily decorated classrooms disrupt attention and learning in young children. https://www.psychologicalscience.org/news/releases/heavily-decorated-classrooms-disrupt-attention-and-learning-in-young-children.html
3. Cain, S. (2012, July). The power of introverts [Video]. TED. https://www.ted.com/talks/susan_cain_the_power_of_introverts

7장

교실을 시스템화해야
하는 이유

교사 생활 2년 차가 되던 해, 학기 초에 한 학생이 나(존)에게 와서 "제가 제출한 글쓰기 과제를 돌려받지 못했는데, 아직 채점이 끝나지 않았나요?"라고 물었다.

"어디 보자." 나는 과제 제출함을 살펴보며 말했다.

그렇게 몇 분을 뒤졌지만 학생의 과제물을 찾지 못했다. 다시 확인해 봐도 보이지 않았다.

"잠깐이면 찾을 수 있을 거야." 팔짱을 끼고 서 있는 학생을 보면서 내가 말했다.

그때 전화벨이 울렸다. 수화기를 들었더니 우리 팀 부장 교사였다.

"존 선생, 팀 회의에 늦었어요."

"맙소사. 오늘이 화요일인가요?"

"네. 늘 그렇듯 월요일 다음 날이에요. 매주 화요일 중간 쉬는 시간에 팀 회의가 있잖아요. 존 선생, 제발 달력에 표시해 둬요."

"알겠습니다." 나는 과제 제출함을 내버려두고, 학생에게 지각 사유서를 써 준 다음 급히 회의실로 향했다. 다음날, 학생이 다시 나를 찾아와서 과제물을 찾았는지 물었다.

"음, 오늘 오후에 확인해 볼게."

그런데 나는 확인하는 것을 깜박했다. 그래서 다음날에도 학생이 다시 물었다. 나는 꼭 해야 할 일 목록에 이 일을 기록해 두고 서류들을 샅샅이 살폈다. 그래도 학생의 과제물은 없었다.

그다음 날 학생이 다시 물었다. 나는 학생에게 채점이 끝난 과제물 더미를 직접 뒤져봐도 좋다고 말했다. 나는 분명 그 학생의 과제를 확인했고, 심지어 채점도 했다. 미국에 이민을 오면서 경험한 일을 서술한 아름다운 글이었다.

학생은 점심시간에 잠깐 들러서 미친 듯이 종이 더미를 뒤졌다. 캐비닛도 열어봤고, 책장도 뒤져봤다. 그러고 나서 다시 내 책상 위에 쌓인 종이 더미를 꼼꼼하게 살폈다. 한편, 나는 가방과 책상 밑에 둔 서류 상자를 뒤졌다. 결국, 학생은 눈물을 글썽거리며 나지막이 말했다.

"분실되었나 봐요."

"분명 찾을 수 있을 거야." 나는 아이를 다독였다.

"영원히 사라진 것 같아요. 그걸 쓰느라 정말 많은 시간을 들였는데…."

"선생님이 할 수 있는 모든 방법을 동원해서 찾아볼게."

아이의 얼굴 위로 눈물이 계속 흘러내렸다.

"그건 아빠를 위해 쓴 글이에요. 채점이 끝나면 아빠에게 우편으로 보내고 싶었어요. 멕시코에 계시거든요. 우리는 매달 편지를 주고받는데, 가끔 엄마가 제 과제물을 함께 보내기도 해요. 아빠를 위해 영어를 스페인어로 번역했었는데, 아빠가 이젠 제 과제물로 영어 공부를 한다고 했어요."

"정말 미안하구나. 꼭 찾을 수 있도록 최선을 다할게."

그날 저녁, 나는 서류를 정리하며 밤 9시 45분까지 교실에 남아있었다. 나는 걸이식 문서 파일철을 사용해 수많은 서류들을 정리했다. 완벽하지는 않았지만, 그게 시작이었다. 그 과정에서 드디어 그 학생의 글을 찾을 수 있었다. 나는 그것을 '매우 중요한 문서' 라벨이 붙은 파일철에 넣었다. 사과 편지도 함께 써서 클립으로 고정했다.

그때까지만 해도 나는 가르치는 일을 관계 중심적인 활동으로만 보고, 행정적인 일은 가르치는 일의 실제적인 부분을 방해하는 따분한 잡일 정도로 생각했다. 정리정돈에 대한 그런 경솔한 태도가 실제로 학생들과의 관계를 해치고 있다는 사실을 깨닫지 못했던 것이다.

그뿐만 아니라 조직화 능력 결핍으로 인해 번번이 회의 시작이 늦어졌다. 나는 나의 정리정돈 및 조직화 능력 부족을 그저 작은 성격적 결함 정도로 생각했다. '창의적인' 사람에게 나타나는 하나의 특성으로만 간주할 뿐이었다. 그러나 이제는 그것이 곧 전문성 부족이며, 심지어 나에게 해로울 수도 있다는 사실을 깨달았다.

창의성과 관련해서는 어떨까? 나의 부족한 조직화 능력은 오히려 문제를 해결하고 더 나은 시스템을 구축하는 기회로 이어졌다. 하지만 정말 창의적으로 일하는 사람이 되고자 한다면 먼저 정리정돈 시스템을 제대로 설계할 필요가 있었다. 시스템이 관계에 미치는 영향을 처음으로 진지하게 인식한 순간이었다.

목적에 맞게 조직화 능력을 키운다면, 공동체 의식은 더 깊어지고, 관계는 더 좋아지고, 교실 시스템은 더 원활하게 흘러가도록 만들 수 있다. 눈에 보이지 않는 시스템이 더 풍요로운 교실 공동체를 가능하게 한다. 내가 가장 먼저 해결해야 했던 일은 문서 추적을 통한 문서 관리였다.

체계적인 문서 추적 시스템을 만들어라

문서 추적(paper trail)이란 어떤 과제가 하나의 아이디어에서 시작된 순간부터 학생이 교사의 피드백과 함께 과제를 돌려받는 순간까지 연결되는 과정을 말한다. 문서의 시작부터 끝까지 전체 과정이라고 생각한다면 이해하는 데 도움이 된다.

1. **아이디어 보관** 수업이나 과제와 연관된 아이디어를 이디에 보관할 계획인가? 그래픽 조직자와 자료, 유인물 등은 어디에 보관할 것인가? 프로젝트 기반 수업을 하고 있다면 프로젝트 구성 요소들은 어디에 보관할 것인가?

2. **수업 계획서 보관** 수업 계획서와 단원 계획서를 어디에 보관할 것인가? 계획서들을 어떻게 정리할 것인가? 수업 계획서와 아이디어 및 자료를 디지털 방식으로 연결하는 방법이 있는가?

3. **하위 폴더 보관** 교실을 비울 때를 대비해 준비한 자료를 담은 하위 폴

더는 어디에 보관할 것인가? 하위 폴더를 업데이트해야 하는 시기를 스스로 기억하는 방법은 무엇인가? 주기적으로 하위 폴더에 접근하는 사람은 누구인가? 이와 관련해서는 이 장의 후반부에서 더 자세히 다룰 것이다.

4. **수업자료 및 과제 보관** 복사해야 할 자료는 어디에 보관해 둘 것인가? 이미 복사한 자료는 어디에 보관할 것인가? 디지털화된 자료나 과제는 어떻게 통합할 것인가?

5. **과제물 배포** 각 학생이 자료나 과제물을 확실히 받을 수 있게 하는 시스템은 무엇인가? 학습관리시스템(LMS)을 사용하고 있다면 학생들에게 접근 권한을 제공하기 위한 별도의 시스템이 있는가?

6. **결석한 학생 관리** 결석한 학생이 과제나 학습 노트 등을 확실히 받을 수 있게 하려면 어떻게 해야 할까? 결석 후 등교한 학생에게 어떤 절차를 적용하는가?

7. **과제물 수거** 학생들에게서 과제물을 걷는 시스템은 무엇인가? 효율적으로 과제를 걷는 방법은 무엇인가? 학생들이 반드시 과제에 자기 이름을 기재하게 하는 방법이 있는가? 과제를 온라인으로 제출한다면, 이 과정을 간단하고 깔끔하게 유지하는 방법이 있는가? (다시 말해, 학생들이 LMS에 과제를 제출하거나, 이메일을 보내거나, 공유 문서로 저장하는 등의 방식으로 지나친 부담을 느끼지 않게 하려면 어떻게 해야 할까?)

8. 미완성 과제물 보관 학생들은 아직 완성하지 못한 과제를 어디에 보관하는가? 사물함이 따로 있는가? 개인 파일철이 있는가? 아니면 정리 바인더가 따로 있어야 하는가? 과제를 보관해 둘 디지털 공간이 있는가? 디지털 공간에 교사도 접근할 수 있게 하려면 어떤 방법을 사용해야 하는가?

9. 수거한 과제물 보관 학생들이 과제를 제출하면 피드백을 주거나 채점하기 전까지 어디에 보관하는가? 채점이 완료된 과제와 완료되지 않은 과제를 어떻게 분리하는가?

10. 성적 입력 과제를 걷은 후 어떤 시스템으로 성적을 입력하는가?

11. 채점 후 과제물 돌려주기 모든 채점이 끝난 후 학생들에게 과제를 돌려주는 절차는 어떻게 되는가?

12. 성적 알림 학생들에게 성적을 알리는 시스템은 무엇인가? 미제출 과제는 어떻게 처리할 것인가?

문서 추적 시스템의 영역이 모두 12개라니, 과정이 너무 복잡해 보일 수도 있다. 하지만 일단 이 과정을 따라 문서 추적 시스템을 만들어 두면, 과제물이나 자료를 분실할 걱정 없이 학생들에게 제때 피드백을 제공할 수 있다.

별도의 문서 관리법

문서 추적 시스템으로 문서 대부분을 관리할 수 있지만, 별도로 생각해야
할 중요한 문서들도 있다.

- **허가서** 허가서나 비용 등에 관한 기록을 다루는 시스템은 무엇인가?
- **학생 자료** 교사는 유창성 시험, 기준선 평가 등에서 얻은 학생 자료를
  별도로 기록해야 한다. 이것을 어떻게 관리할 것인가?
- **지역 교육청 및 학교와의 소통** 소통을 지속적으로 관리하는 시스템은
  무엇인가?
- **징계 문제 기록** 징계 문제는 어떻게 문서로 만들 것인가? (나는 개인적으
  로 구글 서식이 효과적이라고 느꼈다. 시간이 자동으로 기록되고 스프레드시트
  로 변환할 수 있기 때문이다.)
- **학급 소식지** 학생 가정에 보내야 할 학급 소식지 같은 문서를 어떻게
  체계적으로 정리할 것인가?
- **기타 중요한 문서** 자격증 서류와 연수 기록 외에도 직무 관련 기록 및
  인증, 기타 중요한 영역에 필요한 서류는 어떻게 관리할 것인가?

그 외 다른 문서 작업을 위해서도 자신에게 가장 적합한 시스템을 개발하
라. 물리적인 폴더에 보관하든 디지털 폴더에 보관하든, 교사가 되면 필연
적으로 마주하게 될 서류 작업을 위한 특별한 공간을 마련해야 한다.

종합 달력을 마련하라

모든 정보를 표시해 두는 종합 달력을 마련하라. 스포츠 달력이나 비교과 활동 달력 등을 얻었다면 종합 달력 하나에 행사 날짜를 추가해서 표시하라. 달력에 포함할 수 있는 행사는 다음과 같다.

- 공휴일을 표시하되, 프랑스 혁명 기념일 같이 잘 알려지지 않은 경축일도 표시할 수 있다.
- 공휴일은 아니더라도 핼러윈 이튿날 같은 '어수선하고 활기가 넘치는 날'도 표시할 수 있다. 예상치 못한 상황에 당황하지 않도록 이런 날에 주의가 필요하기 때문이다.
- 교직원 회의, 팀 회의, 개별화 교육 프로그램 회의 일정
- 교원 직무 연수일
- 휴무일 및 방학 시작일과 종료일
- 학부모 상담 기간
- 학생의 생일(생일을 기념하지 않는 학생들도 주의 깊게 살펴라.)
- 가족의 밤, 교육과정 설명회, 다크나이트 축제(당신이 만약 고담시에 있다면 말이다.)
- 연극, 뮤지컬, 스포츠, 동아리 등의 비교과 활동
- 주요 시험 일정
- 스포츠 행사 일정
- 교원 평가일(미리 일정을 조정할 수 있는지 확인하라.)

이메일을 확인할 때도 늘 달력을 펼쳐두는 것이 도움이 된다. 이렇게 하면 달력에 날짜를 쉽게 추가할 수 있다. 누군가 만나자고 요청하면 캘린더 초대를 보내거나 상대방에게 캘린더 초대를 보내라고 요청하라. 매주 반복되는 일이라 잊지 않고 기억할 수 있다고 생각하더라도, 일단 모든 일정을 달력에 기록하는 것을 목표로 삼아라.

학생의 입장에서 시스템을 점검하라

앞에서 언급한 문서 추적 시스템을 만든 후에는 자신이 학생이라고 상상하고 학생의 관점에서 몇 가지 질문을 해보자. 언제 과제를 받는가? 과제를 어디에 보관하는가? 과제를 어디에 보관하는지 알고 있는가? 언제 채점이 끝날 것 같은가? 성적이나 과제 피드백은 어떻게 확인할 수 있는가? 과제를 되돌려 받으려면 어디로 가야 하는가? 되돌려 받은 과제는 어디에 보관하는가?

방식이 간단하고 명확해야 한다

내가 근무했던 한 고등학교는 학생들이 과제를 제대로 제출하지 않는 문제 때문에 골머리를 앓았다. 교사들은 학생들이 과제를 이미 끝내고도 제출하지 않는 경우가 있다는 것을 발견했다. 코로나19 봉쇄 조치가 해제된 후로 학생들은 새로워진 혼합형 과제 방식에 애를 먹는 듯했다.

나는 교사들에게 학생들이 과제를 제출하는 방식을 확인해달라고 부탁했다. 일부는 구글 문서를 이용했고, 일부는 마이크로소프트 공유 시스템을 이용하고 있었다. 구글 클래스룸을 이용하거나, 오픈소스 학습관리시스템 캔버스Canvas를 활용하는 경우도 있었다. 어떤 교사는 과제 제출함에 직접 과제를 제출하게 했고, 어떤 과제는 사진을 찍어 이메일로 보내는 것을 허용하기도 했다. 학생들이 자기 바인더에 과제를 꽂아두면 나중에 교사가 바인더를 확인하면서 성적을 매기는 경우도 있었다.

과제 제출 방식이 너무 많다 보니 학생들은 오히려 부담감을 느꼈다. 교사들이 다양한 과제 제출 방법을 제시했지만, 그 과정이 불분명할 때가 많았다. 교사들은 학생들의 의견을 듣기 위해 설문 조사를 실시하기로 했다. 설문 조사 자료를 기반으로 과제 제출 과정을 간소화했다. 디지털 과제는 학습관리시스템에 올리고, 실물 과제는 스마트폰이나 다중 스캐너로 사진을 찍어 제출하게 했다. 비록 과제를 완료하지 못하는 학생들이 여전히 존재했지만, 과제 완료율이 40퍼센트 증가했다.

이 사례는 과제를 제출하는 과정이 명확해야 한다는 것을 알려준다. 과정을 명확하게 설계했을 때, 인지 부하를 줄일 수 있다. 특히 실행 기능에서 문제를 겪는 학생들에게 명확한 방식은 매우 중요하다. 다음은 명확성을 향상하는 몇 가지 방법이다.

- **공통된 방식을 사용한다.** 디지털 과제용과 실물 과제용을 별도로 만들어라. 그러면 학생들에게 일관성을 제공하고, 학생들이 따라야 할 교실 의례를 만드는 데도 도움이 된다.

- **시각 자료를 사용해 단서를 제공하고 인지 부하를 줄인다.** 유치원부터 초등학교 2학년까지 학생들을 가르치는 교사라면 이미 이 방법을 사용

하고 있을 것이다. 특정 단어를 나타내는 아이콘을 사용하거나, 어떤 일을 어떻게 하는지 보여주는 삽화를 사용할 수 있다. 발달 단계에 따라 적절한 시각적 단서를 사용하는 방법도 있다.

- **글머리 기호와 목록을 사용한다.** 이 방법은 지시사항을 전달할 때 핵심 아이디어를 나누기에 좋다. 이때 단락은 되도록 짧게 유지하는 것이 좋다. 학생들은 온라인상에서 글을 읽을 가능성이 많은데, 단락이 길면 읽기 어려울 수도 있기 때문이다. 단락이 짧으면 정보에 집중하기 더 쉬울 것이다. 이는 학생들의 접근성을 높이고, 이해를 돕는 지원 조치가 될 수 있다.

- **간단한 점검표를 만든다.** 학생들이 스스로 상황을 점검할 수 있는 간단한 점검표를 만들어 두면 학생들이 잘 따라갈 수 있게 도울 수 있다.

전학생에게도 시스템을 소개하라

교사들은 보통 새 학기 초, 학급 내 규칙과 절차 또는 시스템을 안내하는 데 많은 시간을 보낸다. 그런데 몇 개월 후 전학생이 새로 들어오면, 이 학생은 그 모든 정보를 짧은 시간 안에 배워야 한다. 그래서 온보딩onboarding 시스템이 필요하다. 온보딩은 새로운 구성원을 공동체에 적응시키고 정착시키는 과정을 가리킨다. 신입 구성원이 본인의 역할과 책무, 공동체의 전반적 환경에 익숙해질 수 있도록 필요한 정보와 자원, 교육과 지원을 제공하는 것이다.

학교에서는 교사가 수업 규칙과 루틴 그리고 수업 진행 방식에 관한 정보를 담은 온보딩 패킷을 만든다. 여기에는 학생이 직접 작성하는 학생 기초 자료 조사를 포함시킬 수 있다. 나는 하위 폴더의 몇 가지 항목이 전학생을 위한 온보딩 패킷에서 실제로 효과가 있다는 것을 발견했다. 그러나 온보딩 패킷만으로는 조금 부족하게 느껴질 수도 있다. 이때는 전학 온 첫 주 동안 멘토 역할을 해줄 친구를 연결해 주는 방법이 도움이 된다. 만약 학생들이 교실에서 1인 1역을 맡고 있다면 두세 명의 학생에게 전학생을 맞이하고 질문에 답하고 온보딩 패킷을 돕는 법을 교육해서 '온보딩 도우미' 역할을 맡길 수 있다.

물론 조직화 시스템이 잘 굴러가게 하려면 시간과 노력이 필요하다. 그러나 결국 공동체가 성장하도록 돕는 구조를 완성할 수 있다. 교실 시스템이 원활하게 운영될 때, 학생과 교사의 관계는 물론 학생들 간의 관계도 더 좋아지고 공동체는 점점 더 끈끈해진다.

조직화를 위한 점검 사항

학급을 조직화된 곳으로 만들기 위해 점검해야 할 간단한 사항은 다음과 같다. 하나씩 체크해 보자.

- 서식과 허가증을 보관하는 장소가 있는가?
- 결석한 학생에게 학습 과제를 알리는 방법이 따로 있는가?

- 전학생을 환영하는 방법이 있는가?
- 연락처를 업데이트하는 방법이 있는가?
- 훈육 문제를 기록하는 방법이 있는가?
- 학생들이 과제물을 제출하는 장소가 있는가?
- 평가를 마친 과제물을 체계적으로 정리하는 방법이 있는가?
- 학생에게 과제를 돌려주는 방법이 있는가?
- 빌린 자료를 보관하는 장소가 있는가? 빌려 쓴 후 되돌려줄 자료를 보관하는 장소가 있는가?
- 학생들의 분실물을 보관하는 장소가 있는가?
- 학교 행사, 학생 생일, 단원 계획, 시험, 기타 중요한 행사 등을 기록해 둔 달력이 있는가?
- 학생 및 학부모와의 상담이나 대화 내용을 기록해 둔 곳이 있는가?

8장

수업 참여도를
높이는 기술

교사 생활 1년 차였을 때, 나(트레버)의 주된 목표는 학생들을 즐겁게 하는 것이었다. 나는 즐거움이 곧 참여라고 생각했다. 그러니까 끊임없이 농담을 하며 학생들을 재미있게 해주려고 노력했다는 말이다. 아이들과 친해지기 위해 고안한 복잡한 악수법도 있었다. 국어 수업 때는 동네 커피숍에서 시 낭송회를 열었고, 스코틀랜드 억양으로 수업을 진행하기도 했다.

학생들이 공부하는 동안 음악 스트리밍 서비스 스포티파이Spotify로 록 밴드 위저Weezer의 음악을 틀어줬다. 나는 역동적인 시뮬레이션과 게임화된 수업, 항상 와자지껄하고 핸즈온으로 진행되는 대규모 프로젝트를 기획했다. 수업이 끝난 후에도 늦은 시간까지 학교에 남아 계획을 세웠고, 밋밋한 교실 벽을 재미있게 꾸미기 위한 새로운 방법을 찾아서 핀터레스트를 끊임없이 뒤졌다. 학교 일과가 끝나기 전까지 자리에 앉는 법이 거의 없었고, 항상 서서 매 순간 모든 학생을 참여시키려고 애썼다.

수업이 지루해지지 않도록 할 수 있는 일은 다 했다. 나는 지루함이 곧 수업의 적이라고 생각했다. 학생들이 지루함을 느끼면 나를 좋아하지 않을 것이고, 나를 좋아하지 않으면 내 수업도 좋아하지 않을 것이고, 내 수업을 좋아하지 않으면 인생에서 성공하려는 동기를 상실하고, 학교를 그만두고, 결국 강가에 봉고차를 주차해 놓고 생활하는 사람이 되리라 생각했다.

솔직히 너무 극단적인 생각이었는지도 모르겠다. 그러나 나는 지루함이 학생들의 참여 부족과 학습 저조로 이어질 수 있다는 생각에 완전히 사로잡혀 있었다. 이런 두려움을 견디기가 매우 힘들었다. 30명의 학생이 모든 수업 시간을 100퍼센트 즐기게 하려면 상당한 노력과 에너지가 필요했다.

시간이 지나면서 때로는 지루함이 좋은 요소가 될 수 있다는 사실을 깨닫기 시작했다. (이에 대해서는 이 장 후반부에서 더 자세히 살필 것이다.) 지루함은 실제로 '높은 수준의 학생 참여'로 생긴 결과일 수도 있으며, 더 깊고 창의적인 사고로 이어질 수도 있다. 이 대목에서 나는 사고의 전환이 필요했다. 재미와 참여가 동일하지 않다는 사실을 마침내 깨달은 것이다. 사실, 재미는 참여의 필요조건이 아니다. 학생 참여에서 중요한 것은 집중과 몰입, 이 두 가지 요소다.

진정한 참여란 무엇인가?

교사이자 작가 필립 슐레츠티Phillip Schlechty는 학생 참여(student engagement)를 이렇게 정의한다.

"학생 참여는 능동적인 개념이다. 학생들은 수업 시간에 출석하는 것뿐만 아니라 집중도 해야 한다. 과제에 몰입하고, 학습 활동에서 고유의 가치를 찾아야 한다. 학생은 부과된 과제를 단순히 완수하는 것에 그치지 않고 열정적이고 성실하게 수행해야 한다."[1]

슐레츠티는 두 가지 핵심 영역에 초점을 맞췄다. 첫째 영역은 집중(attention)이다. 학생들의 주의가 분산되지 않고 특정 과제에 열중한다는 개념이다. 둘째는 몰입(commitment)이다. 과제에 내적 동기를 부여하고 도전적으로 생각하며, 과제를 완수하기 위해 노력한다는 개념이다. 2002년 슐레츠티는 '집중과 몰입'이라는 두 가지 핵심 개념을 바탕으로 학생 참여의 수준을 나타내는 기본 틀을 개발했다.

146쪽의 그림 8.1을 살펴보자. 그림의 맨 아래는 반항(rebellion) 단계로, 이 단계의 학생은 주의가 산만하고 과제에 전혀 몰입하지 않는다. 문제 행동을 보이고 수업을 방해하며, 그 결과 과제에서 어떤 것도 배우지 못한다.

다음은 집중하지 않고 몰입 수준도 낮은 회피(retreatism) 단계이다. 반항 단계와 다르게 적극적으로 수업을 방해하지는 않지만, 마음이 콩밭에 있다. 집중하지 못할 뿐 아니라 심리적으로 과제 수행을 포기한 상태일 때가 많다. 따라서 과제에서 거의 배우지 못한다.

다음 단계는 의례적 순응으로(수동적 순응이라고도 부른다.), 집중도와 몰입도가 둘 다 낮다. 회피 단계와 다르게 의례적 순응 단계의 학생은 수업을 완전히 듣지 않는 것은 아니지만, 교사와의 대립을 피할 목적으로 최소한의 참여만 할 뿐이다. 과제를 통해 배우는 것은 있지만, 수준이 낮고 그마저도 시간이 지나면 쉽게 잊어버린다.

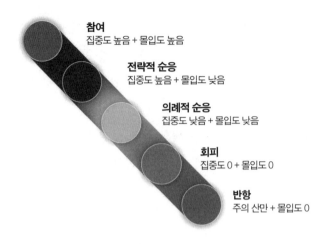

그림 8.1 **학생 참여 수준**
(출처: 필립 슐레츠티의 연구를 바탕으로 R. Rios가 시각화함)

그다음은 전략적 순응이다. 이 단계는 과제를 수행하는 수준이 높아서 종종 참여처럼 보일 수도 있다. 과제에 대한 집중도는 높지만 몰입도가 낮다. 이 단계의 학생들은 성적이나 부모의 인정, 보상, 학급 석차 등 외적인 요소에 초점을 두고 게임을 한다. 하지만 이런 학습은 내재적 보상을 제공하지 못한다. 그 결과, 높은 수준의 학습이 행해지더라도 학습을 끝까지 유지하지 못하고 새로운 상황에서 학습 전이가 일어나지 않는다.

마지막 단계는 참여다. 여기에서는 높은 집중과 강한 몰입이 요구된다. 이 단계의 학생들은 강한 내재적 동기에서 의미를 찾고, 스스로 선택하고 도전하면서 수업에 참여한다. 과제가 복잡하고 어려워도 계속 집중하고, 심지어 점수를 매기지 않을 때도 배우려고 한다. 심층 학습이 이루어지며, 배운 것을 새로운 상황에도 적용할 수 있다.

교사는 호기심과 창의성, 목적의식을 이용해 모든 학생이 과목 자체에 흥미를 느낄 수 있도록 집중해야 한다. 그렇게 될 때 학생들은 열정적인 평생 학습자로 성장할 수 있다.

학생들을 주목하게 만드는 방법

학생들을 진정으로 참여시키는 방법을 탐구하기에 앞서 먼저 학생들을 주목시키는 방법부터 생각해 보자.

학생들을 주목시키기 위해 대다수 교사는 다음과 같은 시나리오처럼 할 것이다. 교사는 "좋아요. 여러분, 이제 시작하겠습니다."라는 말로 수업을 시작하려고 시도한다. 몇몇 학생은 교사가 자신을 성가시게 한다고 생각하며 못마땅한 표정으로 힐끗 쳐다볼지도 모른다. 그래서 교사는 조금 더 큰 목소리로 "모두 주목! 수업을 시작할 시간입니다."라고 말한다. 그러면 집중하는 학생이 몇 명 더 생긴다. 그러나 여전히 대다수는 교실 앞에 서 있는 교사의 얼굴이 점점 붉어지든 말든 상관없이 친구들과 계속 떠든다. 마침내 교사는 이성을 잃고, 목소리를 높인다. 그러자 갑자기 교실이 조용해진다. 교사는 약간 당황한다. 학생들의 주의를 집중시키기 위해 소리까지 질러야 한다는 사실에 자괴감을 느낀다.

수업을 시작하거나, 모둠 활동에서 학급 전체 활동으로 상황을 전환하기 위해 고군분투를 벌이는 것은 모든 교사가 직면하는 어려움이다. 하지만 학생들의 주의를 최대한 집중시키고 시간을 효율적으로 사용하는 게 중요하긴 해도 그 방법이 꼭 어렵거나 힘들 필요는 없다. 아무리 학생들이 시끄럽게 떠들어도 목소리를 높이거나 냉정함을 잃지 않고 학생들을 주목시킬 수 있는 여덟 가지 방법이 있다. 하나씩 살펴보자.

1. **타이머를 사용한다.** 학생들이 수업에서 소모하는 시간을 체계적으로 운영한다면 모든 학생의 주의를 끌기 위해 발생하는 혼란을 줄일 수 있다. 교실에 스크린이 있다면 학습 활동마다 타이머를 화면에 띄어 놓아라. 그러면 학생들은 시간이 얼마나 남았는지, 언제 교사에게 다시 주의를 기울여야 하는지 알 수 있다. 교실에 AI 스피커 아마존 에코 Amazon Echo가 있다면 알렉사Alexa에게 시간 설정을 명령할 수 있다. 이런 식으로 하면 학생들의 주의를 끌어야 할 때 소리를 질러야 할 일이 발생하지 않을 것이다. 이런 장치는 학생들을 여러 차례 반복해서 집중시키는 데도 유용하다.

2. **교실 중앙에 선다.** 학생들과의 거리를 이용하라. 교사가 교실 앞에 서 있으면 앞쪽 학생들과는 가까울지 몰라도 뒤쪽 학생들과는 거의 교실 길이만큼 떨어져 있다. 학생들의 주의를 끌 때는 모든 학생과 가까운 위치에 있도록 교실의 중앙에 서라. 평소 집중시키기 어려운 학생들이 있다면, 주의를 환기할 때는 그 학생들 가까이에 서라.

3. **어색한 침묵을 도입한다.** 처음에는 이 방법이 어렵게 느껴질 수도 있고, 아무 말도 하지 않으면서 교실 중앙에 서 있는 것이 직관을 벗어난 방법처럼 보일 수 있다. 하지만 학생들의 주의를 끄는 최고의 방법이 될 수도 있다. 방법은 간단하다. "여러분, 모두 주목해 주면 좋겠어요." 라고 한 번만 말하라. 그리고 나서 가만히 서서 기다려라. 처음에는 즉각적인 효과가 없을 수도 있다. 그러나 학생들은 곧 자신이 주목하기를 기다리며 서 있는 선생님을 알아차릴 것이고, 마법처럼 교사에게

주목할 것이다. 학생들은 서로 돌아보며 조용히 하자고 말하고, 교사가 가만히 있어도 스스로 집중할 것이다. 교사를 그렇게 오랫동안 가만히 서 있게 만든 게 부끄러워서인지 아니면 교사가 제다이 기사처럼 일종의 마음 조작 기술을 사용한 결과인지는 모르겠지만, 어쨌든 교사가 조용히 서 있어야 할 시간은 곧 사라질 것이다. 아이들은 자신들이 주목하기 전까지 교사가 계속 그렇게 서 있으리라는 걸 알기 때문에 그 순간이 어색해서라도 곧바로 주의를 기울일 것이다.

4. 메기고 받기 형식을 활용한다. 메기고 받기(call and response, 가창에서 소리를 주고받는 형식으로, 한 사람이 먼저 노래하면 다른 사람들이 반복적인 가사와 선율로 응답한다. 먼저 하는 소리를 메기는 소리, 응답하는 소리를 받는 소리라고 한다. - 옮긴이)는 아주 훌륭한 학급 문화 형성 기법으로, 학생들의 주의를 끄는 일을 재미있고 친밀한 활동으로 만든다. 학생들은 교사가 자주 사용하는 메기는 소리를 들었을 때 어떻게 받기를 해야 하는지 기억한다. 예를 들어, 교사가 "오늘 어때?"라고 말하면 학생들은 "좋아요!"라고 말하는 방식이다. 학생들을 주목시키면서도 모두가 한마음이 되게 하는 재미있는 방법이다. 메기고 받기의 몇 가지 예를 살펴보자.

교사 : "모두 외쳐, '에이요!'"
학생들 : "에이요!"

교사 : "홀리몰리Holy moly!"

학생들 : "과카몰리Guacamole!" (Holy moly는 '맙소사'라는 뜻의 감탄사로, 이에 라임을 맞춘 응답으로 멕시코 소스 이름 '과카몰리'를 외친다. - 옮긴이)

교사 : "좋아, 이제 All right stop!"
학생들 : "협력하며 들어봐(collaborate and listen)!" (미국 유명 랩퍼 바닐라 아이스의 노래 〈Ice Ice Baby〉의 유명한 구절이다. - 옮긴이)

5. **초읽기를 한다.** 학생들에게 갑자기 주목하라고 말하는 대신, 5초 전에 예고하는 방법을 사용해 보자. "5초 후에 선생님에게 주목하기. 자, 5초. 4초. 3초. 2초. 1초."라고 말하는 것이다. 1초라고 말할 때쯤이면 학생들은 대부분 대화나 하던 일을 끝내고 교사에게 주목할 것이다.

6. **특별한 조명을 사용한다.** 불이 켜지면 주목해야 할 시간임을 나타내는 조명등을 교실 중앙에 설치하는 방법이다. 램프나 교통신호등, 라바 램프, 미러볼 등 시각적 신호를 줄 수 있는 것이면 무엇이든 좋다.

7. **동물 울음소리를 들려준다.** 학생들을 주목시키고 싶을 때 암소 음매, 참새 짹짹, 원숭이 꺅꺅 등의 동물 소리를 교실 스피커로 들려주는 방법이다. 재미도 있고, 필요할 때 학생들의 주의를 끌 수 있는 확실한 방법이다. 솔직히 돼지가 꿀꿀거리는 소리가 귀에 들어오는데 누가 계속 떠들 수 있겠는가! 매일 어떤 동물 소리를 스피커로 틀어줄지 학생들에게 미리 정하라고 하면 학생들이 재미있게 느낄 뿐만 아니라, 집중해야 할 시간일 때 어떤 소리가 들릴지 확실히 알 수 있다.

8. **"다 같이 박수!"** 이 방법은 세대를 초월해 효과적인 고전이다. 방법은 간단하다. 교사가 "내 말 들리면 다 같이 박수 두 번!"이라고 큰 소리로 말하면, 학생들이 박수를 두 번 친다. 이제 "다 같이 박수 세 번!"이라고 말한다. 더 많은 학생이 손뼉을 친다. 세 번째로, "내 말 들리면 다 같이 박수 열한 번!"이라고 말한다. 이쯤 되면 교사가 자신에게 주목하길 원한다는 것을 모르는 학생이 없을 것이다. 손뼉을 치면서 아이들은 신체 에너지를 조금 태울 수 있고, 교사는 학생들을 주목시킬 수 있다. 시대를 초월하는 마법 같은 방법이다.

집중은 주의를 끄는 것에서 시작된다. 여기에는 보통 흥미로운 아이디어나 재미있는 것, 새로운 느낌 등이 필요하다. 이에 대해서는 과제에 대한 몰입 수준을 이야기할 때 더 자세히 살펴볼 것이다. 그러나 주의 집중의 측면에서 보면, 초임 교사들은 대부분 모든 학생이 완전히 집중하는 상태에서 지시를 내리거나 새로운 개념을 가르치지 않고, 학생들이 아직 집중하지 못한 상태에서 바로 시작하는 실수를 저지르기 쉽다.

주의 분산 요소를 최소화하라

학생들을 주목시켰다면 주의를 산만하게 만드는 요소를 제한해 학생들이 계속 집중할 수 있게 해야 한다. 하지만 교사가 모든 상황을 제어할 수 없을 때도 있다. 예를 들어, 우리는 교내 방송이 얼마나 자주 나올지 제어할 수 없다. 마찬가지로 학생들이 수업에 완전히 몰입하고 있는데 갑자기 소방 훈련 비상벨이 울리는 순간도 경험할 수 있다.

그러나 주의를 분산시키는 환경적 요소 중에 우리가 통제할 수 있는 것들이 있다. 예를 들어, 교실에 흩어져 있는 잡동사니나 교실 벽에 붙여놓은 과한 장식은 치울 수 있다. 테크놀로지에 관한 엄격한 규칙을 세울 필요도 있다. 어떤 교사들은 학생들이 핸드폰을 확인할 수 있는 장소를 따로 지정한다. 학생들이 과제에 집중하는 동안 핸드폰을 충전할 수 있는 충전소를 따로 설치할 수도 있다. 또 어떤 교사들은 학생들이 핸드폰을 사용하면서도 학습 활동에 적극적으로 참여할 수 있도록 수업을 설계한다.

주의를 분산시키는 감정적 요소를 이해하는 것도 도움이 될 수 있다. 흔히 우리가 가장 산만해지는 원인은 대부분 정신 상태 때문이다. 업무가 너무 많으면 그것에 압도당해 제대로 완수할 수 없을 때가 많다. 임박한 행사 때문에 불안해질 수도 있고, 특정 프로젝트 때문에 좌절할 수도 있다. 다시 말해, 두려움, 불안감, 압박감 같은 감정은 집중력을 유지하는 힘을 잃게 만들 것이다. 학생들도 우리와 같다. 교사로서 우리는 학생들이 산만함을 잘 극복하도록 도울 수 있다.

정보 시연과 인출의 기회를 만들어라

내가(존) 사람들에게 '화요일 저녁이면 4시간짜리 수업을 한다'고 하면 대부분은 "어떻게 그렇게 오랫동안 학생들을 집중시킬 수 있어요?"라고 묻는다.

내가 만나는 사람들 대부분은 대학 수업이라고 하면 계단식 좌석과 거대 스크린이 설치된 강당에 학생들이 꽉 차 있고, 교수가 글자만 빼곡한 슬라이드를 넘기며 강의하는 모습을 상상한다. 실제로 그런 수업이라면 4시간은 너무 길 것이다. 2시간도 너무 길게 느껴질 것이다. 솔직히 1시간도 대부분은 너무 길다. 나는 의아해하는 사람들에게 4시간 동안 정보를 이해하는 다양한 방법을 제시하고, 상호작용 활동이 많은 수업을 진행한다고 설명한다. 게다가 두뇌 휴식 시간과 몸을 움직이는 간단한 활동도 수업에 포함하며, 배운 내용을 이해하는 시간도 갖는다고 덧붙인다.

　잘 구성된 강의가 필요할 때도 분명히 있지만, 우리는 너무 많은 정보를 접하면 오히려 쉽게 집중력을 잃고 만다. 바로 '인지 부하(cognitive load)'라는 현상 때문이다.(그림 8.2 참조) 우리 뇌는 한 번에 너무 많은 새로운 정보를 저장할 수 없다. 새로운 것을 배울 때, 우리는 그 정보를 감각 기억(sensory memory)으로 경험한다. 이 정보의 대부분은 기억에서 사라지지만, 일부는 작업 기억(working memory)으로 유입된다. 우리는 반복적 연습인 시연(rehearsal) 과정을 통해 정보를 처리하고 이해한다. 그러면 정보는 장기 기억에 저장되고, 우리는 인출(retrieval) 과정을 통해 그 정보를 사용한다.

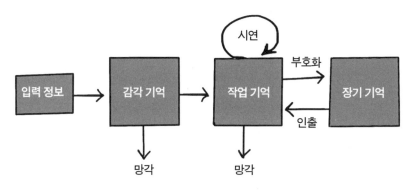

그림 8.2 **인지 부하 현상**

{출처: Atkinson et.al.(1968). Human memory: a proposed system and its control processes. In Spence, K. W., and Spence J. T. The psychology of learning and motivation (v.2) (pp. 89-195). New York Academic Press에서 발췌 및 수정}

인지 부하 이론에 따르면 인간이 처리할 수 있는 정보의 양은 한정되어 있다. 교사는 학생들의 인지 부하를 줄여주고, 시연 과정을 통해 정보를 사용할 수 있는 순간을 제공함으로써 학생들이 더 많은 정보를 기억할 수 있게 도와야 한다. 다시 말해, 춤 동작을 배우는 방법을 설명한다면 1단계에서 멈추고 학생들에게 잠시 연습할 시간을 준 다음, 2단계 동작으로 넘어가는 것이 좋다.

만약 제국주의 같은 무거운 개념을 가르치고 있다면 학생들에게 제국주의와 관련된 예시를 제시하라고 하거나 주요 개념을 요약하라고 할 수 있다. 손글씨 기법을 가르칠 때도 수업을 계속하지 말고 잠깐 멈춰 연습할 시간을 주는 것이 좋다. 중간에 시연 과정을 거칠 수 있는 시간을 넣는다면 학생들은 인지 부하를 줄이고 더 오래 집중할 수 있다.

인출은 학생들이 장기 기억으로 부호화한 정보를 떠올릴 때 일어난다. 우리가 학생들의 사전 지식을 활용해 수업할 때, 학생들에게 일어나는 과정이다. 정보가 매력적이고, 지시가 명확하고, 수업을 잘 구성했더라도 시간이 지나면서 자연스럽게 집중력이 떨어진다. 교사는 시연과 인출을 연습할 시간과 정보 처리 시간을 의도적으로 수업에 포함시켜 학생들의 집중력 유지를 도울 수 있다.

인출 연습을 말로만 해서는 안 된다. 인간은 모든 감각을 사용할 때 과제에 훨씬 더 집중할 수 있다. 더 구체적으로는 시각적, 공간적, 신체적 요소를 이용해 인출 과정을 도울 수 있다. 다음과 같은 가시적인 사고 전략으로 학생들이 자기 생각을 공유하면서 몸을 움직이도록 자극해 보자.

• **네 모퉁이 활동** 참가자들이 교실 모퉁이 네 곳으로 직접 이동해 어떤 주제에 대한 의견이나 선호하는 것을 표현하는 전략이다.

- **몸으로 설명하기** 신체 동작이나 행동을 활용해 어떤 개념이나 아이디어를 설명하는 방법이다.

- **가치 수직선 및 신념 줄서기** 참가자들이 어떤 진술에 동의하거나 반대하는 정도를 보여주기 위해 수직선의 특정 위치로 걸어가서 선다.

- **일어나서 손들어 짝 찾기** 학생들이 일어나서 손을 들고 짝을 찾아 함께 주제를 논의하고 생각을 공유하는 협동 학습 전략이다.

- **회전목마 활동** 학생들이 다양한 학습 스테이션station(학생들이 특정 과제를 수행하도록 마련된 교실 내 공간 - 옮긴이)이나 토론 장소를 돌면서 정보를 모으고 공유하는 학습 활동이다.

- **낙서판** 평평한 면 혹은 큰 종이 한 장에 자기 생각과 아이디어를 글이나 그림으로 표현한다.

- **전신 반응 교수법** 신체 행동과 몸짓을 이용하는 언어 교수법으로, 새로운 어휘를 배우고 기억하는 것을 돕는다.

- **동료 피드백 갤러리워크** 교실에 전시된 다른 학생들의 과제물을 보고 피드백과 논평을 제공하는 활동이다.

- **직소**jigsaw 학생이 특정 주제의 전문가가 되어 소속 집단과 자신의 지

식을 공유하는 협동 학습 전략이다.

- **글로 하는 대화(chalk talk)** 칠판이나 화이트보드 같은 커다란 평면에 자기 생각을 조용히 글로 쓰면서 토론하는 활동이다.

- **어항 토론** 소집단으로 나눠 한 집단이 교실 가운데서 토론하고, 나머지는 바깥 쪽에서 토론을 지켜본 후 다시 역할을 바꾸는 토론 방식이다.

- **3·2·1 반성** 수업이 끝난 후 학생들이 배운 것 세 가지, 질문 두 가지, 흥미로웠던 것 한 가지를 확인하는 활동이다.

- **동심원 토론** 학생들이 2개의 동심원 모양으로 앉은 다음, 마주 앉은 학생들끼리 주제에 관한 대화를 나눈다. 새로운 학생과 대화할 수 있게 일정한 시간 간격으로 내부의 원을 회전시킨다.

수업 속도 조절에 유의하라

미식축구에서 흔히 신인 쿼터백은 두 가지 중요한 실수를 저지르곤 한다. 첫째, 경기장 흐름을 읽고 상대 수비수가 달라붙지 않은 리시버를 찾으려고 하면서 포켓에서 너무 많은 시간을 보낸다. 이런 쿼터백은 보통 해고된다. 둘째, 너무 빨리 움직이면서 포켓에서 멀어지거나, 아니면 공을 멀리 던진다. 첫째와 둘째 경우 모두 부정적인 결과를 낳는다.

미식축구 팬이 아니라면 무슨 말인지 이해하지 못할 수도 있다. 핵심은 신인 쿼터백들이 경기 속도 조절 문제로 어려움을 겪는다는 것이다. 여러 선수가 달려들고 주변에서 끊임없는 움직임이 발생하는 상황에서 무엇을 어떻게 해야 할지 판단하기란 쉬운 일이 아니다. 즉흥 연기를 하는 배우와 요리사도 마찬가지다. 연기든 요리든 주변에서 아주 많은 역학이 작용하고 근육 기억으로 익혀야 하는 기술이 많아서 배우와 요리사는 너무 빠르게 혹은 너무 느리게 움직이기 쉽다.

교사들도 다르지 않다. 매 순간 교사로서 챙겨야 할 모든 일을 생각해 보라. 무엇을 가르치고 있는가? 어떻게 하면 명확하게 전달할 수 있을까? 학생들이 잘 이해하고 있을까? 누가 집중하고 있는가? 누가 산만한가? 다음에는 어떤 전략을 사용할 것인가? 내 몸짓 언어는 어떤가? 나는 어떻게 의사소통하고 있는가? 교사는 수업 계획을 알고 있기에 계획적으로 사고하는 일이 어느 정도 가능하지만, 수업 속도를 조절하는 일이 얼마나 어려울지는 정확하게 예상할 수가 없다.

수업 속도가 너무 빠르면 학생들은 좌절감을 느끼고 집중력을 잃는다. 학생들은 정보 인출을 연습할 기회가 필요할 수도 있고, 단순히 새로운 정보를 소화할 시간이 필요할 수도 있다. 어떤 경우에는 말이 너무 빠르면 학생들이(특히 언어 학습자들이) 이해하는 데 어려움을 겪을 수 있다. 반면에 속도가 너무 느리면 학생들은 지루해하고 산만해진다.

학생들은 몸으로 "제발 다음으로 넘어가 주세요. 그 내용은 그만 이야기하고 다음으로 넘어가자고요!"라고 외친다. 개념 설명을 지나치게 많이 하거나 비슷한 예를 너무 많이 제시하면 결국 학생들은 집중력을 잃고 만다. 다음은 속도 조절을 생각할 때 고민해야 하는 부분들이다.

● **수업 속도가 학생들의 발달 상태에 적절한가?** 초등학교 1학년 학생이

얼마나 오래 가만히 앉아 있을 수 있을지 고려하라. 고등학교 학생이 또래와 상호작용이 필요한 이유를 생각해 보라.

- **수업 전개가 너무 빠르거나 느리지 않은가?** 학생들의 몸짓 언어를 세심히 살펴라. 불안해한다면 너무 빠르다는 신호이고, 지루해한다면 너무 느리다는 신호일 수 있다.

- **학생들이 움직일 기회가 있는가?** 학생들이 몸을 움직일 수 있는 활동이나 두뇌 휴식 활동을 제공한 적이 있는지 체크하자.

- **각 활동의 성격을 고려하는가?** 학생들이 개인 학습, 짝 활동, 모둠 활동을 할 시간을 가질 수 있게 수업 속도를 분리해서 조절할 필요가 있다.

어디까지 왔는지 보여주자

학생들이 하나의 비디오 게임을 몇 시간이고 하면서도 집중력을 잃지 않는 모습을 본 적 있을 것이다. 이 놀라운 집중력은 게임에서 경험하는 새로움 또는 순수한 재미와 관련 있다. 어느 정도는 사회적 요소와도 관련 있을 수 있다. 아이들은 일반적으로 친구들과 온라인 게임을 함께 즐기기 때문이다.

하지만 여기에는 다른 요소도 작용한다. 게임을 할 때 우리는 시작부터 끝까지 진전감(sense of progression)을 얻는다. 이는 게임 레벨이 올라가거나, 지도를 따라가며 목적지에 접근하거나, 시간 기록을 깨는 일일 수도 있다. 포인트나 게임 코인을 쌓는 일일 수도 있다. 이와 같은 진전감은 게임 이용자들이 집중력을 유지하며 게임을 계속하게 돕는다.

소설이나 TV 프로그램에서도 진전감을 느낄 수 있다. 책의 쪽 번호나 화면에 표시되는 남은 시간 같은 시각적 단서와 전체적인 이야기 흐름을 통해 우리는 지금쯤 어느 위치에 있는지 알 수 있다. 매체의 종류에 상관없이 진전감은 다음 질문의 답을 얻을 수 있는 즉각적 단서를 제공한다.

- 최종 목표는 무엇인가?
- 시작점이 어디였고, 지금까지 얼마나 왔는가?
- 다음은 어디로 가야 하는가?
- 얼마나 더 가야 하는가?

수업 계획에 진전감을 활용할 수도 있다. 먼저, 수업을 시작할 때 학생들에게 우리가 향하는 목적지를 설명한다. 수업 목표나 학습 대상을 말해주거나, 전체 방향을 정하는 탐구 질문을 제시할 수도 있다. 활동 목록이 포함된 수업 일정을 제공할 수도 있다. 수업이 진행되면, 각 학습 활동에 타이머를 설정하거나 진척도 그래프를 사용할 수 있다. 직접 교수 수업이라면 슬라이드에 쪽 번호를 넣을 수도 있다. 이런 시각적 단서는 학생들이 '지금까지 얼마나 왔는가?' '얼마나 더 가야 하는가?'를 파악할 수 있도록 돕는다.

수업 몰입도를 높이는 전략

내가(트레버) 일생을 통틀어 가장 좋아하는 책은 존 스타인벡의 《에덴의 동쪽(East of Eden)》이다. 그야말로 나의 인생을 바꿔놓은 책이다. 그래서 팔에 '에덴의 동쪽'이라고 문신까지 새겼다. 이 소설을 읽지 않았다면 당장이라도 읽어보라고 권하고 싶을 정도다.

고등학교 3학년 국어 수업을 맡아 학생들에게 어떤 소설을 읽게 할지 고민할 때도《에덴의 동쪽》이 제일 먼저 떠올랐다. 이 소설의 주제가 이제 막 새로운 인생을 시작하려는 학생들에게 딱 맞다고 생각했다. 그래서 우리는 이 책을 교재로 주문했다. 나는 모든 학생에게 과제를 할당한 후, 이 소설이 나에게 얼마나 큰 의미였는지, 이 단원을 마칠 무렵 학생들에게 얼마나 큰 의미가 있을지 설명했다.

우선 학생들에게 1장을 과제로 내고, 다음날 이 내용을 토론할 거라고 말했다. 다음날 우리는 토론을 위해 원형으로 앉았다. 대략 90퍼센트의 학생이 토론할 준비가 되어 있었다. 내가 기대했던 것만큼은 아니었지만, 그리 나쁘지 않은 수준이었다. 그러나 2장이 끝난 후, 토론할 준비가 된 학생은 75퍼센트로 줄었고, 3장 후에는 50퍼센트였다.

날이 갈수록 책을 읽고 오는 학생은 점점 줄었고, 활동과 토론을 준비하기 위해 스파크노트SparkNotes(문학, 역사, 철학 분야 책의 줄거리 요약이나 내용 분석 등을 제공하는 학습 참고서 - 옮긴이)를 보고 오는 잔꾀를 부리는 학생들이 점점 늘어났다. 그렇게 2주 동안 수업을 진행한 후 결국 나는 포기하고 말았다. 이제 학교 비품 창고에는《에덴의 동쪽》120권이 먼지만 쌓인 채 방치되어 있다.

나는 가슴이 아팠다. 하지만 그때의 경험으로 새로운 교훈을 얻었다. 교사가 학생들을 위해 어떤 선택을 내린 후 기대에 부풀어 있다고 해서, 학생들도 마찬가지일 거라고 보장할 수 없다는 점이다. 단지 교사의 열정만으로는 학생들의 참여와 몰입 수준을 높일 수 없다. 그렇다면 학생들의 몰입 수준을 높이기 위해 교사들은 무엇을 해야 할까? 나는 다음의 네 가지 전략을 강조하고 싶다.

방법① 학생의 목소리와 선택권을 반영하라

학생들이 가장 높은 수준으로 참여할 수 있게 하려면 단순히 집중하는 것을 넘어 완전한 몰입의 단계로 나아가야 한다. 한 가지 방법은 학생들에게 학습에 대한 자율성 또는 주체성을 제공하는 것이다. 즉, 학습 과정에 주인의식을 가질 때 경험할 수 있는 동참의식과 통제감을 뜻한다.

수업에 자기 목소리를 낼 수 있고 선택권을 가질 때, 학생들은 주어진 과제에 계속 몰입할 수 있을 뿐만 아니라, 자신이 하는 일에 목적과 통제감이 생긴다. 또한 도전에 직면했을 때 포기하지 않고 계속 노력하는 마음가짐을 가질 수 있도록 도울 수 있다. 목소리와 선택권은 단순히 몇 가지 선택지나 선택 메뉴처럼 작은 것일 수도 있다. 또한 다음과 같이 학습 경험의 모든 면을 포함할 수도 있다.

- **주제 선택하기** 독서 수업에서 학생들이 세 가지 다른 기사 중 하나를 선택해 직소 활동을 하거나, 도서관에 가서 책을 고른 후 조용히 읽을 수 있다. 글쓰기 수업에서는 원하는 주제를 선택해 전문 블로그에 올릴 글을 쓸 수 있다. 체육 수업에서는 여러 운동이나 팀 경기 종목 중에 선택해서 참여할 수 있다. 수학 수업에서는 학생들이 문제 은행에서 문제를 선택해 풀 수 있다. 학생들에게 선택 메뉴를 제공할 수도 있다. '어떻게 하면 이 과목을 더 흥미롭게 만들 수 있을까?'에서 '어떻게 하면 학생들이 이 과목과 자신의 관심사를 연결할 수 있을까?'로 접근 방식을 살

짝 바꾼 것이다. 결과적으로 더 깊은 내재적 동기 부여와 연결되어 학생들이 학습에 계속 몰입하도록 돕는다.

- **질문 선택하기** 우리는 학생들이 짧은 탐구 기반 활동에 참여하게 유도할 수 있다. 직접 교수를 진행할 때는 학생들이 질문할 수 있는 시간을 따로 마련해 놓을 수도 있다. 장기 프로젝트 과제에 학생들이 질문하고 조사하는 활동을 포함하거나, 수업 중에 학생들에게 수학 토론 질문을 선택하게 할 수도 있다. 과학 과목에서는 학생들이 독자적인 과학 질문을 개발해 나중에 과학박람회 프로젝트에 사용하게 할 수 있다. 수학 수업에서는 '이것으로 무엇을 할 수 있을까?'라는 질문에 답하는 활동이 될 수도 있다. 수학 교육 전문가 댄 메이어Dan Meyer가 처음 제안한 활동도 있는데, 학생들이 흥미로운 사진이나 영상을 보고 직접 수학 문제를 만든 후 그 문제를 푸는 방식이다.[2] 학생들의 호기심을 자극하면 답을 찾으려는 욕구가 더욱 강해지므로 주어진 과제에 완전히 몰입할 수 있다.

- **형식 선택하기** 때때로 학생들은 커리큘럼에 따라 특정 개념과 주제를 학습해야 한다. 예를 들어 사회 과목에서는 2차 세계대전의 원인을 배워야 한다. 하지만 학생들이 이 주제를 배울 때의 형식(기사, 블로그 포스트, 동영상)이나 학습 결과물의 형식을 직접 선택하게 함으로써 자율성을 느끼게 할 수 있다.

- **전략 선택하기** 학생들이 배우는 내용은 물론, 배우는 방법에 관해서도

자율성을 가질 수 있다는 개념이다. 수학 시간에 학생들은 어떤 전략을 써서 문제를 풀지 선택할 수 있다. 독서 시간에는 조사 내용을 정리하는 방식(예를 들어, 도표, 스케치북, 스프레드시트, 메모장, 바인더 등)을 선택할 수 있다.

지금까지 살펴본 것은 학생들에게 목소리와 선택권을 부여하는 몇 가지 방법이다. 우리는 다음 장에서 학생들이 어떻게 평가 과정과 비계 설정 과정을 주도할 수 있을지 살필 것이다. 집단 내 협업 과정을 스스로 관리할 때의 학생 주도권에 관해서도 탐구할 것이다. 하지만 모든 단계의 핵심은 선택권이 몰입 수준을 높이고, 그 결과 학생 참여가 증진된다는 것이다.

- **길잡이 질문**
  - 학생들이 스스로 할 수 있는 일을 교사가 대신 해주고 있지는 않은가?
  - 교육 기준을 살펴보자. 어느 부분에 학생의 선택권이 반영되어 있는가?
  - 수업에 학생 주도권을 적용할 수 있는 실질적인 방법은 무엇인가?

방법② 관련성에 초점을 맞춰라

최근에 어떤 학습 과제에 완전히 몰입했던 순간을 떠올려 보라. 학급 관리에 사용할 실용적인 통찰을 얻었던 교사 직무 연수일 수도 있고, 스토리텔링에 매료되어 팟캐스트를 들었을 때일 수도 있다. 아니면 늘 배우고 싶었던 요리나 기타 연주, 코바늘 뜨개질을 배웠을 때일 수도 있다. 그게 무엇이든, 본질적으로 자신과 관련성이 있다고 생각했기 때문에 꾸준히 몰입해서 배울 수 있었을 것이다.

관련성(relevance)을 정의하는 방식은 여러 가지다. 어떤 것은 본질적으로 실용적이고 유용하기 때문에 관련성이 있을 수도 있다. 어떤 것은 매우 개인적이기 때문에 관련성이 있을 수도 있다. 비교적 철학적이고 큰 주제와 연결되어 있어서 관련성이 있을 수도 있다. 아니면 단순히 새롭고 재밌고 흥미로워서 관련성이 있을 수도 있다. 어떤 경우이든 핵심 질문은 '이것이 나에게 정말 의미가 있는가?'이다.

- **관련성 삽입하기** 나(트레버)는 학생들에게 《로미오와 줄리엣》의 줄거리를 90초 이내로 요약하는 과제를 낸 적 있다. 희곡을 읽으면서 각 막의 핵심 내용을 어떻게 요약할지 생각하고, 마지막에 요약한 내용을 공유하는 시간을 갖는다면 흥미로운 연습이 되리라 생각했다. 고대 언어를 옮기는 작업은 언어 전공 교사에게는 흥미로운 일이지만, 안타깝게도 고등학교 1학년 학생들에게는 그다지 매력적이지 않았다. 1막을 끝낸 후 학생들의 반응은 시큰둥했다. 요약을 위한 요약은 학생들에게 큰 의미가 없었다.

  그래서 나는 학습 과제에 관련성을 더하는 방법을 찾기 위해 처음부터 다시 시작했다. 다음 날, 학생들에게 각 막의 내용을 요약하고 이것을 바탕으로 본인들이 로미오와 줄리엣을 연기하는 90초짜리 유튜브 동영상 대본을 만들 거라고 했다. 관객들이 이야기를 이해할 수만 있다면 영상의 형식은 어떤 것을 선택하든 상관없다는 말도 덧붙였다.

  학생들은 곧바로 이 활동에 흥미를 느꼈고, 텍스트 읽기에 몰두했다. 내가 그 단원을 가르치는 방식은 거의 변하지 않았다. 학생들은 여전히 《로미오와 줄리엣》을 읽고 내용을 요약했다. 단지 이제 과제를 해야 하는 이유가 생긴 것이다. 학생들 대부분이 유튜브, 인스타그램, 틱톡 등을 활용해 이야기를 전하고 공유했다. 이것이 학생들에게 개인적인 동기가 되었으며, 적극적인 수업 참여로 이어질 수 있었다.

- **가르치는 내용에서 관련성 찾기** 내가 사회 과목을 가르쳤을 때 "이걸 왜 배우는 거예요? 역사를 배워서 언제 쓸 일이 있을까요?"라고 묻는 학생들이 있었다. 이런 질문을 들으면 학생들에게 '같은 실수를 반복하지 않기 위해 역사 문해력이 중요하다'라고 설명하고 싶은 마음이 굴뚝같다. 아니면 '우리의 세계관을 형성하는, 말로 표현되지 않는 서사의 힘을 이야기하기 위해서'라고 대답하거나, '학생들이 민주주의 사회에서 비판적 사고를 할 수 있는 시민으로 성장할 수 있으려면 학교가 어떻게 도와야 하는지 이야기하기 위해서'라고 대답하고 싶었다.

  대신에 나는 "지금 이게 왜 여러분에게 관련 없어 보이는지 말해줄 수 있나요?"라고 물었다. 그러면 거의 항상 뼈아픈 개인적 성찰로 이어졌고, 결국은 관련성과 실제성(이에 대해서는 나중에 다른 장에서 더 깊이 다룰 것이다.)에 초점을 두고 수업을 재설계해야 했다. 나는 아무리 의미 있는 교과 내용일지라도 학생들이 실제로 관련성을 느끼지 못한다면 의미가 없다는 중요한 교훈을 얻었다.

  나는 점심시간을 활용한 리더십 회의에 학생들을 초대해 사회 과목이 우리 삶과 어떻게 연결되는지 대화를 나눴다. 그 결과, 우리는 멀티미디어 프로젝트 기반 학습과 지역사회를 위한 봉사 학습을 시도하기로 했고, 더 다양한 몸풀기 활동 도입과 같은 작은 변화도 일어났다.

- **길잡이 질문**
- 내가 가르치는 내용 어느 부분과 관련성이 있는가?
- 내가 가르치는 내용과 실생활을 어떻게 연결할 수 있는가?
- 학생들이 호기심이나 매력을 느낄만한 흥미로운 사실은 무엇인가?
- 학생들이 몰입할 만한 깊이 있는 이야기와 학습을 어떻게 연결할 수 있을까?
- 학생들이 습득하고 싶어 하는 실용적 기술은 무엇인가?
- 어떤 아이디어가 더 심오하고 더 존재론적인 아이디어와 연결될까?

방법③ 비판적으로 사고하라

학생 참여는 단순히 적극적인 참여를 의미하는 게 아니라 그 이상을 뜻한다. 학생들이 정신적으로 완전히 몰입할 때 일어나는 일이다. 비판적 사고가 매우 중요한 이유가 여기에 있다. 비판적 사고는 모든 종류의 분석적 사고를 포함한다. 수학 수업에서 데이터를 분석하는 일, 2학년 과학 시간에 생물 종을 분류하는 일도 포함된다. 소설 속 두 명의 등장인물을 비교하고 대조하는 일, 출처의 편향을 파악하는 일, 역사적 사건의 원인과 결과를 분석하는 일, 과학적 가설을 시험하는 일, 여러 정보를 정리해 개념 지도를 작성하는 일 역시 비판적 사고에 해당할 것이다.

학생들은 정보를 평가할 때도 비판적 사고를 한다. 다양한 기술과 발명품이 산업 혁명에 미친 영향을 평가하고, 상대방을 설득하는 글에서 주장을 펼치고, 사실적 정보를 바탕으로 자기 생각을 뒷받침할 것이다. 블로그에 글을 쓰고, 가치 수직선 토론 활동이나 중요한 아이디어에 관한 소크라테스식 토론에 참여할 수도 있다. 하지만 여기서 중요한 것은 학생들이 정보를 지속적으로 평가해야 한다는 점이다.

초등학교 저학년 수준에서 비판적 사고는 아이디어 분류하기나 순위를 매기는 정도일 것이다. 수학 교구를 사용해 자기 생각을 설명하는 일도 포함될 수 있고, 특정 색을 섞으면 어떻게 되는지 가설을 세우는 활동이 될 수도 있다. 한정된 자원을 이용해 수렴적 사고 문제에 도전하는 창작 활동이 될 수도 있다.

- **길잡이 질문**
  - 비판적 사고를 촉진하는 또래 토론 질문을 수업에 통합하는 방법에는 어떤 것이 있을까?
  - 학생들이 문제를 해결하고, 새로운 발상을 하고, 창의적 사고 활동에 참여할 기회는 어떻게 제공할 수 있을까?

방법④ 목표를 설정하라

프리드리히 니체는 이렇게 말했다. "살아야 할 이유가 있는 사람은 거의 모든 삶의 방식을 견딜 수 있다."[3] 본질적으로 일의 원동력이 되는 깊은 목적의식이 뒷받침될 때 그 결과로 근면성과 끈기가 향상된다. 따라서 학생들이 학습 동기를 높일 수 있도록 의미 있는 목표를 설정하는 법을 배우는 것이 특히 중요하다. 학생들은 스스로 목표를 설정하는 법을 배워야 하며, 교사가 그 과정을 도울 수 있다.

- **목표 설정의 본보기 보여주기** 교사도 개인적으로 이루고자 하는 목표가 있을 것이다. 석사 학위 취득, 주택 대출금 상환, 휴가 비용 모으기

등 어떤 목표든 그 과정을 학생들과 공유하는 것도 도움이 된다. 학생들에게 현실적인 목표 설정이 어떤 것인지 본보기를 보여주는 기회가 될 수 있기 때문이다. 목표를 이루기 위해 어떻게 노력하는지, 목표에 도달하기 위해 어떤 단계를 밟고 있는지 학생들에게 알려주자.

내(트레버) 사례를 들자면, 나는 예전에 새 차를 사기 위해 돈을 모았다. 내가 가르치는 고등학교 3학년 학생들에게 포드 퓨전을 사고 싶은데 아직 돈이 충분하지 않다고 말했다. 학생들은 포드 퓨전을 사고 싶어 하는 나를 비웃었지만, 내가 목표를 이루기 위해 매달 어떻게 일정 금액을 저축하는지 설명하자 귀를 기울이기 시작했다. 나는 주기적으로 학생들에게 목표에 얼마나 가까워졌는지 알렸다. 나는 개인적인 인생 목표를 학생들과 공유했고, 그래서 학생들은 중간 중간 내가 일정 지점까지 도달했다는 사실을 알 수 있었다.

12월의 어느 추운 날, 내가 반짝이는 진주색 포드 퓨전 중고차를 타고 학교 주차장에 들어섰을 때, 학생들은 손뼉을 치면서 내가 드디어 목표를 달성한 것을 함께 축하했다.

작가 제인 포터Jane Porter는 '목표 설정과 달성의 과학'이라는 제목의 글에서 이렇게 말한다. "목표를 설정하고 달성하는 것의 핵심은 최종 결과에 도달하는 방법을 아는 게 아니라, 그 목표에 조금씩 가까워지는 데 필요한 점진적 단계를 이해하는 것이다."[4] 이 말처럼 학생들은 목표를 달성하는 데 필요한 여정을 이해해야 한다.

• **목표 설정을 연습하기** 이 원고를 쓰고 있을 때 일곱 살 난 아들이 와서 무슨 일을 하고 있는지 물었다. 나는 목표 설정에 관한 글을 쓰고 있다

고 대답했다. 아들은 환한 표정으로 말했다. "그거 우리가 수업 시간에 하는 거예요!" 아들은 이어서 2학년 반에서 선생님이 학생들에게 읽기를 더 잘하는 사람이 되는 목표를 세우게 했다고 설명했다. 선생님은 "읽기를 잘하는 사람이 되는 가장 좋은 방법 하나는 처음 읽었을 때 어려웠던 부분을 다시 읽는 거야."라고 설명했다고 한다.

아들의 선생님은 한 주를 시작할 때마다 학생들이 그 주에 다시 읽기를 몇 번 할지 목표치를 포스트잇에 적어 폴더에 넣게 한다. 그리고 목표를 조금씩 달성할 때마다 폴더에서 포스트잇 하나를 떼어내게 한다. 그 주가 끝날 무렵 폴더에 포스트잇이 남지 않으면 아이들은 이제 읽기를 매우 잘하는 학생이 되었다는 것을 알게 될 것이다. 아들의 선생님은 나이 어린 학생들에게 '목표를 설정하는 법'과 '목표를 이루기 위한 점진적인 작업에 참여하는 법'을 보여줬다. 이것은 아이가 평생 사용할 수 있는 아주 기본적이지만 중요한 기술이다.

미국 미시간주 이스트리 대안 고등학교(East Lee Alternative High School) 교사들은 학교 인근을 관통하는 강을 정화하기 위한 프로젝트를 계획했다. 그들은 도시에 사는 학생들을 데리고 강의 수원지인 시골로 현장 학습을 떠나며 프로젝트를 시작했다. 학생들은 시골의 강과 도시에 있는 강의 차이점을 기록했다. 강 상류의 물은 더 깨끗하고 맑았고, 강가의 오염도 적었으며, 심지어 강둑을 따라 공원도 있었다. 학생들은 질문하기 시작했다.

"왜 우리 동네에 있는 강은 이렇지 않을까요?"

학생들은 자연스럽게 집 근처에 있는 강의 상태를 개선하기 위해 어떤 행동이든 해야겠다는 의욕이 생겼다고 한다. 교사는 학생들에게 동네에 있는 강을 개선하기 위한 구체적인 목표를 설정하게 했다. 목표를 설정하기 위해 다음의 질문에 먼저 답해야 했다.

- 강변이 어떤 모습이기를 원하는가?
- 수질을 어떻게 만들고 싶은가?
- 지속 가능한 변화가 되게 하려면 어떤 계획을 세워야 하는가?
- 우리가 성공했는지 어떻게 알 수 있을까?

이 질문에 대답할 수 있게 되자, 학생들은 이 학습 단원에서 자신이 이루고 싶은 목표를 명확하게 표현했다. 프로젝트의 나머지 부분은 그 목표를 달성하는 것이었다. 여기에는 계획을 세우고 아이디어를 내기 위해 브레인스토밍하는 과정이 수반되었다. 학생들은 서로 아이디어를 제시하고 조율해야 했다. 그들은 자신들이 구하려는 강에 관한 과학 지식을 습득했고, 이 지식을 활용해 다른 사람들도 동참시키기 위한 홍보 자료를 만들고 정화 활동 행사를 조직했다. 프로젝트가 끝나갈 즈음, 학생들은 지역 위원도 참석한 대규모 지역 발표회를 열어 자신들의 원대한 생각을 펼쳐 보였다.

처음부터 발표회를 여는 것이 학생들의 주된 목표였다. 프로젝트가 끝날 즈음에 실제로 목표를 달성한 것이다. 그 과정에서 학생들은 과학 지식과 설득력 있는 글쓰기를 배웠고, 의미 있는 일을 위해 노력할 때 자신이 어떤 영향을 미칠 수 있는지도 깨달았다.

학생들이 목표를 이룰 수 있었던 것은 자신이 사는 동네에 관심이 있었기 때문이다. 내 아들이 목표를 달성할 수 있었던 것은 글을 더 잘 읽고 싶은 마음이 있었기 때문이다. 우리는 모두 의미 있는 목표를 추구할 때, 더 열심히 노력하고 더 잘 해낼 수 있다. 따라서 우리는 목표 설정을 가르칠 때 학생들에게 의미 있는 것이 무엇인지 고려하면서, 학생들이 자신의 목표와 그 목표를 이루기 위한 계획을 명확하게 말할 수 있도록 도와야 한다.

- **지루함을 대하는 자세** 이 장을 시작하면서 우리는 지루함에 대해 언급했다. 초임 교사였을 때 우리(트레버와 존) 둘 다 교사는 학생들 주머니 속 휴대전화나 TV 속 스타들보다 더 재미있어야 한다고 믿었다. 그래서 수업 중간에 쉬는 시간을 더 많이 주고, 더 많은 변화를 시도하곤 했다. 수업을 매우 흥미로운 정보로 가득 채웠고, 비디오 게임이나 TV 프로그램이 오히려 지루하게 느껴질 정도로 수업을 재미있게 구성했다.

  그러나 현실적으로는 하루 종일 몰아보기를 유도할 만큼 정교하게 제작된 TV 프로그램과는 경쟁이 되지 않았다. 성취를 나타내는 상징인 배지badge와 게임 요소를 수업에 추가할 수는 있지만, 사용자의 관심을 최대한 끌도록 설계된 비디오 게임과는 경쟁할 수 없다.

  교사들이 제공할 수 있는 것은 다른 것이다. 우리는 실제적인 것과 인간적인 것을 제공할 수 있다. 때로는 지루함, 도전, 골치 아픈 일을 제공할 수 있다. 학생 참여에 관해서라면 교사가 더 재미있을 필요는 없다. 그 대신에 공동체, 관련성, 실제성에 초점을 맞춰 학생들의 집중과 몰입도를 높이도록 하자. 때로는 그 과정에 지루함이 포함될 수도 있다.

  진정한 변화는 수업이 오락 같아야 한다는 생각을 버리고 실제성에 초점을 맞췄을 때 일어났다. 실제성에 관해서는 다음 장에서 더 깊이 다룰 것이다. 우리는 진정한 학생 참여에는 도전과 좌절 그리고 지루함까지 포함될 수 있다는 것을 배웠다.

삶은 모험이다. 때때로 신나고 재미있다. 하지만 세금 신고는 신나는 일이 아니다. 사실, 꽤 따분한 일이다. 차에 주유하는 것도 그다지 재미있는 일은 아니다. 병원에 가는 것도 재미있지는 않다. 집 청소, 출근, 빨래 그리고 그 외 삶의 많은 부분이 딱히 자극을 주지 않는다. 그런데도 이처럼 단조로운 일들이 우리 삶에는 꼭 필요하다.

삶이 때때로 지루할 수 있다는 것은 진리다. 그래도 괜찮다. 기억에 남을만한 신나는 순간들 사이에 공납금을 내거나 강아지를 병원에 데려가는 일처럼 우리가 꼭 해야만 하는 일들이 있다. 물론 우리는 일상에서 흥미롭고 희망적인 일이 되도록 많이 일어나기를 원한다. 그리고 그런 일이 교실에서도 일어나기를 원한다. 하지만 학교에서 끊임없이 즐거운 경험만 한다면, 학생들은 직장과 삶에 대한 비현실적인 기대를 가질지도 모른다. 그러므로 설사 눈앞에 놓인 과제가 흥미롭지 않을 때도 어떻게 활발히 사고하고 몸을 움직여야 하는지 알아야 한다. 지루하고 어려운 순간을 견뎌낼 수 있는 지구력과 투지, 인내심을 길러야 한다. 지구력과 인내심은 연습을 통해 길러지는 것이며, 이 연습이 이루어지는 장소 중 하나가 바로 학교다.

수업에 지루함을 허용해야 하는 이유가 이뿐만은 아니다. 최근에 학술지 〈경영학 발견 아카데미(Academy of Management Discoveries)〉에 발표된 연구에서는 일부 참가자들이 콩 분류하기와 같은 지루한 과제를 수행한 후, 창의적 활동에 참여하는 실험을 했다.[5] 참가자들은 처음부터 지루한 과제를 수행하지 않은 다른 참가자들보다 모든 창의력 과제에서 더 뛰어난 성과를 거두었다. 자극의 부족은 실제로 창의력을 자극한다. 자극이 없는 지루함은 생각이 자유롭게 흐르고, 문제를 해결하고, 새로운 아이디어를 창출할 수 있는 시간을 선물한다.

지루함이 창의력을 높여준다는 이 역설적인 사실은 연구를 통해 여러 차례 입증되었다. 새로운 아이디어를 창출하고 싶은가? 그렇다면 먼저 지루해져라. 발산적 사고를 하고 싶은가? 그렇다면 지루함을 습관으로 만들어라. 산만한 세상에서 지루함은 훈련이자 선물이다.

학생들은 조용하고 반복적이고 재미없는 순간들로부터 혜택을 얻을 것이다. 흥미진진한 수업, 시끄러운 음악 또는 영상을 보는 시간을 통해 얻는 끊임없는 자극은 우리 뇌에 도파민을 분비시킨다. 도파민은 행복 호르몬으로, 쾌감을 느끼게 한다. 하지만 지속적으로 분비되면 우리는 이 호르몬에 점점 더 의존하게 되고, 더 많이 갈망하기 시작한다.[6] 그런 일이 일어나면 지루함이라는 소중한 선물을 놓치게 된다.

이 사실을 알고 난 후로도 여전히 나(트레버)는 학생들이 과제를 수행하는 동안 스포티파이에서 위저의 음악을 틀어줬다. 여전히 열네 살 학생들에게는 자작시를 자유 공연 무대에서 낭송해 보라고 설득했다. 여전히 수업할 때면 영화 〈브레이브 하트Brave heart〉의 등장인물을 흉내 내곤 한다.

그러면서도 때로는 학생들이 조용히 자리에 앉아 남아프리카 다이아몬드 광산의 역사를 조사하게 했다. 단문과 중문의 개념을 반복적으로 연습시켰고, 학생들이 수업에서 무엇을 배웠는지 확인하기 위해 평가를 시행하기도 했다. 때로는 내가 책상에 앉아 과제를 채점하는 동안 학생들은 조용히 책을 읽었다. 나는 학생들이 어느 정도는 지루함을 경험하게 그냥 뒀다.

여전히 이 장에서 언급한 기술과 방법을 사용해 학생들을 수업에 참여시키기 위해 노력하지만, 그 동기는 단순한 오락에서 실제적 참여로 바뀌었다. 나는 초임 교사가 가져야 할 마음가짐에 항상 실제적 참여를 포함시킨다.

학생들은 자신이 배우는 것이 의미 있고 자기 인생에 영향을 미치리라는 사실을 알기 때문에 지루함을 견뎌낼 수 있다. 바로 그런 순간에 나는 편안히 앉아 내가 하는 일에 자부심을 느낀다. 때로는 이 일이 조금 지루할지라도 말이다.

주

1. Schlechty, P. C. (2002). *Working on the work: An action plan for teachers, principals, and superintendents.* The Jossey-Bass Education Series. Jossey-Bass.

2. Meyer, D. (2010, March). Math class needs a makeover [Video]. TED. https://www.ted.com/talks/dan_meyer_math_class_needs_a_makeover?language=en

3. Nietzsche, F. (1889). Twilight of the idols. (W. Kaufmann, Trans.). Random House.

4. Porter, Jane. Porter (2015). The science of setting and achieving goals. HelpScout. https://www.helpscout.com/blog/goal-setting/

5. Park, Guihyun, Lim, Beng-Chong Lim, and Oh, Hui Si Oh. (2019). Why being bored might not be a bad thing after all. Academy of Management Discoveries, 5(1): 78-92.

6. Mann, Sandi. (2017). The science of boredom: *The upside (and downside) of downtime.* Robinson.

9장

실제 세상과
연결해서 가르쳐라

내(트레버) 아들이 초등학교 2학년이었을 때, 어느 날 흥분한 얼굴로 집에 돌아와서는 '프로젝트 기반 학습(project-based learning, PBL) 활동'을 시작했다고 했다. 녀석은 아빠가 프로젝트 기반 학습에 관해 말하는 것을 여러 번 들은 데다, 아빠가 쓴 책 몇 권이 PBL에 관한 책이라는 것을 잘 알고 있었다. 아빠가 줌 미팅이나 누군가와 대화를 나눌 때 그 용어를 사용하는 것도 들었다. 나는 아들이 다니는 학교 교사들을 대상으로 프로젝트 기반 학습을 주제로 한 교사 직무 연수를 진행한 적이 있었기 때문에, 이것이 실제로 수업에 적용될 예정이라는 말을 듣고 너무나 기뻤다.

  아들은 자기네 반이 '꿈의 동네'를 어떻게 설계하고 있는지 하나하나 설명했다. 건물을 설계하기 위해 수학과 도형을 활용하는데, 자신만의 동네를 보여주는 지도를 직접 만들 것이며, 그 동네의 식물과 생태계에서 일어나는 생명 주기에 관해서는 과학 시간에 배울 거라고 설명했다. 아들의 담임은 수업 내용을 잘 연결할 수 있는 다양한 방법을 찾아낸 것 같았다. 정말 훌륭한 프로젝트 같았다. 그래서 나는 "그 동네는 누구를 위한 거야?"라고 물었다. 그러자 아들이 되물었다.

"그게 무슨 말이에요?"

"동네를 다 만들면 그걸 누구에게 보여줄 거야?" 내가 다시 물었다.

같은 질문을 교사들에게 한다면 이렇게 질문을 바꿀 수 있을 것이다.

"실제 청중은 누구입니까? 누구를 위해 일할 때, 당신 스스로 더 열심히 참여하고, 세상과 더욱 관련 있는 일이 될 수 있을까요?"

나는 교사들에게 실제로 이렇게 질문한다. 왜냐하면 프로젝트 기반 학습의 핵심 원리가 실제성을 추구하고 관련성과 개인화의 힘을 이용해 학생의 참여도를 높이는 것(이에 관해서는 곧 자세히 살필 것이다.)이기 때문이다. PBL을 사용하는 교사로서 그리고 다른 교사들에게 이 학습법을 교육하는 사람으로서 내가 이해하는 실제성이란 '실제 세상과 연결되는 것'을 의미한다. 학생들은 단지 자신의 성장만을 위해 프로젝트에 참여하는 게 아니라 자신을 둘러싼 세상에 변화를 일으킬 수 있어야 한다.

아들이 꿈의 동네를 설계하는 수업을 이야기했을 때 내가 조금 실망한 이유는 아들의 담임이 '프로젝트 마지막에 건물들을 모두 모아 함께 이야기할 계획이라고 말했다'는 것 때문이었다. 나는 속으로 생각했다. '잠깐만. 건축가나 도시 설계자에게 아이가 만든 설계도를 직접 보여주지 않는다고? 그건 실제 청중이 없다는 말이잖아. 적어도 부모들이 와서 아이들이 만든 작품을 볼 수 있는 발표회 정도는 해야 하는 거 아닌가?'

나는 아들에게 미소를 보이며 고개를 끄덕였지만, 속으로는 '내가 직무 연수 강연을 할 때 이 교사는 주의 깊게 듣지 않은 게 분명해.'라고 생각했다. 그러나 이상한 일이 벌어졌다. 2주 동안 아들은 매일 집에 돌아오자마자 프로젝트에 관한 이야기를 쏟아냈다. 지붕을 설계하는 일을 신나게 설명하고, 지지대로 사용한 삼각형이 얼마나 튼튼한지도 설명했다. 어느 날 밤은 줄자를 꺼내더니 물체의 둘레를 구하는 법을 보여줬다. 프로젝트를 위해 배운 것이라고 했다.

나는 최종 발표 날, 아이가 집에 돌아와서 꿈의 동네를 위해 자기가 만든 건물을 자랑스럽게 보여주던 순간을 절대 잊지 못할 것이다. 그 단원이 끝날 무렵 아들은 단순히 수학과 과학, 지도 만들기만 잘하는 게 아니라 문제 해결력과 창의적 사고력도 더 좋아진 것 같았다. 아이가 처음부터 끝까지 프로젝트 활동에 몰입했다는 것은 숨길 수 없는 사실이었다.

2주간의 프로젝트가 끝난 후 나는 값진 교훈을 얻었다. 아이의 담임은 반 아이들을 나보다 훨씬 더 잘 알고 있었다. 이 교사는 초등학교 2학년 학생들에게는 친구들 앞에서 최종 결과물을 발표하는 경험이 건축가나 심사위원에게 발표하는 것만큼이나 실제적 경험이 된다는 사실을 이미 알고 있다. 그리고 프로젝트를 진행하는 동안 아이들은 과정 하나하나를 부모에게 설명하며 발표회를 미리 연 셈이다. 실제 세상과 연결된 경험이 되게 하려고 굳이 교실 밖으로 확장 계획을 세울 필요가 없었다.

학생들은 프로젝트 자체의 실제성 덕분에 열정적으로 학습에 참여했다. 그 일로 나는 교사이자 프로젝트 기반 학습을 가르치는 강사로서 귀중한 교훈을 다시 한번 얻었다. 실제성은 의심할 필요 없이 가장 강력한 힘이며, 다양한 형태로 나타날 수 있다는 점이다.

무엇이 학습을 실제적 경험으로 만드는가?

실제적 학습은 딱 잘라 한마디로 정의할 수 없다. 어떤 순간이든 어떤 학생이든 실제적인 학습 과제를 단 하나만 경험하는 것도 아니다. 실제적 학습이란 주어진 순간에 학생에게 실질적이고 관련성 있는 것처럼 느껴지는 모든 것을 말한다. 그게 전부다.

실제적 학습이 반드시 거대한 프로젝트일 필요는 없다. '5분 동안 자기가 좋아하는 물건 소개하기'나 '15분 자유 독서 활동' 또는 '소크라테스식 토론'도 될 수 있다. '자신의 관심사를 탐구하는 글쓰기'나 '실제 기업을 위한 진짜 마케팅 캠페인'도 될 수 있다.

중요한 점은 학생 참여가 더는 성적이나 부모의 압박, 진급과 같은 전통적인 동기 요인만으로 유지되지 않는다는 것이다. 물론 이런 동기 요인이 일부 학생들에게는 효과가 있을지도 모른다. 어떤 학생들은 성적을 매우 중요하게 생각하거나 적어도 낮은 성적이 초래할 결과에 신경을 쓴다. 하지만 그렇지 않은 학생들은 어떻게 해야 할까? 또는 수업 시스템을 너무나 잘 이해해서 실제로 공부하지 않고도 좋은 성적을 받는 이른바 '성취도 높은' 학생들은 어떻게 해야 할까?

실제적 학습을 통해서라면 모든 학생이 의미 있고 흥미로운 학습 활동에 참여할 기회를 얻을 수 있다. 교사가 실제적 학습을 가능하게 할 방법을 찾을 때, 학생들의 참여와 학습 지속력이 향상된다. 심리학자 댄 시모네Dan Simonet는 그의 논문 '봉사 활동 학습과 학업적 성공: 기억 연구의 연결 고리(Service-Learning and Academic Success: The Links to Retention Research)'에서 학생들이 의미 있고 실제적인 과제에 참여할 때 사회적, 행동적, 정서적, 인지적 발달에서 측정 가능한 성장을 경험한다고 밝혔다.[1] 본질적으로 과제에 실제적 목적이 있을 때 또는 실제적이고 영향력 있는 과제라는 것을 인식할 때, 학생들은 더 효과적으로 다른 이들과 협력하는 법을 배우고, 더 성숙하게 행동하고, 정서적으로 성장하고, 학습 내용을 더 깊이 이해할 수 있다.

과제의 실제성은 더 많은 참여와 의미 있는 학습을 촉진한다. 이 장에서 우리는 진정한 학생 참여를 이루기 위해 어떻게 실제적 학습 경험을 설계할 수 있는지 다양한 방법을 살펴볼 것이다.

실제적 문제를 다뤄야 하는 이유

내가 중학교 2학년 학급을 가르칠 때, 모든 학생은 분기마다 치르는 표준화 시험에 대비해 연습 문제집을 풀어야 했다. 그중 한 단원이 피타고라스 정리에 관한 것이었다.

"이 문제는 전혀 이해가 안 돼요." 한 학생이 말했다.

"어느 부분이 헷갈리는지 설명해 주겠니?" 내가 물었다.

"전부 다요."

나는 조용히 그 문제를 읽었다. 야구 포수가 2루 주자를 아웃시키기 위해 피타고라스 정리를 이용해 홈플레이트에서 2루까지의 거리를 구해야 하는 문제였다.

"뭐가 잘못되었다는 거지?"

"바보 같은 문제예요. 어느 포수가 경기에서 피타고라스 정리를 사용하겠어요. 실제로는 아무도 이렇게 하지 않아요."

학생의 말이 일리가 있었다. 그 문제는 수학을 실제 삶과 관련성 있게 만들려고 시도하다가 댄 메이어가 말한 '가짜 맥락'의 예가 되고 말았다.[2] 이런 경우는 실제 맥락을 반영하지 않은 상태에서 문제를 적용할 때 발생한다. 당연히 피타고라스 정리를 이용하면 거리를 구할 수는 있다. 하지만 실제로 누가 그렇게 하겠는가?

학생들에게 관련성 없고 실제적이지 않은 문제를 풀라고 하면 참여도는 확실히 떨어진다. 그 과목이 유의미하지 않다고 보고, 그저 대학으로 가는 여정에서 통과해야 할 하나의 고리일 뿐이라고 생각하기 때문이다. 아이들에게는 본래 문제를 해결하려는 자연스러운 욕구가 있다. 그러나 가짜 맥락에 뿌리를 둔 문제를 제시한다면 호기심은 점점 줄어들고 과목에 대한 흥미도 상실하고 만다.

이와 대조적으로 실제적 문제는 호기심을 자극하고 더 배우고 싶다는 욕구를 부채질하면서 학생을 더 몰입하게 만든다. 실제적 문제를 해결하는 활동을 수업에 포함하는 한 가지 방법이 바로 앞에서 말한 PBL을 활용하는 것이다. 여기서 핵심 아이디어는 학생들에게 실제적 문제나 도전을 제시해서 그것을 해결하게 하는 것이다. 학생들은 성적이나 암기 위주의 학습을 주된 동기로 삼지 않고, 실제 세상의 맥락에 뿌리를 둔 문제를 해결하는 것을 동기로 삼아야 한다.

문제 기반 학습의 과정과 효과

문제 기반 학습은 네 단계로 나눌 수 있다(그림 9.1 참조). 첫 번째 단계는 문제를 파악하는 단계다. 문제는 학생들이 하루나 이틀 만에 해결할 수 있는

가상 시나리오일 수도 있고, 학습 단원 전체를 포함하는 광범위한 문제일 수도 있다. 때로는 교사가 문제를 정하기도 하고, 어떤 경우에는 개별 학생이나 반 전체가 문제를 제시할 수 있다.

두 번째 단계에서는 문제 해결을 위한 계획을 세운다. 학생들이 개별적으로 계획을 세우거나 아니면 서로 협력해서 브레인스토밍으로 해법을 생각해 낸다.

다음 단계는 계획을 실행하는 단계다. 이 단계에서 학생들은 문제를 실제로 해결할 수 있는지 확인하기 위해 계획을 실험한다. 마지막 단계에서는 실행 과정을 평가한다. 학생들은 결과를 분석하고, 실행 과정을 성찰한다.

문제 기반 학습은 학생들이 실제 세상의 문제를 해결할 때 가장 효과가 좋다. 학생들이 그 문제를 진짜라고 느끼는 게 중요하기 때문이다. 따라서 교사는 단순히 적용 가능성뿐만 아니라 실제성도 있는 문제를 학생들에게 제시해야 한다.

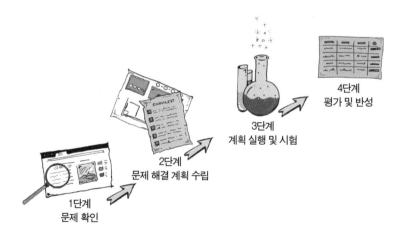

그림 9.1 **문제 기반 학습의 4단계**

핵심 역량을 키우는 실제적 프로젝트

문제 기반 학습과 마찬가지로 프로젝트 기반 학습의 핵심도 문제를 해결하는 것이다. 다만 학습 경험의 마지막에 결과를 발표하는 최종 이벤트가 있다는 점이 다르다. 한 단원을 배우는 내내 학생들은 문제 해결책으로 일종의 결과물을 만든다. 학교에서 흔히 경험하는 프로젝트와 다른 점은 PBL에서는 학습 단원이 끝날 때까지 프로젝트를 지속적으로 진행한다는 것이다. 즉, 학생들이 관련 내용을 모두 학습한 후에 과제로 프로젝트를 마무리하는 것이 아니라 프로젝트가 모든 학습을 이끈다.

식사의 주요리와 디저트를 생각해 보라. 디저트는 식사 후에 나온다. 디저트를 주문하면 좋지만, 꼭 필요한 것은 아니다. 하지만 주요리는 꼭 필요하다. 학교 프로젝트도 이와 비슷하다. 주요리에 해당하는 설명과 토론, 학습지 활동 등이 먼저 행해지고, 그러고 나서 프로젝트가 진행된다.

"우리는 화산과 화산의 형성 과정 그리고 화성암과 지각판에 대해 배울 거예요. 그러고 나서 시험을 본 다음, 모둠을 나눠서 화산 모형을 만드는 활동을 할 거예요."

익숙한 말이지 않은가? 디저트는 꼭 필요하지 않다. 화산 모형을 만들어 보지 않더라도 시험에 통과할 수 있다. 교사라면 학교에서 불필요한 일을 할 시간이 거의 없다는 것을 잘 알 것이다. 그런 까닭에 프로젝트를 피하고 싶을 때도 있다. 프로젝트는 학습에 꼭 필요한 과정이 아니라 학습 후에 진행되는 이벤트인데도 교사에게 많은 시간과 자원을 요구하기 때문이다.

학생들도 프로젝트가 디저트처럼 불필요한 때를 안다. 그래서 가끔은 프로젝트를 좋아하지 않는다. 어차피 중요하지도 않은데, 왜 열심히 노력하고 협력하고 비판적 사고에 참여해야 할까?

프로젝트 기반 학습이 매우 강력한 학습 방법이 될 수 있는 이유는 그 자체가 주요리이기 때문이다. 학생들에게 문제를 제시하면 이후 모든 학습 활동은 문제를 해결할 결과물을 만드는 것을 목표로 진행된다. 학습 자체가 프로젝트를 중심으로 이루어지는 것이다.

예를 들어, 과학 교사가 생태계에 해를 끼치는 침입종에 관해 수업할 계획을 세운다고 가정해 보자. 교사는 학생들을 인근 공원으로 데려가 침입종이 어떻게 토착 식물을 파괴하는지 직접 보여줄 것이다. 문제를 보여준 후에는 이 문제를 해결하는 것에 프로젝트의 초점을 맞춘다. 학생들은 공익 광고 영상을 만들거나, 지역 주민을 위한 교육 자료를 제작할 수 있다. 지역 주민들과 함께 공원에서 침입종을 제거하는 행사를 기획할 수도 있다.

이런 프로젝트를 완수하기 위해 학생들은 침입종에 관해 학습(학문적 내용)해야 할 뿐만 아니라, 실제 과제를 완수하기 위해 핵심 역량도 발휘해야 한다. 즉, 소그룹을 만들어 학습하고(협동 학습), 해결책을 모색하고(비판적 사고), 자료를 만들고(창의성), 배운 것을 발표하는(의사소통) 과정을 거쳐야 한다. 이것이 학생들에게 실제적 과제를 제공했을 때 생기는 강력하고 실질적인 힘이다.

자신에게도 의미 있는 프로젝트를 수행하기 때문에 학생들은 대부분 학습 내용을 더 깊이 배울 뿐만 아니라, 핵심 역량도 충분히 발전시킬 수 있다. 이것이 프로젝트 기반 학습이 디저트가 아닌 주요리이자 매우 강력한 학습법인 이유다.

실제적 연구의 여러 형태

문제 기반 학습이나 프로젝트 기반 학습은 일반적으로 교사가 제시한 질문에서 시작한다. 하지만 교사는 학생들이 실제적인 탐구를 경험하면서 스스로 질문하고 답을 찾기를 원한다. 실제적 연구는 단순히 언어 과목에 국한된 개념이 아니다. 학생들이 스스로 질문하고 직접 해답을 찾을 수 있는 어느 과목에서든 적용할 수 있다.

예를 들어, 사회 과목에서는 학생들이 질문하고 다양한 출처에서 정보를 수집하는 '호기심의 날(Wonder Day)' 활동으로 시도할 수 있다. 과학 과목에서는 '과학박람회 프로젝트'처럼 개별적인 과학 실험 형태로 진행할 수 있다. 미술 수업에서는 학생들이 다양한 미술가와 장르, 시대 등을 탐구하는 '전시 기획 프로젝트'와 비슷한 형태로 이뤄질 수 있다.

실제적 연구에는 실제적인 출처에서 얻은 자료와 정보를 연결하는 과정이 필요하다. 초등학교 2학년 과학 수업에서 곤충을 배울 때, 학생들에게 곤충학자를 직접 인터뷰하게 하거나, 고등학교 역사 수업에서 학생들에게 집단학살을 직접 목격한 사람을 인터뷰하라고 제안할 수 있다. 오래된 1차 자료를 연구하고 검토하거나 이야기를 깊이 탐구하는 과정이 필요할 수도 있다. 학생들은 인터뷰나 설문 조사를 실시하고, 그 자료를 분석할 수도 있다. 또한 밖으로 나가 관찰하거나 직접 실험이나 놀이 기반 연구에 참여할 수도 있다.

실제적 연구의 한 가지 방법은 탐구 기반 학습 활동이다. 탐구 기반 학습은 학생의 호기심을 자극하는 질문이나 핵심 개념을 도입하면서 시작되는 순환 과정이다. 도입 단계는 학생들의 사전 지식을 활성화하도록 돕는다.

그다음으로 학생들은 질문을 제시하고, 질문을 바탕으로 연구를 시작한다.

이 연구 단계에서 인터뷰를 진행하거나 온라인 자료를 검색하거나 실험을 시도해 볼 수 있다. 이어지는 단계에서 자료를 분석하거나 정보를 체계적으로 정리해서 주요 결론을 도출한다. 그러고 나서 학생들은 자신의 답을 더 많은 청중과 공유한 후, 학습 과정을 반성한다. 반성 단계에서는 종종 새로운 질문이 떠오르고, 이 질문이 새로운 탐구로 이어지기도 한다.

실제적 관심사와 연결된 프로젝트

앞에서 야구 포수와 피타고라스 정리를 이용한 수학 문제를 언급했다. 그 시나리오가 효과적이지 않았던 이유는 학습 주제와 학생들의 관심사가 연결되지 못했기 때문이다. 문제 출제자가 학습 주제(수학)와 관심사(야구)를 연결하려고 시도했지만, 실제로는 전혀 연결되지 못했다. 문제를 만든 사람은 아마 올바른 방향이라고 생각했을 것이다. 일반적으로 학생들은 학습 주제가 자신의 관심사와 실제로 연결될 때 더 적극적으로 참여한다.

"영화의 속편 제작은 경제적으로 좋은 결정인가?", "영화관이 간식 판매 가격을 인하해야 할까?", "할인 행사 때 정말로 돈을 절약하게 되는 걸까?" 같은 질문을 던진다면 수학은 더 실제적인 과목이 될 수 있다. "타자를 평가하는 더 나은 지표는 출루율+장타율인가, 아니면 평균 타율인가?"라고 질문하면 야구가 훨씬 더 흥미롭게 느껴질 수 있다. 두 경우 모두 학생들은 단순히 수학 문제를 푸는 것뿐만 아니라 관심 있는 주제를 더 깊이 이해하는 도구로서 수학을 활용할 수 있다.

교사는 학생들이 학습 주제 안에서 자신의 관심사를 추구하는 환경을 조성할 수 있다. 특정 주제에 제한되지 않는 기준을 선택한다면 학생들은 학습 내용과 관련된 기술을 익히면서 자신이 좋아하는 어떤 주제든 배울 수 있다. 다음은 몇 가지 제안하고 싶은 예시다.

- 사회 수업에서 자신이 속한 문화를 대표하는 물건을 한 가지 가져와서 소개한다.
- 독서 수업에서 주변에서 볼 수 있는 환경 문구의 예를 찾아서 기록한다.
- 국어 수업에서 자기가 선택한 주제를 다루는 블로그를 개설한 다음 읽기, 조사하기, 글쓰기 기술을 연습한다.
- 수학 수업에서 학생들은 일상생활에서 수치가 사용되는 상황을 찾아 사진으로 기록하고, 이를 바탕으로 간단한 통계 자료(예: 그래프, 표 등)를 만들어 발표한다.
- 국어 과목의 기능적 글쓰기 단원에서 자기가 가진 기술이나 취미를 소개하는 방법 안내 영상을 만든다.
- '역사 알기' 프로젝트에서 사회학 표준 연구 방법(타임라인 만들기, 1차 자료 읽기 등)을 연습한다.
- 학생들은 도서관에 가서 원하는 소설을 조용히 읽는 시간을 갖는다. 교사는 모든 학생과 동일한 주제, 모티브, 이야기 요소를 토론하고 평가할 것이다. 하지만 학생들은 자기가 원하는 소설을 직접 선택할 수 있다.
- 학생들은 1년 동안 '창의적 활동 프로젝트(Genius Hour)'에 참여한다. 매주 금요일 별도로 시간을 정해서 자신이 관심 있는 주제와 관련된 개별 프로젝트를 진행한다.

실제적 청중을 초대하라

전통적으로 학생들은 학습 활동 결과물을 교사에게만 제출하고 다른 사람들에게는 잘 보여주지 않는다. 결과물은 학생의 가방으로 그대로 들어갈 수도 있고 교실 벽에 걸릴 수도 있지만, 어쨌든 일차적 청중은 교사다. 보통은 그래도 괜찮다. 대부분의 활동 결과물은 다른 사람들에게 공개되지 않는 것들이다. 그러나 어느 시점이 되면 우리는 학생들이 더 광범위한 청중에게 학습 결과물을 보여주기를 원한다.

청중의 범위가 넓어지면 학생들은 학습 결과물에 큰 의의를 두고 더 열심히 활동한다. 학습이 자신의 세계와 연결된 것을 직접 느낄 수 있어서 참여도가 높아지기 때문이다. 이제 수업은 실제 세상에 대한 준비가 아니라 그 세상에 직접 참여하는 경험이 된다. 학생들이 청중에 대해 생각하는 동안 공감 능력이 높아지고, 외부 전문가들과 소통하는 동안 새로운 시각을 얻을 수 있다.

실제적 청중이 있으면 학생들이 배우는 내용에 맥락을 부여할 때도 도움이 된다. 학습 단원의 마지막에 교사가 아닌 다른 사람 앞에서 학습 결과물을 발표하게 하면 학생들은 학습이 고립된 공간에서 일어나는 게 아니라, 실제 사람들의 실제 문제를 해결하는 과정임을 이해할 것이다.

학습 단원을 설계하거나 기존 단원을 실제적 프로젝트로 전환할 때, 생각해야 할 중요한 질문은 "실제 세상에서 이것을 누가 사용할까?"이다. 그런 다음 질문의 답으로 떠오르는 사람들을 학생들의 학습 결과물을 평가하는 청중으로 초대하는 문제만 남는다.

특정 분야의 전문가에게 학생들이 만든 것을 평가해 달라고 부탁할 수도 있고, 학생들이 해결하려는 문제의 영향을 받는 지역사회 주민들을 대상으로 발표회를 열 수도 있다. 또는 앞에서 소개한 내 아들의 초등학교 2학년 수업에서처럼 그저 다른 학생들이 청중이 될 수도 있다.

실제적 청중이라고 해서 매우 광범위한 청중을 의미하는 것은 아니다. 학생이 온 마음을 다해 쓴 글을 공개하지 않기로 마음먹었다면, 그 글 역시 충분히 실제적 작업물이라고 할 수 있다. 때로는 단 한 명의 청중이 매우 실제적인 선택이 될 수도 있다. 이와 비슷하게, 소수의 동급생 앞에서 발표를 하게 했을 때도 참석한 모든 학생이 발표 내용을 실제성 있게 느낄 수 있다. 반면에 그전까지는 학교와 전혀 관련 없었던 기관이나 기업을 대상으로 학생들이 만든 작업물을 전시하는 프로젝트를 진행한 적도 있다.

핵심 요소는 실제성이다. 학생들이 작업물을 다른 사람들과 공유할 때, 그것이 실제적인 것으로 느껴지는지가 가장 중요하다. 다음은 잠재적인 실제적 청중의 예시다.

- **발표회** 발표회를 개최해 학생들이 프로젝트 작업물을 폭넓은 청중에게 공개적으로 발표하고 공유하게 할 수 있다.
- **행정관리자** 학교와 교육청의 관리자들을 초대해 학생들의 작업물을 직접 보고 평가하게 한다.
- **공직자** 지역사회 및 지방 정부의 지도자들을 초대해 실제적 청중으로 참여하게 한다. (참고로, 공직자들이 학교와 관련한 행사에 참여하는 기회를 얼마나 중요하게 생각하는지 알면 놀랄 것이다. 학생들이 신선한 시각을 제공하기도 하고, 매우 훌륭한 홍보 기회가 될 수도 있기 때문이다.)
- **행사 기획** 학생들이 프로젝트의 실제적 결과물로 학교나 지역사회의

행사 기획을 돕는다.

- **다른 학생들** 다른 학생들에게 자신의 작품을 발표할 때, 그 학생들은 가장 강력한 실제적 청중이 될 수 있다.
- **디지털 출판** 소셜미디어, 동영상 공유 플랫폼, 블로그, 인터넷 신문 및 기타 디지털 공간에 학생들의 작업물을 전시할 수 있다.
- **학생 자신** 학생들이 진정한 내재적 동기에서 창작한다면, 자기 자신이 바로 실제적 청중이 될 수 있다.

주변 인맥을 활용하라

나(트레버)는 10년 넘게 교사들을 대상으로 프로젝트 기반 학습을 계획하는 법에 관한 워크숍을 진행했다. 워크숍을 열 때마다 참가자들에게 주변 사람들 중 지역 동물원과 연결된 사람이 있는지 묻는다. 10년 동안 매번 적어도 한 명은 손을 들어 동물원 관계자와 어떻게 아는지 설명했다. 말 그대로 매번 그랬다. 그러면 나는 이렇게 말한다.

"만일 여러분이 동물과 관련한 프로젝트를 계획하고 싶고, 실제적 청중을 찾는다면 주변 교사들에게 먼저 물어보세요. 그러면 분명 누군가는 동물원과 연결해 줄 수 있을 겁니다!"

이 이야기의 요점은 우리 모두 네트워크를 가지고 있다는 것이다. 실제적 아이디어를 생각해 낼 때, 우리는 이 네트워크를 적극적으로 활용해야만 한다. 학생들이 지방 정부 관계자들 앞에서 발표하게 하고 싶은가? 가까운 사람 중 누군가는 학생들에게 연결해 줄 정부 관계자를 알지도 모른다.

물리 수업에 비행기 조종사를 초청하면 수업의 질이 높아질 것 같은가? 추측건대 초청 수업에 응해줄 조종사를 아는 사람이 주변에 한 명쯤은 있을 것이다. 친구, 가족, 부모, 동료에게 연락해서 도움을 청하는 것은 수업의 실제성을 높이는 훌륭한 방법이다.

수업 시간에 재미를 더하라

걸음마기의 아이와 시간을 보내다 보면 아이가 끊임없는 경이감과 호기심을 가졌다는 것을 알 수 있다. 아이들은 항상 질문하고, 상상하고, 무엇인가를 만들고 배운다. 그 과정에서 아이들은 인생의 그 어느 시기보다 더 많은 두뇌 발달을 경험한다. 두뇌 발달은 대부분 놀이를 통해 이뤄진다. 즉, 아이들은 노는 동안 호기심을 느끼고, 상상하고, 창조하고, 배운다.

미국의 유명 방송인 프레드 로저스Fred Rogers는 이런 말을 했다.

"놀이를 두고 진지한 학습에서 잠시 벗어난 휴식이라고들 하는데, 아이들에게 놀이란 그 자체가 진지한 학습입니다. 놀이는 실제로 어린 시절에만 할 수 있는 공부입니다."

본질적으로 놀이야말로 아이들에게 가장 실제적인 학습이다. 하지만 학교는 놀이를 장려하기보다 제한하는 곳이 되어버리는 경우가 너무나 많다. 휴식 시간이 단축되고, 표준화 시험이 늘어나고, 예체능 과목에 할당되는 자원이 축소되고 있으며, 대다수 중·고등학생이 하루 중에 자유롭게 놀 수 있는 시간을 가지지 못한다.

많은 학생이 학교에서 충분한 놀이를 경험하지 못한다. 이것은 생각보다 심각하고 중요한 문제다. 놀이는 감정 조절과 실행 기능을 향상하고, 공감 능력과 대인관계 기술을 키우는 데도 도움이 된다. 발산적 사고력과 창의성도 높여줄 수 있다. 그래서 뛰어난 문제 해결능력을 갖춘 아이들을 보면 놀이 기반 활동에 참여하는 경우가 많다. 놀이는 학습 기억을 돕는다. 학습할 때 감정적으로 강하게 몰입한 경험과 연결되면 더 잘 기억할 수 있기 때문이다. 결국, 놀이는 정보가 작동 기억에서 단기 기억으로, 그리고 다시 장기 기억으로 이동하도록 돕는다.

놀이는 즐거움과도 관련 있다. 어느 교사가 학생들에게 더 많은 즐거움을 선사하고 싶지 않겠는가? 놀이는 인간에게 필수적인 요소이며, 놀이 덕분에 우리는 더 많이 배우고 성장한다. 하지만 교사들에게는 학생들에게 휴식 시간을 얼마나 제공할지, 표준화 시험에서 무엇을 평가할지, 예체능 과목에 할당되는 예산이 얼마나 될지 결정할 권한이 없을 것이다. 교사가 통제할 수 없는 제도적 요소가 항상 존재할 것이다. 그러나 교사는 학생들이 매일 경험하는 학습 활동에 놀이를 포함할 기회를 찾을 수는 있다.

저학년의 경우, 읽고 있던 책과 관련된 상상 놀이를 일정 시간 이상 할 수 있게 함으로써 놀이를 학습에 포함할 수 있다. 3차원 물체에 관한 설명을 하기 전에 학생들에게 3차원 물체를 가지고 놀게 하거나 교실에서 구체적인 예를 찾아보라고 할 수도 있다. 빙고 게임으로 개념 복습하기, 화산 모형 만들기, 식초를 이용해 달걀을 고무처럼 변화시키기, 다양한 문화의 음식 맛보기, 아침마다 함께 춤추기, 보물찾기 놀이, 한 단원이 끝나면 멋진 옷을 입고 등교하기, 다양한 악기 체험하기 등 공부가 더 흥미롭고 즐거워지는 방법을 찾아보라.

고학년 학생들의 경우도 방법은 비슷하다. 학생의 관심사에 맞게 방향을 조금 수정하기만 하면 된다. 역할극을 통해 디자인 사고(design-thinking) 활동을 하면서 공감 능력을 키울 수 있게 하거나, 수학적 기술을 활용해서 친구들끼리 즐길 수 있는 방 탈출 게임을 설계할 수도 있다. 날씨가 좋을 때는 야외 수업을 할 수도 있다. 《로미오와 줄리엣》 연극을 하거나, 토론회를 열거나, 학생들이 공부하는 동안 음악을 틀어줘도 좋다. 정원을 가꾸고, 곡을 쓰고, 스토리텔링을 하고, 게임 기반 학습 플랫폼 카훗Kahoot을 이용해 퀴즈를 내고, 퍼즐을 풀게 할 수도 있다.

때로는 이렇게 수업 시간에 가미한 작은 재미가 학생들의 학습 방식과 참여도에 큰 영향을 미치기도 한다.

대화에 참여하게 하라

실제적 학습에는 실제적 대화가 필요하다. 어떤 대화는 소규모 자유 토론 형식이고, 어떤 대화는 아주 체계적인 모의재판이나 토론 형식으로 진행된다. 학생들이 전자기기를 내려놓고 참여하는 소크라테스식 토론도 있고, 온라인 채팅이나 직접 녹음한 팟캐스트나 공유 문서에 주석을 남기는 방식도 있다. 어떤 대화는 시사 문제나 실생활 상황과 관련한 것이고, 또 어떤 대화는 환상에 뿌리를 둔 허구 세계와 관련한 것일 수 있다. 어떤 종류의 대화든 학생들이 본질적으로 의미 있고 실제적인 대화에 참여한다는 근본적인 공통점이 있다.

실제적 대화 및 토론의 가치를 인정하는 것과 학생들을 대화에 적극적으로 참여하게 만드는 것은 전혀 다른 문제다. 사실 풍부하고 활발한 토론을 계획하는 것만큼 좌절감을 주는 일도 없을 것이다. 학생들의 활발한 토론을 기대했지만, 첫 번째 질문을 던졌을 때부터 침묵만 흐르는 순간이 흔하기 때문이다. 그래서 학생들을 토론에 적극적으로 참여할 수 있게 하는 몇 가지 방법을 제안하려고 한다.

• **안전한 환경 조성** 소리 내서 의견을 말하려면 큰 용기가 필요하므로 안

전한 환경을 조성하는 것이 가장 중요하다. 유치원생이든 교직원 회의에 참석한 교사이든 다른 사람과 생각을 공유하는 것은 자신의 취약함을 드러내야 하는 용기 있는 행동이다. 따라서 학생들이 마음껏 도전할수 있는 토론 환경을 조성하기 위해 교사는 최선을 다해야 한다. 배경이나 지위에 상관없이 모든 학생의 의견이 가치 있게 여겨지고 존중되는 분위기를 만들어야 한다. 모든 참가자가 자신의 의견이 존중받고 이해받고 있다고 느껴야 한다.

안전한 토론 환경은 토론의 목표와 본질을 분명히 밝히는 것에서 시작된다. 구체적으로 말하자면 이렇다. 토론에서는 보통 아직 정리되지않은 미완성의 아이디어를 공유한다. 즉, 토론은 다듬어지지 않은 생각을 나누는 기회일 뿐, 완벽한 연설을 펼치는 자리가 아니다.

토론은 최종 원고라기보다 대략적인 초안과 같다. 그러므로 학생들에게 자기 생각을 명확하게 정리하거나 완벽하게 표현하지 않아도 괜찮다고 먼저 알려줘야 한다. 간단한 말처럼 들리지만, 학생들은 머릿속에 맴도는 어떤 생각이든 거부당하거나 부끄러워하지 않고 표현할 수있다는 점을 알아야 한다.

의견을 내는 과정에서 거부감을 어느 정도 줄일 수 있는 한 가지 방법은 토론의 기본 규칙을 정하는 것이다. 교사와 학생을 포함한 모든 구성원이 토론을 진행하는 동안, 반드시 지켜야 할 확고부동한 기준이 필요하다는 뜻이다.

규칙의 효과를 최대로 높이는 방법은 학생들과 함께 규칙을 만드는것이다. 학생들에게 토론할 때 어떤 지침을 따라야 하는지 물어보면 된다. 다음은 토론할 때 지켜야 할 기본 규칙의 예시다.

- 다른 사람이 말할 때 경청한다.
- 사람을 비판하지 말고 아이디어를 비판한다.
- 모든 사람에게 말할 기회를 준다.
- 잘 이해되지 않으면 명확하게 설명해 달라고 요구한다.
- 항상 공감하고 이해하려고 노력한다.
- 경쟁하지 말고 협력한다.
- 토론 중에 불쾌한 점이 있다면 즉시 알린다.

토론의 기본 규칙은 협상의 대상이 아니다. 토론을 진행할 때 교사의 역할은 규칙이 잘 준수되도록 하는 것이며, 토론 환경을 안전하게 유지하기 위해서는 교사도 규칙을 잘 지켜야 한다.

- **학생이 주도하는 토론** 학생들은 교사가 상황을 통제할 때보다 자신들이 토론을 주도하고 원하는 방향으로 이끌 때 훨씬 더 적극적으로 참여한다. 토론 통제권을 학생들에게 넘기는 한 가지 방법은 학생들에게 토론할 때의 질문을 직접 만들게 하는 것이다. 예를 들어, 학생들이 책의 한 챕터를 읽고 주어진 질문에 답하는 대신, 토론에 사용할 질문을 직접 만들게 하는 방법도 있다.

  또는 학생들을 소집단으로 나눠 이렇게 제안할 수도 있다. "10분 후에 학급 전체 토론을 할 거예요. 각 모둠에서 주제와 관련된 토론 질문을 3개씩 만들어주세요. 질문들을 모두 모자에 넣은 다음 하나씩 뽑아 그것을 바탕으로 토론을 진행할 거예요." 이런 식으로 하면 학생들은 토론 전에 자료에 대해 더 깊이 생각하고, 토론이 진행되는 동안에도 주인의식을 느낀다.

학생에게 주도권을 부여하는 또 다른 효과적인 방법은 토론할 때 특정 역할을 맡겨 모든 학생이 적극적으로 참여하게 하고, 토론 과정에 대한 책임감을 느끼게 하는 것이다. 특정 역할에는 다음과 같은 것이 포함될 수 있다.

- **제1 발언자** 제시된 질문에 가장 먼저 대답하면서 토론을 시작한다.
- **시간 관리자** 각 그룹에 할당된 토론 시간을 관리하고 조절한다.
- **보고자** 소집단에서 논의한 주요 내용을 요약해서 마지막에는 학급 전체 앞에서 보고한다.
- **진행자** 수시로 논의된 내용을 요약하고 마지막에 핵심 아이디어를 정리하면서 토론 진행을 돕는다.
- **공평성 감독자** 모든 구성원이 자기 생각을 표현하도록 독려하고, 모든 사람의 목소리가 균등하게 반영되도록 돕는다.
- **대안 제안자** 토론하는 내내 논의 중인 아이디어에 이의를 제기하고 지속적으로 대체 관점을 제시하면서 악마 변호인(Devil's Advocate, 일부러 반대되는 논점을 제시해서 더 깊고 의미 있는 논의를 유도하는 사람 - 옮긴이) 역할을 한다.

이렇게 특정 역할을 맡기면 토론 참여를 주저하는 학생들에게도 동기를 부여할 수 있다. 게다가 학생들이 구체적인 역할을 맡으면, 자기 생각이나 아이디어를 더 편안하게 공유할 수 있다.

- **다양한 토론 전략 사용** 강력한 토론 수업을 위한 마지막 핵심 요소는 모든 학생이 참여할 수 있도록 다양한 전략을 사용하는 것이다. 이제 가장 인기 있는 전략 몇 가지를 공유하겠지만, 이것은 그저 시작에 불과하며, 다른 효과적인 전략도 많다. 다양한 토론 전략을 사용하는 것은 동일한 목적지에 도달하기 위해 다양한 경로를 선택하는 것과 같다. 어떤 학생에게는 특정 경로가 다른 경로보다 더 효과적일 수 있다. 따라서 다양한 경로를 제공하면 모든 학생이 목적지에 도달한 가능성이 커진다. 다시 말해, 다양한 토론 전략을 사용함으로써 모든 학생이 실제적 토론에 참여하도록 도울 수 있다.

깊이 있는 대화를 위한 소크라테스식 토론

소크라테스식 토론은 참가자들이 복잡한 아이디어나 문서, 문제 등을 탐구하기 위해 깊이 있는 대화를 나누는 토론 방식이다. 이 대화법은 처음부터 끝까지 학생 주도로 진행된다. 소크라테스식 토론은 다양한 형태로 진행할 수 있지만, 다음 세 가지의 핵심 요소들을 확인해야 한다.

1. 학생들이 원형으로 앉아 질문을 주고받으며, 교사는 침묵을 유지한다.
2. 토론은 자유롭게 진행된다. 손을 들거나 지목하지 않는다.
3. 가장 좋은 토론은 정형화된 논쟁이 아니라 개방적인 방식으로 이해를 돕는 토론이다. 질문이 논증적 사고를 유발할 수도 있지만, 토론의 궁극적인 목표는 다양한 관점을 탐색하고 더 깊은 의미를 형성하는 데 있다.

소크라테스식 토론을 변형한 방식이 어항 토론이다. 어항 토론은 의자를 안쪽 원과 바깥쪽 원으로 배치하고, 안쪽에 앉은 학생들은 소크라테스식 토론에 참여하고 바깥쪽에 앉은 학생들은 토론 내용을 필기하는 방식이다.

이동식 대화

이동식 대화(Conver-Stations)는 교육자 사라 브라운 웨슬링Sarah Brown Wessling[3]의 아이디어에서 영감을 얻은 토론 전략이다. 학생들을 4~6명씩 모둠으로 나누고, 각 모둠에 토론 질문을 하나씩 할당한다. 앞서 언급했듯이 토론 전에 학생들이 질문을 만들 수도 있다. 몇 분 동안 토론하거나 대화가 충분히 진행된 후, 각 모둠에서 두 명씩 다른 모둠으로 옮겨가고 나머지 모둠원은 그대로 남는다.

　모둠 이동이 일어난 후에도 토론은 계속된다. 새로 들어온 학생이 이전 모둠의 대화에서 얻은 통찰을 공유한다. 모둠 이동은 새로운 관점과 아이디어로 대화에 활기를 불어넣으며, 필요에 따라 반복될 수 있다. 교사가 자유롭게 교실을 돌아다니며 적절하게 개입하거나 도움을 줄 수도 있지만, 학생들이 토론에 대한 주인의식을 가지고 교사의 도움 없이 진행하는 경우가 더 많다.

글쓰기 후 짝 토론

학급 전체 토론을 이끌 때 한 가지 문제점은 학생들이 즉시 모든 사람과 정보를 처리하고 공유해야 한다는 것이다. 그렇게 하려면 엄청난 자기 노출이 필요한데, 많은 학생이 그렇게까지 하려고 하지 않으며, 그래서 결국에는 침묵하고 만다. '글쓰기 후 짝 토론'은 학생들이 먼저 혼자 정보를 처리하

고, 토론할 핵심 아이디어를 1~2분 정도 짧게 글로 정리한 다음 짝을 찾아
방금 정리한 생각을 공유하는 방식이다.

짧은 글쓰기는 두 가지 중요한 역할을 한다. 첫째, 학생들이 직접 글을 쓰
는 활동을 통해 정보를 처리하면서 생각을 글로 옮길 수 있게 한다. 토론하
기 전부터 깊이 있는 학습을 가능하게 하는 장점이 있다.

둘째, 학생들에게 다음 토론을 위한 로드맵을 제공한다. 이를 통해 학생
들은 자기 생각을 다른 사람과 공유하는 것에 어느 정도 자신감이 생긴다.
자기 생각을 글로 정리하는 시간 없이 바로 공유할 때보다 대부분 더 수준
높은 토론으로 이어진다.

실제성 점검표를 활용하라

수업 계획안의 실제성을 점검할 때 다음 질문을 활용해 보자.

- **관련성**
  - 학습 과제가 실생활 속의 상황이나 문제와 연결되어 있는가?
  - 학생들은 이 과제가 자신의 삶에서 지금 즉시 또는 미래에 어떤 관련이
    있다는 것을 알 수 있는가?
  - 학습 과제에 학생들의 개인적 경험과 배경을 활용하는가?

- **학생의 선택권**
  - 학습 경험 안에서 학생들에게 선택할 기회가 있는가?

- 학생들은 자신의 관심사에 맞춰 과제 일부를 조정할 수 있는가?

• **문제 해결**

- 이 과제는 비판적 사고와 문제 해결력을 요구하는가?
- 학생들은 정해진 방식을 따르기보다 스스로 해법을 탐색해야 하는가?

• **협력**

- 학습 경험에 동료나 외부 단체와의 협력이 포함되었는가?
- 학생들에게 서로 생각을 공유하고 공동의 목표를 위해 협력하도록 장
  려했는가?

• **실제적 평가**

- 평가 방법이 실제 세상의 기대치와 기준에 부합하는가?
- 평가가 학습 과제의 복잡성과 실제성을 반영하는가?

• **성찰**

- 학습 경험에 체계적인 성찰 요소가 포함되었는가?
- 학생들은 학습의 과정과 결과에 대해 생각할 기회가 있는가?

• **다양한 학습 형식**

- 학생들이 이해한 내용을 보여줄 수 있는 다양한 방법이 있는가? (프로젝
  트, 토론, 발표 등)
- 학습 경험이 다양한 학습 스타일과 기호를 반영하는가?

• 테크놀로지 통합

- 학습 과제의 실제성을 높이는 데 테크놀로지가 한몫하는가?
- 학생들은 실제 세상의 맥락과 관련 있는 도구와 플랫폼을 사용하는가?

• 공동체와의 연계

- 학습 경험에 지역 공동체나 해당 분야 전문가와의 상호작용이 포함되었는가?
- 학생들은 자신이 학습한 내용이 교실 밖에서 어떤 영향을 미치는지 이해할 수 있는가?

• 유연성과 적응성

- 학습 과제가 학생들의 변화하는 관심사와 필요에 맞춰 충분히 조정될 수 있는가?
- 학습 과정에서 예기치 않은 발견이 확인되거나 방향 전환이 일어날 여지가 있는가?

주

1. Simonet, D. (2008, May). *Service-learning and academic success: The links to retention research.* Minnesota Campus Compact.
2. Meyer, Dan. (2010). Pseudocontext Saturdays: Introduction. dy/dan. http://blog. mrmeyer.com/2010/pseudocontext-saturdays-introduction/
3. Teaching Channel. (n.d.). Conver-stations strategy [Video file]. Retrieved from https://learn.teachingchannel.com/video/conver-stations-strategy

10장

테크놀로지 세상에
맞는 교육

어렸을 때 나는 기사를 찾아보고 싶으면 도서관에 가서 카드 목록을 뒤진 다음, 마이크로필름microfilm(신문, 잡지 등의 여러 페이지를 축소해 수록한 얇은 필름으로, 종이 문서보다 훨씬 작은 공간에 방대한 데이터를 저장할 수 있다. - 옮긴 이)이라는 복잡한 기술을 활용해야 했다. 사진을 찍는다는 것은 필름 한 통을 약국에 맡겨(과거 미국에서는 약국에서 필름 현상이나 인화 서비스를 제공하는 경우가 많았다. - 옮긴이) 현상될 때까지 며칠을 기다려야 한다는 의미였다. 고등학교에서는 인터넷에 연결된 상태를 나타낼 때 '정보고속도로'라는 용어를 사용했다.

그 후로 몇십 년이 흐른 지금, 딸아이가 아이패드를 들고 방 안으로 들어오며 말한다.

"아빠, 크로시 로드Crossy Road라는 새로 나온 게임이 있는데, 아빠도 한번

해보세요."

나는 잠깐 게임을 해보고 말한다. "분명 이건 프로거Frogger(1980년대 출시된 개구리 모험 비디오 게임 - 옮긴이)에 이름만 새로 붙인 거야."

내가 처음 교사가 되었을 때, 대부분의 교사들은 오버헤드 프로젝터 Overhead Projector(투명 필름에 작성된 내용을 큰 화면이나 벽에 투사하여 보여주는 장비 - 옮긴이)를 사용했고, 손가락 끝에는 항상 매직 얼룩이 묻어 있었다. 사람들은 유인물과 연습용 문제지를 여전히 '복사물'이라고 불렀다.

교실 칠판이 마침내 화이트보드로 완전히 교체되었을 때 교사들은 흥분을 감추지 못했다. 그 후 10년에 걸쳐 박스형 구식 컴퓨터는 리눅스 운영체제의 컴퓨터로 바뀌었고, 학생들은 문서를 공유하고 블로그 활동에 참여할 수 있게 되었다.

시간이 흘러 대화형 전자칠판과 디지털카메라가 보급되었다. 몇 년 후에는 넷북 컴퓨터가 들어왔고, 나중에 노트북 컴퓨터가 보급되었다. 스마트폰의 인기가 높아지면서 이제 학생들은 이동 중에도 팟캐스트를 녹음하고 다큐멘터리를 촬영할 수 있다. 하지만 이와 동시에 교사들은 학생들의 주의를 끌기 위해 경쟁하는 다양한 앱에 학생들을 빼앗기지 않으려고 항상 고군분투해야 했다.

스마트폰은 더는 새로운 테크놀로지가 아니다. 사실, 우리는 이제 그것을 그냥 '폰'이라고 부른다. 많은 초임 교사가 스마트폰과 함께 성장한 세대다. 하지만 그들이 교실에 들어서는 순간, 새롭게 등장한 또 다른 테크놀로지가 세상을 계속 변화시킬 것이다.

우리는 지금 기계로 배우는 학습 혁명의 한가운데에 있다. 생성형 인공지능의 등장으로 단 몇 초 만에 콘텐츠를 만드는 것이 어느 때보다 쉬워졌다. 교사들은 이런 발전이 창의성과 학문적 정직성에 어떤 의미일지를 두고 고심한다. 또한 학생들이 졸업 후 빠르게 변화하는 노동시장에 들어갔을 때, 이런 변화가 그들에게 어떤 의미일지도 고민한다. 그러나 다른 한편으로는 생성형 인공지능을 활용해 수업을 차별화하고, 유용할 자료를 만들고, 업무를 효율적으로 관리하는 창의적 방법도 찾아내고 있다.

우리 중 누구도 이런 변화가 교실에 어떤 영향을 미칠지 정확히 예측할 수 없다. 그러므로 교사가 사용해야 할 특정 앱이나 프로그램을 추천하기보다는 테크놀로지에 어떻게 접근할지 전략적으로 생각하는 것이 목표가 되어야 한다.

초임 교사의 마음가짐을 갖는다는 것은 테크놀로지가 교육에 지속적으로 혼란을 불러올 거라는 사실을 인지한다는 뜻이다. 이런 혼란이 어떤 경우에는 부정적인 영향을 줄 수도 있고, 또 다른 경우에는 새로운 기회가 될 수도 있다. 그러나 교사로서 우리는 새로운 기술에 적응할 수 있고, 기술 자체보다 학습에 초점을 맞출 수 있다. 그런 다음, 이렇게 질문할 수 있다.

"테크놀로지를 현명하게 사용한다는 것은 무엇을 의미하는가?"

테크놀로지가 아닌 학습에 초점을 맞춰라

테크놀로지는 더 깊이 있는 학습을 위한 놀라운 기회를 만들어 낼 수 있다. 우리가 사용하는 도구의 연결성과 창조성 덕분에 우리는 그 어느 때보다 빠르고 효과적으로 일할 수 있다. 해결책을 설계하고, 전문가와 연계하고, 시뮬레이션에 참여하고, 자료를 분석하는 일이 한때 막대한 비용이 들고 노동집약적인 방식으로 행해졌다면, 이제 우리는 더 쉽고 효율적으로 같은 일을 처리할 수 있다. 그러나 주의하지 않으면 이런 도구들이 학습 경험을 주도하게 될지도 모른다. 그러므로 학습 목표를 먼저 설정하고, 그런 다음 테크놀로지가 학습 경험을 어떻게 향상시키거나 변화시킬 수 있는지에 초점을 맞추는 것이 좋다. 테크놀로지를 사용할 때는 다음의 질문을 고려하자.

질문① 테크놀로지 사용에 적절한 교육을 받을 수 있는가?

학교가 새로운 기기를 사는 데 돈을 지출하다 보면 교사들에게 기기 사용법을 교육하기 위한 예산이 남지 않는 경우가 많다. 그래서 교사들이 얼마 되지도 않는 수업 준비 시간이나 아침 시간, 방과 후 시간을 활용해 스스로 사용법을 익혀야 한다. 나(트레버)는 학생들의 학업 성과를 기록하는 수백만 달러짜리 소프트웨어를 사용하라는 교육청 지시를 받은 적이 있고, 당연히 이 도구를 사용해 보겠다고 수락했다.

그러나 막상 도구를 사용하려고 보니 마치 상형문자를 읽는 기분이었다. 이 소프트웨어를 어떻게 다루는지, 변경 사항을 어떻게 적용하는지, 홈페이지에 어떻게 접속하는지조차 알 수 없었다. 여러 날 답답한 오후를 보내며 시간만 낭비한 다음, 결국에는 소프트웨어 사용을 중단했다. 다른 교사들도 마찬가지였다. 소프트웨어는 곧 폐기되었다. 나는 이 소프트웨어에 낭비된 돈이면 학급 문고에 채울 책을 얼마나 많이 살 수 있을지 상상만 했을 뿐이다.

아이디어는 좋았다. 사용법을 알았다면 분명 효과적이었을 것이다. 그러나 사용법에 대한 그 어떤 교육도 제공되지 않았다. 만약 새로운 테크놀로지를 도입하고 싶다면, 먼저 충분한 교육이 제공되는지부터 확인해야 한다. 테크놀로지가 이미 지급되었다면 이후에도 교육을 받을 수 있는지 확인해야 한다.

질문② 학생 참여를 높이는 테크놀로지인가?

학생들의 학업 성공을 보여주는 주요 지표 중 하나가 학생 참여다. 적극적으로 수업에 참여하는 학생은 좀 더 성장하고 싶어 하는 학생이다. 수업에 사용되는 테크놀로지는 학생 참여를 유도한다는 목적에 부합해야 한다. 이것이 일각에서 수업 중 스마트폰 사용을 찬성하는 이유 중 하나다. 학생들이 스마트폰 사용을 즐긴다는 점을 학습에 잘 이용하면 어떨까? 나는 대찬성이다.

그러나 실제로 스마트폰이 학생들의 주의를 분산시켜 학습 경험을 방해하는 경우도 많다. 그러므로 스마트폰 사용을 위한 명확한 관리 체계가 있어야 한다. 학생들이 소셜미디어가 아니라 학습에 집중하게 하는 절차가 먼저 마련되어야 한다. 이는 모든 에듀테크 도구에 해당한다. 도구가 학생들의 참여를 유도하는지, 실제로 학생들의 학습을 향상하는지 아니면 방해하는지 점검할 필요가 있다.

질문③ 전이 기술을 가르치는 테크놀로지인가?

솔직히 말하자면 지금의 학생들 대부분은 고등학교를 졸업한 후에 3차원 프린터를 볼 일이 없을 것이다. 어도비 프리미어Adobe Premiere로 영상을 편집하거나, 구글 투어 크리에이터Google Tour Creator를 사용해 자기만의 박물관 가상 투어를 설계하지도 않을 것이다. 기술이 너무 빨리 진화하기 때문이다. 만약 학생들에게 이런 도구를 사용하는 법을 가르치는 목적이 말 그대로 사용법만 익히게 하는 것이라면 졸업 후 그 지식은 무용지물이 될 것이다.

하지만 학생들이 도구를 사용함으로써 평생 활용할 수 있는 새로운 기술을 배운다면, 그 도구는 의미가 있다. 예를 들어, 대부분의 학생이 영상 편집자가 되지는 않겠지만, 영상 편집은 시각적 정보를 정리해 이해하기 쉬운 순서로 배열하는 훌륭한 방법이다. 교사이든 판매원이든 과학자이든 간에 이 기술은 단순한 영상 편집을 뛰어넘어 널리 적용될 수 있다.

흥미로운 영상 편집 프로그램을 사용하는 것은 학생들에게 영상 편집 기술을 가르치는 훌륭한 방법이 될 수 있다. 그러나 다시 말하지만, 아무리 매력적인 도구일지라도 더 큰 그림을 제시하지 않고 단순히 영상 편집만을 목적으로 배우고 사용하게 한다면, 이 도구는 교실에서 사용하기에 적합하지 않을 것이다.

질문④ 삶을 더 편안하게 해줄 테크놀로지인가?

교사들은 매일 한정된 자원을 가지고 준비할 시간이 꽤 많이 필요한 작업을 수행한다. 수업 설계부터 학급 관리까지 교사가 하는 일은 어렵고 복잡하다. 테크놀로지는 업무 부담을 늘리는 게 아니라 어떤 식으로든 업무 부담을 줄여주는 방향이어야 한다. 물론 어떤 새로운 테크놀로지라도 그것을 익히기까지 학습 곡선이 있고 추가적인 시간 투자가 필요하지만, 어느 시점에 이른 후에는 그것이 좌절의 원인이 되어서는 안 된다.

만약 어떤 이유로든 필수로 사용해야 하는 앱을 교직원 전체가 좋아하지 않는다면, 개발사가 앱을 개선하든지 아니면 학교가 더 나은 앱을 찾아야 한다. 비효율적인 도구에 낭비할 시간이 없다. 개발자들은 피드백을 받아들여 실제로 앱을 사용하는 사람들에게 적합하도록 제품을 개선해야 한다.

질문⑤ 어떤 테크놀로지가 학생들에게 가장 적합할까?

초등학교 3학년 이하 저학년 학생들은 간단한 인터페이스를 가진 앱이나 태블릿을 사용하는 것이 가장 효과적이다. 이와 대조적으로 고등학생들은 복잡한 과제까지 수행할 수 있는 컴퓨터를 이용할 때 일반적으로 더 효과적이다. 그러므로 현재 사용하는 테크놀로지가 학생들의 발달 단계에 적합한지 확인하라. 결국, 교실의 상황을 가장 잘 아는 사람은 교사다.

질문⑥ 학교 방침과 교육 정책을 준수하는 테크놀로지인가?

미국에는 학생 개인 정보 보호에 관한 핵심 사항을 정해 놓은 '온라인 개인 정보 보호법'과 '아동 인터넷 보호법'이 있다. 다른 산업에서 사용하는 훌륭한 도구 가운데 K-12(유치원생부터 고등학생까지) 수준에 적합하지 않은 것도 더러 있으므로 주의해야 한다.

질문⑦ 테크놀로지 사용에 들어가는 실제 비용은 얼마인가?

우리는 테크놀로지 사용이 어느 정도 금전적 비용을 수반할 것으로 예상한다. 그러나 사실 시간도 많이 소모될 수 있다. 특히 매우 강력하고 복잡한 소프트웨어라면 더욱 그럴 것이다. 게다가 사회적 비용과 개인적 비용도 발생할 수 있다. 나는 한때 테크놀로지를 전면적으로 사용했는데, 그때 학생들에게 대면으로 대화할 기회를 제공하지 않았다는 사실을 깨달았다. 또한 수업에 어떤 신체 활동도 포함하지 않았다.

학생들은 화면을 통해 협력했지만, 같은 모둠 학생들과 실제로 함께했을 때 얻을 수 있는 중요한 배움의 기회를 놓치고 있었다. 그래서 나는 테크놀로지의 사회적 비용을 다시 생각해서 수업에 아날로그적 요소를 넣는 데 집중했다.

테크놀로지에 대한 기대치를 설정하라

테크놀로지에 대한 기대치를 검토하는 것도 중요하다. 만약 학생들이 테크놀로지를 오락 수단으로만 여긴다면 학습 도구로 볼 수 있게 인식 전환을 도와야 할 것이다. 책임감 있는 테크놀로지 사용에 관한 기대치도 다룰 필요가 있다. 여기에는 물리적 하드웨어 관리법도 포함된다. 그뿐 아니라 테크놀로지를 통합하는 과정에 디지털 시민 의식을 가르치는 미니 수업을 넣는 것도 좋을 것이다.

예를 들어, 작업물을 다른 사람과 공유할 때의 디지털 발자국과 온라인 예절에 관해 다룰 수 있다. 학생들이 온라인 조사를 할 때는 미디어 문해력 요소를 함께 가르치기에 좋은 시간이다.

5장에서 학급 의례와 규범을 만드는 과정에 학생들이 주도적으로 참여하도록 돕는 방법을 살펴보았다. 테크놀로지 사용에 관해서도 이 기준을 똑같이 적용할 수 있다. 적절한 테크놀로지 사용에 관한 의미 있는 대화에 학생들을 참여시켜야 한다.

교사는 아래 제시한 주제에 대해 학급이 어떤 기대치를 가져야 할지 질문하며 토론을 이끌 수 있다. 다음은 각 주제에 관한 토론 주제의 예시다.

• 행동

내가 대접받고 싶은 방식으로 다른 사람 대하기. 다른 사람이 실수했을 때 관용과 공감 보여주기. 다른 사람을 모욕하는 말 피하기.

• 언어

말로 다른 사람을 깎아내리지 않고 격려하기. 완전한 문장을 사용해서 명확하게 자기 의견 표현하기.

• 경청

판단을 내리기 전에 다른 사람의 말을 끝까지 듣기.

• 우정

온라인에서 '친구'가 되기 전에 상대방이 누구인지 확실히 파악하기. 무분별한 교제에 주의하기.

• 허락

사진을 찍어서 게시하거나 누군가에 관한 소식을 글로 올리기 전에 미리 물어보고 허락 구하기.

• 창작

온라인에서 독창적으로 활동하기. 게시하는 내용이 자신의 창작물인지 먼저 확인하기. 사진이나 자료를 게시할 때 크리에이티브 커먼즈Creative Commons(저작권자가 자신의 창작물을 더 자유롭게 공유하고 사용할 수 있도록 허용하는 저작권 라이선스 체계 - 옮긴이) 이용하기. 크리에이티브 커먼즈에 기여하기. 표절 피하기.

● 적절성
사실을 먼저 확인한 후, 다른 사람에게 상처 주지 않으면서 유용하고 필요한 내용 올리기. 자신이나 다른 사람을 당황스럽게 만들 수 있는 내용은 피하기.

끊임없이 변화하는 테크놀로지 물결

계산기가 널리 보급되기 시작한 1970년대에는 대부분 학교에서 계산기 사용을 금지했다. 그러나 1975년, 미국 가정 아홉 곳 중 한 곳에는 계산기가 있었다. 학교에서는 계산기 사용을 금지할 수 있었지만, 학생들은 여전히 집에서 수학 문제를 풀 때 계산기를 사용했다는 뜻이다. 그 후로 10년이 채 지나지 않아 미국대학위원회에서는 AP 시험에 계산기 사용을 의무화했고, 1990년에는 미국의 모든 학교에서 계산기 사용을 허용했다.

단순히 교사들이 "이길 수 없으면 내 편으로 만들어라."라고 말하면서 두 손을 들었기 때문에 나온 결과가 아니었다. 역사를 살펴보면, 계산기를 사용했을 때 학생들이 복잡한 수학 문제를 더 잘 풀 수 있고, 단순 계산보다 문제 해결에 더 집중할 수 있다는 것을 깨달았기 때문임을 알 수 있다. 그러나 교사들은 먼저 이 테크놀로지를 효과적으로 이용하는 방법부터 찾아야 했다.

인공지능은 어떻게 활용할 것인가?

생성형 AI가 갑자기 등장해서 강력한 힘으로 세상을 깜짝 놀라게 했다. 디지털 영역에서 생성형 AI는 마법처럼 생동감 있는 글을 만들어내고, 인간의 붓놀림을 모방한 예술작품을 생성하고, 영혼을 울리는 멜로디를 작곡한다. 이로 말미암아 창조자와 창조물 사이의 경계가 흐려지고 있다. 인공지능의 급속한 발전은 계속해서 우리를 놀라게 하면서, 인간의 경험을 가상으로 구현하고, 우리가 가능하다고 생각한 적 없는 산업 혁신을 이룰 수 있는 미래를 약속한다.

생성형 AI는 중학교 1학년 학생 수준의 말투와 스타일로 다섯 단락짜리 수필을 쓸 수 있고, 복잡한 수학 문제를 단 몇 초 안에 풀 수 있으며, 심지어 풀이 과정도 보여줄 수 있다. AI가 대중적으로 보급되면서 교육계에서는 AI를 활용한 부정행위를 어떻게 막을 수 있을지에 관한 논의가 활발해졌다. 학생들은 테크놀로지를 부정행위에 사용할 수 있으며, 이는 교사들이 인지해야 할 매우 현실적인 문제다. 그러나 감시와 부정행위 '적발'에만 초점을 맞춘다면 결국에는 고양이와 쥐처럼 끝없이 쫓고 쫓기는 게임이 될 가능성이 있다.

사실, 이런 도구들은 삶을 더 편리하게 만들 수 있으므로 사용이 금지되었든 아니든 학생들은 학교나 집에서 도구들을 더 자주 사용하려 할 것이다. 1970년대에 계산기 사용이 그랬듯이 말이다. 그래서 우리는 학생들에게 어떤 과제를 낼지 고민해야 한다. 글쓰기 주제는 단순히 정보의 나열 이상을 요구하는 비평적 사고 요소를 포함해야 한다. 만약 글쓰기 주제만 입력해서 AI가 수필 한 편을 써줄 수 있다면, 과제를 수정해야 한다.

예를 들어, 1차 세계대전의 원인 다섯 가지를 기술하라는 과제 대신, "1차 세계대전의 원인이 오늘날 세계 분쟁과 어떤 관련이 있는가?"라는 주제를 제시하는 것이 좋다.

비평적 사고를 넘어서 학생들에게 개인적인 성찰을 요구하는 과제를 내는 것도 좋다. 글쓰기의 주제가 학생 개인의 삶과 어떻게 연결되는지 묻는다면 AI가 대신해 줄 수 없는 과제가 될 것이다. 지리를 가르칠 때는 어떻게 해야 할까? 단순히 강이 어떻게 형성되는지 물어보는 게 아니라 강의 지리적 형태가 개인의 삶에 어떤 식으로 영향을 미치는지 질문하라. 이제 학생들은 학습 내용을 자신의 개인적 경험과 연결해야 한다. 물론 일반적인 내용을 쓸 때는 여전히 AI의 도움을 받을 수 있지만, 개인적인 요소를 추가해야 하므로 학생들은 내용을 이해해야만 한다.

AI가 조금 두렵기는 하지만 놀랍고 강력한 도구인 것만은 분명하다. 물론 윤리와 책임에 관한 문제를 제기할 수 있으며, 이 부분은 반드시 학생들과 함께 논의해야 한다. 하지만 AI는 시간을 절약해 주고, 아이디어를 생성해 주고, 정보를 수집해 주고, 내용을 요약해 주고, 필요한 정보를 조사해 주고, 맞춤법을 검사해 주고, 문제를 풀어주고, 소프트웨어를 설계해 주는 등 다양한 일을 하는 도구다. 따라서 부정적인 잠재력을 이유 삼아 이 도구를 거부할 게 아니라 영리하게 포용할 방법을 찾아야 한다. AI는 절대 사라지지 않을 것이며, 만약 학생들이 학교에서 적절하고 효과적인 사용법을 배우지 못한다면 다른 곳에서도 적절한 방법을 배우지 못할 가능성이 크다.

교사들은 혁신적인 과학기술로 인해 끊임없이 커다란 도전에 직면할 것이다. 그러나 기술에 적응하고 긍정적 혁신을 수용하는 것은 단지 교사들만의 과제는 아니다. 기술이 계속해서 빠른 속도로 변화하는 상황에서 단지 몇 가지 정책에만 의존할 수는 없다. 교사는 학생들이 새로운 테크놀로지 사용 방식을 비판적으로 바라볼 수 있도록 역량을 강화하고, 사고방식을 전환할 수 있게 도와야 한다.

윤리적이고 책임감 있게 인공지능 사용하기

생성형 AI가 있으니 학생들은 그 어느 때보다도 글쓰기 과제에서 부정행위를 저지르기 쉬워졌다. 하지만 AI는 문제 해결을 도와주는 강력한 도구가 될 수도 있다. 학생들은 생성형 AI를 이용해 질문에 답하고 개념적 지식을 쌓을 수 있다. 그뿐 아니라 비계와 지원 도구도 만들 수 있고, 접근성을 높일 수도 있다. 교사는 학생들에게 AI 사용에 대한 인간 중심적 접근이 무엇을 의미하는지 스스로 발견할 수 있는 학습 기회를 만들어 줄 수 있다. www.newteachermindset.com에서 AI를 활용한 글쓰기(Using AI in Writing) 디지털 자료를 내려받을 수 있다. QR 코드를 스캔해 보자.

도구를 활용하는 방법을 아는 것만으로는 충분하지 않다. 우리는 학생들에게 테크놀로지를 윤리적으로 사용해야 한다는 점을 인지시킬 필요가 있다. 새로운 테크놀로지를 사용하면서 학생들은 어렵고 복잡한 문제와 씨름해야 할 것이다. 학생들은 다음과 같이 질문할지도 모른다.

- 내 목소리일 때는 언제이고, AI의 목소리일 때는 언제인가? 내가 기계

에 너무 많이 의존하는 순간은 언제인가?

- 기계 학습을 사용해서 얻는 것과 잃는 것은 무엇인가?
- 생성형 AI가 세상을 변화시키는 방식을 윤리적으로는 어떻게 바라봐야 할까?
- AI와 딥페이크의 시대에 정보를 어떻게 비판적으로 바라봐야 할까?

이처럼 인간적 요소와 기계적 요소가 겹치는 접근 방식은 실제적인 혼합형 학습의 핵심을 이룬다. 대면 수업을 하든, 온라인 강의를 하든, 혼합형 체계를 운영하든, 아니면 폭설 같은 비상시에 원격 수업을 하든 우리는 변함없이 인간적 요소와 온라인 세상의 교차점을 탐색할 수밖에 없다. 학생들이 이런 도구들의 '창의적 능력'과 '연결 능력'을 충분히 활용할 수 있게 하려면 어떻게 해야 할까?

도구의 창의적 능력을 활용하라

교육에서는 종종 소비자 언어를 사용해 수업을 설명한다. 예를 들어, 수업 방식을 물을 때는 "수업을 어떻게 전달하는가?"라고 하고, 학생들이 이해했는지 물을 때는 "학생들이 정보를 얻었는가?"라고 한다. 성적을 확인할 때는 "어떤 등급을 얻었는가?"라고 말한다. 어느 정도 타당한 방식이다. 우리는 직접 가르쳐야 한다. 학생들이 특정 기술을 모방할 수 있도록 직접 시범을 보이기도 해야 한다. 물론 때에 따라 학생들이 먼저 기사나 동영상 강의 등을 통해 지식을 얻을 수 있도록 옆에서 돕기도 한다.

이것은 온라인 강의에서 흔히 사용되는 방식이다. 온라인 강의는 주로 학습 자료를 먼저 학습한 후, 그 정보를 주제로 논의하는 방식으로 이루어진다. 그러나 교사들은 어느 시점이 되면 학생들이 의미 있고 창의적으로 테크놀로지를 활용하기를 바란다. 학생들이 문제 해결자이자 제작자, 설계자가 되었으면 한다. 다시 말해, 우리는 학생들이 제작자의 마음가짐을 갖기를 바란다. 이것이 학생들이 온라인에서 창의적 작업에 참여해야 하는 궁극적인 이유다. 실제로 창의적 작업에는 어떤 것이 있을까?

- **블로그** 테마 블로그는 학생의 관심, 열정, 아이디어를 기반으로 하는 블로그를 말한다. 음식 블로그, 스포츠 블로그, 패션 블로그, 과학 블로그, 역사 블로그 등이 있다. 학생들이 주제와 독자를 직접 선택한다. 블로깅은 자신이 선택한 특정 주제로 설득, 실용적인 정보 제공, 설명, 서사 등 다양한 장르의 글쓰기를 연습할 수 있는 훌륭한 방법이다. 슬라이드쇼, 그림, 동영상, 오디오 같은 멀티미디어 요소도 추가할 수 있다.

- **팟캐스트** 팟캐스트를 통해 학생들은 오디오 자료를 만들어 실제 청중과 공유한다. 개인적으로 작업할 수도 있고, 짝을 이루거나 소집단으로 작업할 수도 있다. 대본이 있을 수도 있고, 즉흥적으로 자유롭게 진행할 수도 있다. 학생들이 원한다면 오디오 편집 소프트웨어 개러지밴드GarageBand나 오다시티Audacity를 사용해 팟캐스트를 편집하고 음악을 추가할 수도 있다. 하지만 휴대전화를 이용한 간단한 녹음으로도 팟캐스트를 제작할 수 있다.

- **동영상** 동영상 제작은 다른 작업보다 조금 더 복잡하다. 시간이 더 들고, 추가적인 기술이 필요할 때도 있다. 하지만 집에서 작업한다면 동영상을 만들기 위한 추가적인 시간을 기꺼이 투자할 수 있을 것이다. 동영상을 제작하는 간단한 방법 하나가 주석이 달린 슬라이드쇼를 만드는 것이다. 슬라이드쇼를 만든 후, 슬라이드를 넘기면서 오디오를 녹음하면 된다. 이 작업은 파워포인트, 키노트 또는 구글 슬라이드에서 할 수 있다.

- **가상 음악 및 오디오 제작** 온라인 음악 제작 플랫폼을 활용해서 학생들이 음악이나 오디오를 만들고, 편집하고, 공유할 수 있다.

- **애니메이션 프로젝트** 학생들에게 짧은 애니메이션 영상이나 프레젠테이션을 제작할 수 있는 다양한 애니메이션 도구를 소개할 수 있다.

- **소셜미디어 캠페인** 학생들에게 수업과 관련한 주제로 소셜미디어 캠페인을 기획하고 실행하게 한다. 학생들은 캠페인을 통해 변화를 촉구하거나 특정 주제에 대한 사람들의 인식을 높일 수 있다. 단순히 사람들에게 즐거움을 전파할 목적으로 시도할 수도 있다.

여기에 소개한 어떤 것도 새로운 아이디어가 아니라는 점에 주목하라. 30년 전에도 학생들은 동영상을 만들고 오디오를 녹음할 수 있었다. 그러나 당시에는 비싼 장비를 갖춘 대규모 스튜디오가 필요했다. 이제 기술의 발전 덕분에 이런 작업을 더 저렴한 가격에 빠르고 쉽게 할 수 있다. 인공지능의 시대로 접어들면서 지루하고 시간 소모적인 오디오나 비디오 편집 작업을 줄여줄 소프트웨어가 보편화될 것이다. 그러면 학생들은 동영상과 팟캐스트의 인간적 요소에 더 많은 시간을 집중할 수 있을 것이다.

도구의 연결 능력을 활용하라

우리는 의사소통과 협업을 위한 수많은 온라인 도구가 존재하는 세상에 살고 있다. 그래서 즉각적인 메시지를 보내고, 구글 문서 도구에서 공유 문서를 함께 편집하고, 화상 회의에 참여하고, 파일을 손쉽게 주고받을 수 있다. 그런데 원격 학습에서는 교사들이 완전히 독립적이고 개별적인 과제를 제공하는 경우가 많다. 온라인 학습을 최대한 활용하기 위해서는 디지털 도구를 이용한 협업을 촉진할 필요가 있다.

학생들은 글로벌 협업 프로젝트를 통해 전 세계의 또래 친구들과 협력하면서 테크놀로지의 연결 능력을 효과적으로 활용할 수 있다. 이메일이나 화상 회의를 이용해 전문가와 인터뷰할 수도 있다. 다시 말하자면, 학생들은 교실의 네 벽을 허물고 더 넓은 세상과 소통할 수 있다. teachermindset.com에서 Digital Download Shared Document Carousel Activity에 접속하면 공유 문서 회전목마 활동 자료를 내려받을 수 있다. QR 코드를 스캔해 보자.

학생들에게 시범을 보여라

궁극적으로 학생들이 테크놀로지를 현명하게 사용하기를 원한다면, 가장 좋은 출발점은 교사의 실천이다. 교사는 테크놀로지를 전문적인 도구로 활용하는 방법을 학생들과 공유할 수 있다. AI를 예로 들면, 교사들은 생성형 AI를 사용해 수업자료나 평가 도구를 설계할 수 있다. AI로 생성된 자료를 기본으로 하고, 이에 대한 지식과 학생들에 대한 이해를 바탕으로 그 자료를 어떻게 수정하는지 학생들에게 알려주면 된다. AI로 생성된 텍스트의 사실 여부를 어떻게 확인하고, 그 안에 숨어 있는 편향을 어떻게 수정했는지도 보여주자. AI로 수업 일정을 설계하거나 아이디어를 구체화할 수도 있다.

학생들에게 과정을 보여주는 것이 중요하다. AI 챗봇 덕분에 차별화 교육을 실현할 수 있는 세상이다.(이에 관해서는 다음 장에서 더 자세히 다룰 것이다.) AI를 활용한 교육 방법을 학생들과 공유한다면, 학생들은 자신만의 학습 지원 도구와 비계를 만들 수 있을 것이다. 생성형 AI는 시간 절약을 돕고, 수업을 한 단계 발전시킬 수 있다. 교사가 생성형 AI를 창의적으로 사용하는 모습을 시범 보인다면, 학생들은 윤리적인 기계 사용이 무엇인지 역할 모델을 가질 수 있다.

학생들은 테크놀로지가 힘든 일을 맡도록 내버려 두지 않고, 호기심과 창의성이 학습을 이끌도록 하는 법을 배울 것이다. 이제 테크놀로지를 사용하는 법뿐만 아니라 테크놀로지로 가득 찬 세상에서 인간 고유의 특성을 어떻게 유지할지도 배워야 한다.

1440년에 인쇄기가 발명되어 손으로 쓴 두루마리 문서에서 인쇄된 책의 시대로 바뀌었을 때, 교사들은 방향을 바꿔야 했다. 버튼을 누르기만 하면 계산기가 수학 문제를 풀기 시작했을 때도 교사들은 방향을 바꿔야 했다. 인터넷이 도입되었을 때도 마찬가지였다. 고등학교 시절, 본문에 인용문을 넣기 위해 매뉴얼을 사용했던 기억이 난다. 이제는 구글 문서 도구에서 링크를 강조 표시하면 AI가 완벽한 MLA 형식으로 인용문을 생성해 준다. 이것은 무슨 의미일까? 아마 앞으로는 매뉴얼 같은 것도 필요 없을 거라는 의미다.

새로운 변화가 일어날 때마다 항상 그 과정에 어려움은 있었지만, 교사들은 그런 장애물을 뛰어넘는 일에 익숙하다. 그런 과정 역시 가르치는 일의 본질이다. 그러나 교육에서 변하지 않는 것이 있다. 바로 교육의 기본 임무인 '학생들이 성공을 이뤄내도록 돕는 것'이다. 작가, 철학자, 수학자, 연구자, 창작자, 탐험가 그리고 멋진 한 인간으로서 성공할 수 있게 돕는 것이다. 그러므로 끊임없이 변화하는 테크놀로지 세상에서 교사는 목표에서 눈을 떼지 말고, 그 목표를 이루기 위해 사용할 수 있는 도구와 자원을 현명하게 활용해야 한다.

11장

차별화된 교육이
필요한 이유

언젠가 한 번은 수업에 잘 집중하지 않던 두 학생이 내가(트레버) 가까이에서 지켜볼 수 있는 자리에 앉았다. 맥스와 대니는 각자 자료를 조사해야 하는데, 딱 봐도 대니가 몸을 기울여 맥스의 노트북을 계속 들여다보고 있었다. 나는 교실을 가로질러 날카로운 눈빛을 보내며 말했다. "애들아, 유튜브 영상 그만 보고, 수업 활동에 집중해." 대니는 내 표정을 이해하고는 대답했다. "선생님, 그런 게 아니에요. 맥스가 여름 학교(summer school, 점수가 잘 나오지 않은 과목이나 낙제한 과목을 재이수하거나 선이수하고 싶어서 듣는 일종의 계절학기 - 옮긴이) 수업 듣는 것을 막아야 해서 그래요."

이런! 두 아이는 실제로 무언가를 조사하고 있었다. 내가 실수한 것이다. 나는 대니에게 도와줘서 고맙다고 말한 다음, 지금 하는 일이 정확히 뭔지 물었다. 대니가 대답했다.

"뭐든 다 하고 있어요. 맥스는 이미 지난 학기 성적 때문에 여름 학교 수업을 들어야 하는데요. 이번 학기는 그러지 않았으면 좋겠어요."

한편, 맥스는 팔짱을 끼고 앉아 있기만 했다. 대니와 내가 도와주겠다고 해도 별 반응이 없었다. 나는 맥스에게 말했다.

"맥스야, 선생님이 보기에 너는 내용을 다 알고 있어. 조금만 노력하면 이 과목은 통과할 수 있어. 그러면 여름 학교 수업을 듣지 않아도 돼."

맥스가 뭐라고 중얼거렸다. 하지만 알아들을 수 없었다.

"뭐라고? 맥스야, 다시 말해봐."

맥스가 이번에는 또박또박 크게 말했다.

"저도 여름 학교 수업을 듣고 싶어요."

나는 맥스가 농담하는 줄 알고 소리 내어 웃었다. 그러나 맥스는 여전히 팔짱을 낀 채로 농담이 아니라고 분명하게 밝혔다. 나는 다시 물었다.

"지금 학점을 딸 수 있는데, 군이 왜 여름 학교 수업을 듣고 싶다는 거지?"

"저는 항상 여름 학교 수업을 들어요. 그렇게 하지 않으면 아마 미쳐버릴 걸요. 엄마는 여름 내내 외출하지 못하게 해요. 잠깐 밖에 나가는 것도 안 돼요. 여름 학교는 제가 외출할 수 있는 유일한 방법이에요."

이런 대답은 처음이었다. 나는 맥스 옆에 앉아서 조금 더 이야기를 나눴다. 맥스의 상태는 정말 심각했다. 실제로 모든 과목에서 낙제하고, 매년 여름 학교 수업을 들었다. 엄마가 여름에는 외출을 허락하지 않는 게 이유였다.

"음, 선생님이 전화하면 어머니가 마음을 조금 열 수 있지 않을까?" 나는 계속해서 물었다.

"만약 선생님이 너랑 대니를 데리고 농구 하러 갈 거라고 하면 여름에 외출하는 것을 허락하실까?"

맥스는 고개를 저었다.

"절대 안 돼요. 여름에는 여름 학교에 가는 게 아닌 이상 절대 집을 떠날 수 없어요."

나는 말문이 막혔다. 맥스의 어머니는 대체 어떤 사람일까? 무슨 문제가 있을까? 학교에서 더 열심히 공부해야 하는 것도 맞지만 방학에는 친구들과 어울리며 놀아야 하는데, 부모의 과잉보호가 아이에게 어떤 영향을 미치는지 아예 모르는 것일까? 그래서 나는 맥스 어머니에게 전화했다. 그녀가 여름 방학 규칙을 바꾸도록 설득할 수 있으리라 생각했다. 맥스에 관한 긍정적인 이야기를 먼저 꺼낸 후에 조심스레 맥스가 학교에서 더 열심히 공부하도록 동기 부여 차원에서 여름 방학 동안의 통제를 조금만 풀어줄 수 있는지 물었다. 나는 꽤 합리적인 요청이라고 생각했다.

하지만 맥스 어머니는 완고했다. 자신이 무슨 일을 저지르고 있는지 모르는 게 분명했다. 나는 답답했다. 이 어머니는 아이들에게 놀이가 얼마나 중요한지, 왜 아이들이 밖으로 나가야 하는지 보여주는 연구 결과를 읽어본 적이 없으리라. 아이들에게 사회적 교류가 얼마나 중요한지도 분명 모를 것이다. 어린 시절 자전거를 타며 보낸 여름 방학이 내 인생에서 얼마나 중요한 시기였는지 그녀에게 설명하고 싶었다.

맥스의 자유를 위해 나는 조심스럽게 이의를 제기하면서 설득하려고 했다. 하지만 그녀는 곧바로 내 말을 끊으며 말했다.

"선생님, 거기까지만 하세요. 맥스를 제 형들처럼 거리를 돌아다니게 그냥 두지 않을 거예요. 어떤 선생님도 저를 설득하지 못할 겁니다."

나는 다시 말문이 막혔다. 이제야 모든 것이 이해되기 시작했다. 맥스 어머니는 자신의 평판이 어떻게 되든 상관없이 아들을 깊이 사랑하고 있었다. 나는 교외에서 자라면서 마음껏 거리를 돌아다니고 밤에는 반딧불이를 잡을 수 있는 자유와 안전을 누렸지만, 맥스 어머니는 아들에게 그런 자유를 허락한다면 아들이 갱단이나 그녀의 보호막 밖에 있는 사람들과 위험한 상황에 휘말릴 수 있는 현실을 마주하고 있었다. 그녀는 아들이 방학을 거실에서 보내기 싫어한다는 것을 알고 있었지만, 거리에서 배회하거나 더 나쁜 일이 벌어지는 것보다는 차라리 집에서 지루하게 지내는 편이 낫다고 생각한 것이다.

학생마다 다른 접근법이 필요하다

그 순간 나는 내가 모르던 새로운 세상과 매우 낯선 현실을 직면한 느낌이었다. 맥스는 똑똑하고 따뜻하고 유쾌하고 활달하고 인생에서 멋진 일을 성취할 수 있는 능력이 충분한 아이였지만, 그가 처한 상황이 학교생활에도 늘 영향을 미쳤다. 따라서 맥스를 가르칠 때는 접근 방법을 조정할 필요가 있었다.

전통적인 동기 부여 방식으로는 맥스에게 효과가 없을 게 뻔했다. 맥스가 다른 학생들처럼 내 수업에 반응하기를 기대했다면 나는 크게 실망했을 것이다. 맥스의 상황과 동기, 능력은 다른 학생들과 다르다. 다른 모든 학생도 저마다 상황과 동기와 능력이 다르다.

학교가 어느 지역에 있든, 사회경제적 조건이 어떻든지 간에 교실의 현실이 이러하므로 교육의 개인화와 차별화가 필요하다. 그렇다면 모든 학생을 개개인의 상황에 맞춰 가르치고, 학생 각자의 이야기에 따라 차별화해야 한다는 의미일까? 그건 현실적으로 쉽지 않은 일이다.

나(존)는 초임 교사였을 때 모든 학생에게 차별화된 교육을 하겠다는 목표를 가졌다. 도움이 필요한 모든 학생에게 추가 지도와 프로젝트 자료, 가이드북, 소그룹 수업을 제공했다.

나는 주로 개별화 교육 프로그램(학습 장애가 있는 학생을 위한 미국의 특수 교육 프로그램 - 옮긴이)과 504 계획(학습 장애가 있지만 특수 교육 대상은 아닌 학생들에게 필요한 지원을 제공하는 프로그램- 옮긴이)에 따라 필요한 지원을 제공하는 데 중점을 뒀다. 모든 학생이 필요한 지원을 받을 수 있도록 수업의 각 단계에 사용할 구체적인 전략을 목록으로 작성했다. 비영어권 영어 학습자(ELL)를 위해 문장 패턴, 어휘, 시각 자료 등 언어 지원도 포함시켰다.

특수 지원이 필요한 학생이 8~10명이나 되는 학급에서는 이 과정이 때때로 버거웠다. 나는 특수 교육 대상자나 ELL이 아니더라도 도움이 필요한 학생들을 다 도와주지 못하고 있다는 생각에 시달렸다. 한 번은 특정 기준의 숙달도를 기반으로 해서 모든 학생에게 맞춤형 비계를 제공하겠다는 목표를 세웠다. 그러나 그 일로 부담감만 더 커지고 말았다.

결국 나는 생각을 조금 바꾸기로 했다. 학생들에게 모든 종류의 비계를 제공하고 학생들이 스스로 필요한 지원을 선택하도록 가르쳤다. 여전히 과정을 관리해야 했지만 업무 부담을 줄일 수 있었고, 학생들에게는 스스로 학습을 책임지는 사람이 될 수 있는 역량이 생겼다. 그렇게 변화를 주었을 때, 학생들이 자신의 숙달도를 누구보다 잘 인지하고 있다는 사실을 알 수 있었다. 학생들은 포기하지 않고 이전보다 더욱 수월하게 학습을 이어나가는 듯했다. 학습자로서의 자신감도 더 커진 것 같았다.

보편적 설계 방식으로 접근하라

처음에는 학생들이 자신에게 필요한 학습 지원과 비계를 스스로 고르게 하는 일이 참 어려웠다. '학생들이 원하지 않는 지원을 억지로 사용하면 어떻게 하지?' '신경다양성 학생이 필요한 지원을 찾지 못해 학습이 지연되면 어떻게 하지?'라는 걱정이 앞섰다.

이 모든 걱정은 특수 교육 교사인 크리스탈과 일하면서 완전히 사라졌다. 크리스탈은 내가 비계를 바라보는 시각을 완전히 바꿨다. 그의 주요 목표 중 하나는 특수 교육이 필요한 학생들과 나머지 학생들 사이에 눈에 띄는 차이가 없도록 만드는 것이었다. 비슷한 맥락으로, 공동 수업 또한 두 교사 모두 직접 교수와 소그룹 지도를 진행한다는 의미였으면 했다. 크리스탈은 '통합 교육은 완전한 통합을 의미해야 한다.'라고 강조했다.

처음에만 해도 나는 회의적인 반응을 보였다.

"학생이 필요하지 않은 비계를 사용하면 어떻게 합니까? 일반 학생들에게 특수 교육 학생에게 필요한 지원을 적용하는 경우는 또 어떻게 합니까?"

"특수 교육은 학생에게 제공되는 서비스입니다. 학생을 정의하는 말이 아니에요. 우리가 할 일은 학생들을 가르치고, 서비스를 제공하는 겁니다." 그가 대답했다. 그러고는 내게 혹시 높이를 낮춘 연석 구간이나 경사로를 이용한 적이 있는지 물었다.

"네, 유모차를 밀고 갈 때 편리하죠."

"자막 기능을 켜고 TV를 시청한 적은 있나요?" 크리스탈이 다시 물었다.

나는 고개를 끄덕였다.

"그것이 우리가 만든 물리적 세상에서 볼 수 있는 보편적 설계랍니다. 보편적 학습 설계(Universal Design for Learning)도 비슷해요." 그가 말했다.

말이 나왔으니 보편적 학습 설계의 배경을 소개하고 싶다. 1960년대 초반, 통찰력 있는 건축가 셸윈 골드스미스Selwyn Goldsmith는 이동 제약이 있는 사람들도 인도를 편히 이용할 수 있게 하려고 연석 높이를 낮춘 최초의 경사로를 설계했다. 정책과 제도, 구조를 바꿔 건축물의 보편적 접근성을 높이고 완전 통합을 촉진하기 위한 '장애인 권익 운동'의 일환이었다.

지난 몇십 년 동안 수많은 건축가, 제품 개발자, 디자이너가 보편적 설계의 철학을 받아들였다. 보편적 설계는 건축가 로널드 메이스Ronald Mace가 만든 개념으로 '수정이나 특수 설계 없이 모든 사람이 사용할 수 있는 환경'을 설계해야 한다는 핵심 신념에 기반을 둔다.

"

모든 사람을 위해 설계하면
누구나 그 설계의 혜택을 받는다.

"

통합적 접근법을 따르면 모든 사람이 보편적 설계의 혜택을 누릴 수 있다. 예를 들어, 유모차를 미는 보호자는 연석 높이를 낮춘 경사로로 혜택을 본다. 마찬가지로 청력과 관계없이 모든 시청자가 영상 자막을 이용할 수 있다. 다시 말해, 모든 사람을 위해 설계하면 누구나 그 설계의 혜택을 받는다.

보편적 학습 설계는 학습 공간부터 자료, 수업과 평가, 교실 문화와 행동 관리에 이르기까지 학습의 모든 측면에 보편적 설계의 철학을 적용한다. 인지 신경과학을 중심으로 만들어진 보편적 학습 설계는 학습 장애물을 없애는 동시에, 모든 학생에게 도전적인 학습 환경을 유지하는 통합 교육 체계다.

보편적 학습 설계 접근법은 같은 상황을 결핍으로 보는 관점에서 신경다양성으로 보는 관점으로, 개별적인 특별 지원에서 보편적으로 이용할 수 있는 비계와 학습 지원으로, 교사 중심 관점에서 학생이 주체가 되는 학습자 중심 접근법으로 패러다임의 전환을 시도한다.

하지만 '스스로 선택하는 과정'이 학생들에게 자동으로 일어나는 일은 아니라는 점에 유의하자. 어떤 학생들은 교사가 직접 나서 비계 활용과 자기 옹호 방법을 지도해야 할지도 모른다. 보통 일반 교사와 특수 교사가 협력해서 지도하는 경우가 많다.

앞서 언급한 크리스탈은 학생들이 목표를 설정하고, 전략을 찾고, 필요한 비계를 찾기 위한 시스템을 설계하도록 돕곤 했다. 시간이 지나면서 학생들은 이 과정에 더욱 강한 주인의식을 가질 수 있었다. 그래서 나중에는 그저 학생들을 지켜보면서 필요할 때 질문에 답하기만 해도 될 정도였다. 크리스탈의 목표는 학생들이 자기 주도적 학습자로 성장하는 것이었다.

가장 좋은 접근법은 무엇일까?

교사들은 팀을 이뤄 실질적인 비계를 식별하고, 학생들에게 필요한 비계를 스스로 선택할 수 있도록 가르치기 위한 계획을 수립할 수 있다. 여기에는 개별화 교육 프로그램, 504 계획, ELL 및 외국어 화자를 위한 영어 교육 프로그램 문서를 더 깊이 살펴보는 작업이 필요할 것이다. 그러나 이는 일반 교사들이 필요한 비계를 결정할 수 있도록 ELL 및 특수 교육 전문가들에게 전문 지식과 조언을 구하기 위함이다.

반대로, 일반 교사들은 특정 교과 영역의 전문 지식을 제공하고, 자신이 유용하다고 생각하는 전략을 공유할 수 있다. 다음은 학생들이 스스로 선택할 수 있는 비계를 제공하는 방법들이다. 하지만 이 목록이 모든 방법을 포괄한 것은 아니라는 점을 기억하자.

1. 모든 학생에게 튜토리얼을 제공한다. 이는 특정 교과의 튜토리얼 영상이나 접근 방법을 설명하는 GIF 파일이 삽입된 단계별 지침을 선별해서 제공하는 것일 수도 있다. 튜토리얼 대다수가 학문적인 내용인 경우가 많지만, 테크놀로지 사용법이나 수업 절차를 설명하거나 영상 편집이나 팟캐스트 제작 같은 타 분야의 모범 사례를 보여주는 자료일 수도 있다. 중요한 것은 모든 학생이 원할 때마다 항상 이런 튜토리얼에 접근할 수 있게 하는 것이다.

2. 모든 학생이 언제든 이용할 수 있는 도구를 도입한다. 학생들에게 일정표와 점검표뿐만 아니라 학습 포스터, 시각 자료, 그래픽 조직자 등 과제를 세분화한 프로젝트 청사진도 제공할 수 있다. 마찬가지로 슬라이드쇼를 미리 제공해 모든 학생이 슬라이드 자료에 접근할 수 있게 하는 것도 좋다. 이 전략들은 학생들이 많은 정보를 작업 기억에서 장기 기억으로 더 쉽게 옮길 수 있도록 돕는다.

3. 소그룹 수업은 선택적으로 실시한다. 매번 소그룹을 구성하는 대신, 누

구나 참여할 수 있는 소규모 튜토리얼 세미나나 워크숍을 열면 소그룹 수업에 붙는 낙인을 방지할 수 있고, 동시에 모든 학생에게 도움을 요청해도 괜찮다는 메시지를 전달할 수 있다. 이 과정에서 학생들은 도전 과제를 해결하고 완전한 습득을 향해 나아갈 수 있다.

4. **학습 내용에 접근할 수 있는 다양한 방법을 제공한다.** 여기에는 다양한 글꼴 크기, 자막, 텍스트 음성 변환 기술 또는 오디오와 비디오 속도 변화 등이 포함될 수 있다. 예를 들어, 직접 교수 내용을 미리 녹음해서 전체 학생에게 틀어줄 수 있다. 하지만 학생들은 비디오나 오디오의 속도를 0.5배속이나 0.25배속으로 느리게 해서 그 내용을 다시 복습할 수도 있다. 이와 같은 플립 러닝 모델은 준비 시간이 더 많이 걸릴 수 있지만 다른 교사들과 협력하면 더 쉽게 관리할 수 있다.

5. **시간을 유연하게 관리한다.** 학생들은 학습에서 속도와 정확성이 가장 중요한 요소라고 받아들일 때가 많다. 교사가 시간을 좀 더 유연하게 설정한다면 학생들은 각자 다른 속도로 학습할 수 있고, 그래서 차별화된 교육이 현실이 될 수 있다. 과제를 내는 시간과 제출 기한을 유연하게 조절하는 것도 포함될 수 있다. 하지만 수업 중에 생각할 시간이 늘어나거나 연습과 정보 인출의 기회가 더 많다는 의미가 될 수도 있다.

6. **전문용어를 이해할 수 있게 어휘 학습을 제공한다.** 전신반응교수법(Total Physical Response, 언어와 동작을 연결해 몸을 움직이며 언어를 배우는 학습법 - 옮긴이), 프레이어 모델Frayer model(어떤 개념의 정의, 특징, 예에 해당하

는 것, 예가 아닌 것으로 나눠 정리하게 하는 개념 이해 전략 - 옮긴이), 마르자노 접근법(Marzano approach, 교육전문가 마르자노가 제시한 효과적 학습 촉진을 위한 학생 중심 교수법 - 옮긴이) 등을 사용할 수 있다. 어떤 방법을 선택하든 사전 어휘 학습으로 모든 학생이 동일한 언어에 접근할 수 있게 한다. 사전 어휘 학습 후, 교사는 학습 포스터나 시각 자료를 사용하거나, 학생들이 단어나 개념이 헷갈릴 때 언제든 이용할 수 있는 온라인 공유 문서를 활용할 수도 있다.

7. 누구나 이용할 수 있는 기본 문장 틀을 제공한다. 문장 틀은 매우 엄격한 구조부터 느슨한 구조까지 정말 다양하다. 일반적으로 교사가 문장 일부를 제시하면 학생들이 나머지 빈칸을 채워 문장을 완성한다. 예를 들면 '＿에 관해서 내가 알아차린 차이점은 ＿입니다.'와 같은 형태다. 단락 전체의 문장 틀을 제공할 수도 있고, 한 문장에 대해서만 제공할 수도 있다. 나는 문장 틀을 동료 간 토론이나 질문 만들기(특히 조사 활동 시)에 사용하고, 글쓰기 과제의 시작 부분으로 사용하기도 했다. 문장 틀(또는 뼈대 문장)은 ELL용 비계이지만, 내 경험에 비춰 보면 복잡하거나 학문적인 언어로 어려움을 겪는 어떤 학생에게나 유익할 수 있다. 비슷한 방법으로, 학생들 스스로 수정할 수 있는 보기 문장을 제공해도 좋다.

교육자로서 우리는 학생들이 자기 주도적인 평생 학습자가 되는 법을 배웠으면 한다. 인생의 모든 순간에 항상 학생들 옆에 있지는 못할 것이다. 그래서 학생들은 비계를 선택하는 법을 배울 때, 스스로 도움을 요청하는 법도 배워야 한다. 그들은 도움받는 것이 좋은 일이고, 어른이 도와줄 때까지 기다리면서 무력해질 필요가 없다는 생각을 받아들일 것이다. 이 과정에서 학생들은 무엇을 알고 무엇을 모르는지, 새로운 학습을 위한 전략을 어디에서 찾아야 하는지 판단하는 법을 배운다. 그렇게 되면 학생들은 다음 전략을 계획하고 자신의 학습 수준을 점검할 수 있다. 결국 학생들은 우리가 알고 있는 것처럼 자기 주도적이고 역량 있는 학습자로 성장할 것이다.

AI를 활용한 비계 및 학습 지원 설계

10장에서는 교사들이 '전문적인 도구로 생성형 AI를 사용할 수 있다'고 언급했다. 다음은 AI 도구를 이용해 비계와 학습 지원을 설계하는 방법들이다.

1. **수준별 읽기 자료** AI는 다양한 난이도의 읽기 자료를 생성할 수 있으므로 학생들의 읽기 수준에 맞춰 텍스트를 제공할 수 있다. 교사는 특정 렉사일 지수(lexile level, 미국에서 독서 능력을 평가하는 지수 - 옮긴이)의 비문학 텍스트로 시작한 후, 생성형 AI를 이용해 각자 다른 수준에 맞는 다양한 버전을 만들어 낼 수 있다. 일반적인 아이디어 개요를 제공해서 AI가 텍스트를 작성하게 하는 방법도 있다. 그런 다음, 교사가 텍스트를 편집하고, 다시 AI를 이용해 다양한 버전을 만들 수 있다.

2. **점검표** AI는 학생 개인의 학습 목표를 기반으로 해서 맞춤형 점검표를 생성할 수 있다. 이 점검표는 학생들이 자신의 진행 상황을 추적하고 체계적 학습을 유지할 수 있게 돕는다. 이와 비슷하게, AI는 복잡한 과제나

프로젝트의 점검 사항을 작은 목록으로 나눠 '오늘의 할 일 목록'으로 활용할 수 있게 돕는다. 이 방법은 집행 기능이 낮은 학생들에게 매우 효과적이다.

3. **그래픽 조직자** AI로 다양한 주제에 맞춰 그래픽 조직자를 만들 수 있다. 이런 시각적 자료는 정보를 구조화해 학생들이 더 쉽게 이해할 수 있게 돕는다.

4. **어휘 설명** AI를 활용해 어려운 어휘를 설명하거나 예시를 만들 수 있으므로, 학생들이 새로운 용어를 이해하고 맥락에 맞게 사용하도록 도울 수 있다. 시각적 AI는 설명에 그림도 추가할 수 있다.

5. **튜토리얼** AI를 활용해 특정 주제나 기술을 주제로 한 튜토리얼을 만들면, 학생들은 이런 튜토리얼을 이용해 학습을 강화할 수 있다. 교사들은 또한 학생들을 위해 훌륭한 온라인 튜토리얼 데이터베이스를 모으고 관리할 수 있다.

6. **연습문제** AI는 학생의 현재 지식 수준에 맞춰 연습문제와 질문을 만들 수 있다. 연습문제는 학생들이 스스로 자신을 평가하고 개선이 필요한 부분을 확인하는 데 도움이 된다. 학생들이 연습문제를 너무 벅차게 느낀다면, 더 많은 도움이 필요한 학생들이 선택적으로 사용할 수 있는 연습용 학습지를 만들 수도 있다. 학생의 수준에 맞춘 수학 문제나 과학 실험 과정을 생성해서 점진적인 기술 향상을 촉진할 수 있다.

7. **대화형 시뮬레이션** AI는 학생들이 복잡한 개념을 직접 체험하며 탐구할 수 있도록 돕는 대화형 시뮬레이션이나 가상 실험실을 생성할 수 있다.

8. **적응형 피드백** AI는 실시간으로 과제와 평가에 대한 피드백을 제공하며 학생들이 개선할 수 있는 부분을 강조하고 관련 자료를 제안할 수 있다. AI는 학생들이 질문하면 즉시 답을 제공하는 개인 튜터의 역할을 할 수 있다.

9. **동료 협업 매칭** AI는 상호 보완적인 장점과 약점을 지닌 학생들을 서로 연결해 협업과 상호 지원을 촉진할 수 있다. 학생이 공부하는 동안 AI가 조용한 학습 파트너로 존재하는 모습을 상상해 보라. 중요한 것은 도움의 적절성을 유지해 무력함이 학습되지 않도록 주의해야 한다는 점이다. 앞서 생산적인 고군분투를 언급했는데, AI의 도움을 받더라도 학생들에게는 여전히 생산적인 고군분투가 필요하다.

10. **개인 맞춤형 학습 계획** AI가 학생의 학습 성취 자료를 기반으로 개인 맞춤형 학습 계획을 세우고, 개인의 학습 격차를 해결하기 위한 구체적인 자료와 활동을 추천할 수 있다.

11. **내용 요약** AI는 긴 텍스트나 기사를 자동으로 요약해 독해를 어려워하는 학생들이 쉽게 글을 소화할 수 있게 돕는다. 학생들이 먼저 정보를 요약한 다음 그것을 AI가 생성한 요약본과 비교하며 "내가 무엇을 제대로 이해하고, 무엇을 잘못 이해했는가?"라고 질문하는 방식이 가장 효

과적이다.

12. **언어 지원 및 번역** 다국어 사용자로 구성된 학급에서는 모든 학생이 자신이 선호하는 언어로 교과 내용을 이해할 수 있도록 AI가 번역 서비스와 언어 지원을 제공할 수 있다.

13. **텍스트 음성 변환과 음성 텍스트 변환** AI 기반 도구로 텍스트를 음성으로 변환하거나 거꾸로 음성을 텍스트로 변환할 수 있으므로, 다양한 학습 기호와 능력을 지닌 학생들을 지원할 수 있다.

14. **학습 분석** AI는 학생의 성취 데이터를 분석해 학생들의 학습 여정이 진행되는 동안 각 단계에 적절한 비계와 지원을 추천할 수 있다.

어느 방법을 사용하든 AI가 만든 지원 자료로 시작하되 교사가 자신의 지식을 바탕으로 자료를 재구성하고 편집할 수 있다. 결국, 학생들과 학습 환경을 기계보다 더 잘 알고 이해하는 사람은 교사이다.

교사는 학생들이 무엇에 관심과 흥미를 느끼는지 잘 안다. 비계의 어떤 부분이 학생들에게 헷갈리는지, 또 어떤 부분의 수정이 필요한지도 가장 잘 파악한다. 이 과정에서 교사는 AI가 생성한 자료에 자신의 관점과 통찰로 인간적인 요소를 더할 수 있다. 그런 다음 학생들에게 각자의 필요에 맞는 자료와 지원을 스스로 선택할 수 있게 함으로써 학습자 맞춤형 학습 경험을 제공할 수 있다.

소그룹 수업이 필요한 이유

다음의 두 시나리오 중 어느 쪽이 더 익숙한가?

- **시나리오 1** 교사가 수업한다. A 학생은 그 수업에서 필요한 내용을 학습하고, 중요한 개념을 이해했다. 그러나 B 학생과 C 학생은 완전히 익히지 못했다. 그래서 다음날, 교사는 한 번 더 같은 내용을 가르친다. A 학생은 이미 다음으로 넘어갈 준비가 되었는데도 같은 수업을 다시 들어야만 한다.

- **시나리오 2** 교사가 수업한다. A 학생은 최선을 다했음에도 아직 다 이해하지 못했다. 이 학생은 설명을 다시 듣거나, 연습을 더 많이 해야 하거나, 교사가 개별적인 관심을 기울여야 한다. 그런데 B 학생과 C 학생은 내용을 완전히 이해한 것 같아서 교사는 수업이 효과적이라고 판단하고, A 학생이 아직 준비되지 않았는데도 진도를 나간다.

우리는 대부분 필요하지 않은 수업을 들어야 하거나 반대로 수업을 더 들어야 하는데도 듣지 못해 좌절감을 느낀 경험이 있다. '시나리오 1'과 같은 상황은 학생들을 지루하게 하거나 좌절하게 만들 수 있고, '시나리오 2'는 학생들에게 낙담과 당혹감, 좌절감을 줄 수 있다. 이것이 모든 수업에 소그룹 지도가 꼭 필요한 이유다. '워크숍 방식'의 소그룹 수업은 학습에 어려움이 있는 학생에게 추가적인 지원을 제공하거나 이미 숙달한 학생에게 심화활동을 제공하는 기회가 된다.

참가자는 신중하게 결정하라

소그룹 수업을 들어야 하는 학생을 파악하는 일은 매우 중요하다. 평가 자료나 진행 중인 형성평가에 기초해서 참가자를 정할 수도 있고, 학생들에게 선택권을 줄 수도 있다. "여러분이 이 개념을 이해하기 위해 추가적인 도움이 조금 필요한 것 같다면, 5분 후 칠판 앞에서 소그룹 지도를 시작하겠습니다."라고 하거나 "오늘 되돌려준 과제물에 분홍색 별이 찍혀 있는 학생은 5분 후 워크숍에 참석해야 합니다."라고 공지할 수 있다.

- **목적을 명확히 설명하기** 우선 이 수업의 명확한 목표를 설정하고, 목적을 설명하라. 학생들에게 소그룹 수업을 듣는 것이 처벌이 아니라는 점을 분명하게 알리는 것이 매우 중요하다. 워크숍의 핵심 목적은 어떤 학생도 좌절감을 느끼거나 뒤처지지 않도록 돕는 것이다.

- **학생들의 참여 유지하기** 학생들의 참여는 소그룹 지도의 성공을 결정짓는 열쇠다. 학생들의 학습 스타일에 맞춰 다양한 대화형 교수법을 사용하고, 시각 자료를 활용하고, 체험 활동을 설계하고, 토론과 테크놀로지를 도입하는 것이 도움이 된다. 학생들이 적극적으로 참여할 수 있게 독려하고 개방형 질문을 제공하고, 소집단 내에서 협력할 기회를 마련하라. 시간이 지나면 자연스레 경험하겠지만, 학생들은 일반적으로 대규모 수업보다 소규모 지도를 선호한다. 소그룹 수업이 더 친밀하고, 더 개인에게 맞춰 진행되고, 학생들이 위압감을 덜 느끼기 때문이다.

- **이해도 점검하기** 워크숍을 진행하는 동안 학생들이 잘 이해하고 있는

지 주기적으로 평가해야 한다. 퀴즈나 토론, 생각 나누기 활동, 학습 종료 확인 활동 같은 형성평가 기법을 사용해 학생들이 학습 자료를 얼마나 이해했는지 파악할 수 있다. 학생들에게 즉각적인 피드백을 제공하면, 이해도를 기반으로 수업을 조정해 학생들이 핵심 개념을 확실히 이해하도록 도울 수 있다.

- **워크숍은 짧고 간결하게** 워크숍을 길게 할 필요가 없다. 대체로 길게 진행할 수 있는 시간적 여유도 없을 것이다. 명확한 주제와 시간을 설정하고, 가장 중요한 학습 목표에 초점을 두고, 그에 맞춰 수업 내용의 우선순위를 정하라. 가장 핵심적인 점을 강조하면서 설명은 간결하고 정확하게 하라.

개인의 차이를 존중하는 가르침

꽃이 핀 넓은 꽃밭을 상상해 보라. 꽃들은 제각기 자신만의 시간과 속도로 피어난다. 어떤 꽃들은 계절 초반에 다채로운 색과 향기를 뿜내며 피어난다. 튤립과 크로커스가 대표적인데, 마치 꽃을 피워도 된다는 허락이라도 기다렸다는 듯이 갑자기 만개한다. 과시하는 꽃, 앞서나가는 꽃, 또는 조급한 꽃이라고 부를 수 있지만, 어떤 이름을 붙이든 이들은 순식간에 꽃봉오리를 터트린다.

꽃밭에는 시간을 들여 천천히 꽃잎을 펼치는 꽃도 있다. 튤립만큼 아름답지는 않지만, 꽃망울이 터지려면 더 많은 시간과 더 따뜻한 흙이 필요한 꽃들이다. 태양은 모든 꽃 위로 똑같이 비추지만, 각각의 꽃봉오리에는 고유한 내부 시계가 있어서 꽃잎을 펼치기에 적절한 때를 기다린다.

정원사가 다양한 꽃의 필요에 맞춰 맞춤형 돌봄을 제공하듯, 교사들도 학생 개개인의 성장 속도를 받아들여야 한다. 학생들은 저마다 고유한 꽃과 같아서 잠재력을 온전히 발휘하기 위해서는 적절한 양의 햇빛과 물, 보살핌이 필요하다. 이 다양한 배움의 꽃밭에서 모든 꽃이 자기만의 시간과 방식으로 결국에는 빛을 발한다는 점을 이해하는 것, 즉 개인의 차이를 인식하고 존중하는 것이 진정한 가르침의 기술이다.

소그룹 수업 점검표

다음은 소그룹 보충 수업에서 각 학생의 필요에 맞게 목표를 설정하고, 흥미를 유발하고, 개인별 차이를 존중하도록 하기 위한 점검표다.

- **학습 목표 설정**
  - 소그룹 수업 시간의 구체적인 학습 목표를 명확하게 정의하기

- **개별적 필요 파악**
  - 각 학생의 약한 부분을 파악하기 위해 평가 자료 검토하기
  - 파악한 지식 및 기술 부족을 해결하기 위해 맞춤식 수업 설계하기

• 그룹 구성

- 비슷한 학습 수준과 필요에 따라 소그룹 구성하기
- 그룹 구성원 사이의 역학 관계와 상호작용 고려하기

• 자료와 자원 준비

- 적절한 교수 자료와 자원 준비하기
- 테크놀로지의 필요성 고려하기
- 필요한 학급 용품을 구성하기
- 필요한 교재를 구성하기

• 적응과 차별화

- 학습 스타일, 기호, 능력에 따라 수정 사항 고려하기
- 학생들의 관심을 유지하기 위해 참여를 유도하는 양방향 활동 계획하기
- 다양한 학습 기호를 반영해 여러 교수 전략 활용하기

• 진척 상황 점검

- 성공 기준을 설정하고 개인별, 그룹별 진척 상황 점검하기
- 수업 중 이해도를 파악하기 위해 형성평가 기법 사용하기

• 질문 기법

- 비평적 사고를 독려할 수 있는 탐구 질문과 개방형 질문 개발하기
- 학생의 학습 속도와 이해도에 기초해서 질문 조정하기

● **피드백 메커니즘**

- 학생들이 자신의 이해도와 어려움을 공유할 수 있는 피드백 루프 만들기
- 성과와 진척 상황에 대해 건설적인 피드백 제공하기

● **비계 지원**

- 비계를 제공하되 학생이 능숙해지면 서서히 학생에게 책임을 맡기기
- 지도가 더 많이 필요한 학생에게 추가적인 도움 제공하기

12장

학생들을 평가에
참여시켜라

교사 생활을 시작한 지 2년째 되는 해였다. 내(존)가 맡은 한 학급에서 전체 학생의 30퍼센트가 낙제 위기에 처했다. 나는 중간 결과 보고서를 출력해서 학부모나 보호자에게 보냈다. 학생들을 한 명씩 불러 더 열심히 노력하지 않으면 낙제할 거라고 설명했다. 나는 합리적인 방안을 내놓았다. 학생들이 과제를 늦게 내더라도 최대 75퍼센트의 성적을 받을 수 있게 한다는 계획이었다.

그러자 한 학생이 고개를 저으며 말했다.

"선생님, 저는 이 수업을 좋아해요. 우리가 하는 활동도 좋아요. 그냥 활동 결과물을 제출하는 부분은 신경 쓰지 않는 것뿐이에요."

"네가 열심히 과제를 수행한 건 선생님도 알아. 시간이 더 필요한 거니?"

학생은 어깨를 으쓱했다.

"선생님은 네가 과제를 완수하도록 도와줄 수 있단다." 내가 덧붙였다.

"과제 완수요? 그 말이 문제예요. 저는 그걸 하고 싶지 않아요. 선생님은 성적을 무슨 과제 수행의 대가처럼 말씀하시네요. 마치 학생들을 직원처럼 대하면서 성적으로 학생들을 더 열심히 일하게 할 수 있다고 생각하시죠! 그런데 뭘 어떻게 하실 건데요? 저를 해고하실 거예요? 저는 더 높지도, 더 낮지도 않게 딱 D 학점을 받을 만큼만 과제를 할 거예요."

대화가 끝나고 나서 나는 충격을 받았다. 성적과 관련해서 여러 번 학생들과 대화를 나눠 봤지만, 이처럼 솔직한 대화는 없었다. 이 학생은 수업에 적극적으로 참여하는 이른바 '영재'로 불리는 학생이었지만, 단지 점수를 따는 게임에는 관심이 없었다. 모든 수업에서 D 학점을 받을 만큼만 했다.

그날 오후, 나는 친구를 만났다. 친구는 그 학생의 말이 일리가 있을 수도 있다고 했다.

"학생들이 더 열심히 공부하도록 동기를 부여하는 게 목표야? 아니면 학생들에게 학습에 대한 정확한 피드백을 제공하는 게 목표야?"

나는 방어적으로 반응했다.

"둘 다일 수 있지. 그리고 학생들이 미래에 필요한 소프트스킬을 기르길 원한다면 열심히 하는 것과 기한을 지키는 것에 보상을 해야지."

그 후로도 몇 주 동안 우리는 토론을 계속 이어갔다. 친구는 평가를 대하는 나의 사고방식에 이의를 제기했다. 내가 틀렸다고 말하지는 않았다. 대신에 내 생각을 자세히 설명해 보라고 했다. '성취도 기반 평가 방식'으로 접근해도 학생들이 똑같이 열심히 했을까? 만일 '현실 세계'의 평가 방식을 모방하고 싶었다면 스포츠, 미술, 음악, 창의적 산업, 공학 분야에서 평가는 어떤 식으로 이루어졌을까?

평가에 대한 내 사고방식은 서서히 변해갔다. 여전히 학생들에게 모든 과제를 제출하라고 요구하지만, 늦게 제출했다고 감점하지는 않는다. 늦게 제출한 것은 학업 문제가 아니라 훈육 문제로 다뤘다. 나는 피드백에 집중하고, 수업 목표에 맞춘 평가 방법을 도입하려고 노력했다. 학생들에게 더 높은 점수를 받을 수 있도록 재시험을 치거나 과제를 수정하라고 독려했다.

그런데 이 방법 역시 여전히 교사 중심의 접근법이었다. 나는 과제에 점수를 매기고, 그 점수를 기반으로 수업을 수정하거나 소그룹을 구성했다. 학생들이 무엇을 알고 무엇을 모르는지 그리고 다음에 무엇을 해야 할지 파악할 수 있게 구체적인 피드백을 제공했다. 이제 평가는 교사의 업무에서 학생과의 대화로 바뀌었다. 하지만 여전히 일방적으로 진행될 뿐이었다.

나는 동료 평가와 자기 평가가 정확한 피드백을 제공하는 훌륭한 도구임을 이미 알고 있었다. 하지만 만약 학생들이 틀린 평가를 내린다면? 학생들이 서로 형편없는 피드백을 주고받는다면? 만약 어떤 학생이 자기 평가를 진지하게 하지 않는다면? 이런 평가가 시간 낭비일 뿐이라면 그다음에는 어떻게 할 수 있을까?

나는 통제권을 내려놓기가 두려웠다. 그러나 설문 조사나 자기성찰 형식으로 자기 평가를 조금씩 추가하기 시작했다. 나는 여전히 점수를 매겼지만, 학생들이 평가 과정에 더 많이 참여할 수 있었다. 짧은 동료 피드백 절차도 도입했다. 놀랍게도 학생들은 자기 평가와 동료 피드백에 진지하게 참여했다. 실용적인 동료 피드백을 제공하고, 솔직한 자기성찰이 이어졌다.

물론 어느 정도는 성장통도 있었다. 그러나 여기에서 중요한 것은 '성장'이었다. 나는 학생들이 점차 자기 주도적인 학습자로 성장하는 모습을 지켜봤다.

평가 과정에 학생들이 참여해야 하는 이유

학생들이 자기 평가와 동료 평가에 자주 참여해야 하는 다섯 가지 중요한 이유가 있다.

1. 자기 평가와 동료 평가는 시간을 절약해 준다

교단에 선 처음 2년 동안 나는 일주일에 평균 15시간에서 20시간을 과제 채점에 썼다. 때로는 루브릭rubric(사전에 공유된 구체적인 채점 기준표 - 옮긴이)을 사용했고, 때로는 질적인 피드백에 집중했다. 두 가지 방식을 혼용할 때도 있었다.

나는 힘들게 일하면서도 내가 모자란다는 느낌 때문에 힘들었다. 학생들은 피드백을 받았음에도 그것을 활용해 더 나아지는 것처럼 보이지 않았다. 자신이 기준을 성취했거나 목표를 달성했는지조차 알지 못하는 것처럼 보였다. 나는 쉴 틈 없이 일했지만, 학생들은 내가 준 피드백을 전혀 활용하지 않는 것 같았다.

학생 중심 평가로 전환하면서 나는 일주일에 한 번에서 세 번까지 자기 평가를 시행했다. 단순한 자가 채점 쪽지 시험이나 짧은 성찰일지 쓰기일 때도 있었고, 설문지나 루브릭을 활용한 평가일 때도 있었다. 학기 말에 첫 번째 '학생 포트폴리오 프로젝트'를 시작했다. 다음 학기에는 매 수업에 동료 피드백을 도입하기 시작했다. 어떤 경우는 돌아가면서 1~3분 정도 짧게 이야기하는 형식이었고, 어떤 경우는 20분 피드백이나 하크니스 방식(Harkness Protocol, 원형으로 앉아서 진행하는 토론 방식 - 옮긴이)처럼 길게 했다.

곧 나의 업무 일정에 변화가 느껴졌다. 과제를 채점하는 데 들이는 시간이 확실히 줄어들었고, 그래도 여전히 교수법을 수정하고 수업을 계획하는 데 필요한 자료는 모두 확보할 수 있었다. 책상에 앉아서 과제물을 채점할 때, 더 깊고 풍부한 피드백을 제공할 수 있었다.

한편, 수업을 계획하고 자료를 준비하고 학생들과 토의할 수 있는 시간도 늘어났다. 평가 부담 전체를 혼자 떠안지 않았기 때문에 수업 중에 구체적인 피드백을 더 자주 제공할 수 있었다. 평가가 즐거워졌다. 조금 이상한 표현일지 모르겠지만, 이제는 평가가 급한 일처럼 느껴지지 않았기 때문에 나는 비로소 의미 있는 피드백을 제공하는 즐거움을 느낄 수 있었다.

학생들에게도 곧바로 이로운 영향을 미쳤다. 나는 더욱 활기가 넘쳤고 스트레스가 줄어들었다. 더 많은 시간을 진정한 피드백을 제공하는 데 쓸 수 있었고, 점수를 매기는 일에 들어가는 시간은 줄어들었다.

다른 변화도 나타나기 시작했다. 학생들이 피드백을 참고해 더 나아지는 모습이 보였다. 전적으로 형성적 피드백이기 때문에 학생들은 점수에 중점을 두기보다 학습 자체에 더 집중했다.

2. 학생들이 과정을 주도할 때 피드백은 더욱 실용적이다

교사들의 시간과 에너지는 한정되어 있다. 아무리 열심히 일해도 모든 과제물을 채점하거나 모두에게 의미 있는 피드백을 제공할 수는 없다. 그런데도 알다시피 최고의 피드백을 제공하려면 시의적절하고 실용적이고 관련성까지 갖춰야 한다.

학생들이 동료 평가에 참여하면 피드백을 즉각적으로 제공할 수 있다. 과제를 제출하고 나서 피드백을 받기까지 일주일이나 걸리지 않는다. 학생들은 자신이 성장하고 싶은 핵심 영역에 집중하며 중간 결과를 점검하고, 다음 단계를 계획할 수 있다. 그래서 피드백은 더 의미 있고 실용적으로 느껴진다.

그렇다고 교사의 피드백이 무의미하거나 시의적절하지 못하다는 의미는 아니다. 우리는 특정 학문 분야의 전문가이면서 교육전문가이다. 학생들이 자신의 기술을 향상하고, 배운 개념을 토대로 지식을 더 많이 쌓기 위해서는 교사의 피드백도 반드시 필요하다. 실제로 자기 평가만 있을 경우 자칫 위험할 수도 있다. 학생들이 자신이 무엇을 모르는지 또는 상황을 개선하기 위해 어떤 단계가 필요한지 모를 수도 있기 때문이다.

마찬가지로, 동료 피드백도 너무 애매하거나, 지나치게 긍정적이거나 부정확하면 오히려 역효과를 낼 수 있다. 또한 동료 피드백은 자칫 바람직하지 않은 권력 관계를 생성할 수도 있다. 이런 이유로 교사들에게 동료 채점이 아닌 동료 피드백을, 자가 채점이 아닌 자기 평가를 도입하라고 강조하고 싶다.

3. 학생들이 메타인지를 향상할 수 있다

학생들이 강한 메타인지 기술을 가지고 있다면 변화를 예측하고 복잡한 상황을 잘 헤쳐나갈 수 있다. 하지만 항상 그렇게 되지는 않는다. 고등 교육 분야에서 잘 알려진 학자인 파스칼라Pascarella와 테렌지니Terenzini의 연구에 따르면, 대학생들이 직면하는 가장 큰 도전 과제 중 하나가 학습 관리다.[1]

하지만 학습 관리는 대학 생활과 직업의 성공에 국한된 개념이 아니다. 평생 학습자가 되려면, 학습을 스스로 관리하고 주도하는 법을 익혀야 한다. 즉, 생각에 대해 생각하는 법을 알아야 한다. 나는 이와 관련해《학습은 어떻게 이루어지나(How Learning Works)》의 저자들이 설명하는 방식을 좋아한다. 그들은 이렇게 말한다.

"자기 주도적인 학습자가 되기 위해 학생들은 과제의 요구 사항을 정확히 파악하고, 자신의 지식과 기술을 평가하고, 접근 방법을 계획하고, 학습 진행 상황을 계속 점검하고, 필요에 따라서는 전략을 조정하는 법을 배워야 한다."[2]

저자들은 메타인지를 하나의 순환고리로 설명한다.(248쪽 그림 12.1 참조.) 그 과정은 먼저 주어진 과제를 파악하는 능력에서 시작된다. 학생들이 무엇을 완수해야 하는지 명확히 파악하는 단계. 과제를 파악하는 일은 언뜻 쉬워 보이지만, 단순히 지시사항을 읽는 것 이상의 의미가 있다.

기존 지식과 새로운 지식을 통합하고, 직접 교수법과 새로운 과제를 연결하는 능력도 필요하다. 만약 과제가 너무 복잡해 보이면 학생들은 부담을 느끼고 중도에 포기할 수도 있다. 때로는 과제를 너무 단순하게 생각하거나 특정한 세부사항에 집착할 수도 있다.

두 번째 단계는 자신의 강점과 약점을 평가하는 단계다. 그런데 만약 학생들이 자신의 능력을 부정확하게 인식하면, 이 단계가 까다롭게 느껴질 수 있다. 높은 수준의 학습 능력을 지닌 학생들이 '가면 증후군(imposter syndrome)'을 겪는 경우도 있는데, 이는 자신이 모르는 것이 무엇인지 너무 잘 알기에 오히려 스스로 자기 능력을 과소평가하는 현상을 말한다.

반대로 학습 능력이 뛰어나지 않은 학생이 자기 능력을 과대평가하는 '더닝 크루거 효과(Dunning Kruger Effect)'를 경험할 수도 있다. 따라서 동료 피드백이 정말 중요하다. 학생들은 자신의 강점을 정확하게 인지하는 능력을 기르기 위해 때로는 또래 집단으로부터 긍정적 확언을 들어야 한다.

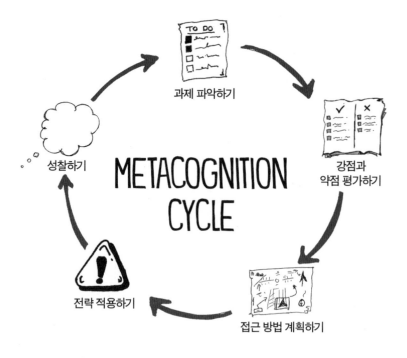

그림 12.1 **메타인지 순환고리**

[출처: 《학습은 어떻게 이루어지나(How Learning Works: Seven Research-Based Principles for Smart Teaching)》에서 수정함.]

다음으로 학생들은 접근 방법을 계획한다. 꼭 세부적인 계획일 필요는 없다. 어떤 경우에는 자신의 목표와 그 목표를 이루기 위해 해야 할 일을 그려볼 수 있다. 흥미롭게도 전문가들이 초보자들보다 계획을 세우는 데 더 많은 시간을 할애하는 경향이 있지만, 전문가들은 초보자들처럼 초기에 실수를 많이 하지 않으므로 실행 능력이 더 뛰어나다.

이제 학생들은 행동을 취하는 단계로 넘어간다. 즉, 전략을 적용하고, 진행 상황을 점검한다. 그리고 나서 다음 단계로 넘어가 자신의 학습을 성찰하고 접근 방법을 조정한다. 이때, 새로운 전략을 찾아내서 궁극적으로는 과제를 재평가하는 과정에 이를 수도 있다. 문제 해결 능력이 뛰어난 학생들은 잘한 부분은 강조하고 실패한 부분은 수정하면서 접근 방법을 조정하겠지만, 문제 해결 능력이 부족한 학생들은 효과 없는 방법을 계속 고수할 가능성이 크다.

메타인지 순환 과정은 빠르게 일어날 수도 있고, 장기간에 걸쳐 일어날 수도 있다. 항상 체계적인 순서를 따르는 건 아니다. 어떤 경우에는 거의 보이지 않을 정도로 매끄럽게 진행되는 느낌이 들 수도 있다. 그렇더라도 이 과정은 학습에 필수적이다. 학생들이 강한 메타인지 기술을 가지고 있다면 대학과 직장에서 그리고 평생 학습에서 성공할 가능성이 더 크다. 이것이 학생들이 평가 과정에 주도적으로 참여해야 하는 이유다. 학생들은 평가를 통해 다음의 사항들을 파악할 수 있다.

- 이미 아는 것(기존 지식)
- 모르는 것(개선 영역)
- 숙달하고 싶은 것(목표)
- 개선을 위해 해야 할 행동(행동 계획)

즉각적인 피드백을 얻을 수 있는 간단한 자기 평가를 도입한다면 학생들은 이 순환 과정을 빠르게 익힐 수 있다. 마찬가지로 실용적인 동료 피드백을 받으면 이미 아는 것과 모르는 것을 더 정확하게 파악할 수 있으므로 목표를 설정하고 행동 계획을 세울 때 큰 도움이 된다.

4. 동참 의식이 높아지면 더 적극적으로 참여한다

나(트레버)는 학생들이 내 수업에서 협동 학습에 참여할 때마다 항상 동료 평가지와 자기 평가지를 작성하게 한다. 한 단원이나 개별 프로젝트를 마치는 동안 팀의 모든 구성원이 어떻게 협력했는지 피드백을 제공하기 위한 것이다. 학생들은 간단한 채점 기준표를 기반으로 자기 자신과 동료 학생에게 점수를 매기고, 어떤 근거로 그 점수를 줬는지 설명한다.

이 평가의 주된 목적은 프로젝트 완료 후 교사가 입력할 각 학생의 협력 점수를 정하기 위함이다. 나는 이 평가로 서로의 점수를 결정하는 것은 아니란 점과 그들의 평가를 도구로 사용해 점수를 최종적으로 결정한다는 점을 학생들에게 분명히 알린다.

그러던 어느 날이었다. 한 단원이 끝날 때쯤 한 모둠이 활동 결과물을 발표했는데, 나는 그 모둠 전체를 칭찬했다. 내 말이 끝나자마자 그 모둠의 에밀리라는 학생이 얼굴이 홍당무처럼 붉어지더니 자기 책상으로 달려가 엎드려 울기 시작했다. 나는 에밀리를 따로 불러내 무슨 일인지 물었다. 에밀리가 대답했다.

"선생님이 우리 팀 전체를 칭찬하셨는데, 사실 이번 과제는 저 혼자서 한 거라고요!"

"정말 미안해. 선생님은 전혀 몰랐단다. 내가 보기에는 모두 열심히 하는 것 같았거든."

내 말에 에밀리는 프로젝트 내내 다른 아이들이 열심히 하는 척하면서 어떤 식으로 자신을 이용했는지 털어놓았다. 상황을 조금 더 깊이 살펴보니 내가 속았다는 것을 알 수 있었다. 학생들이 실제로 협업 활동에 참여하는지 프로젝트가 끝난 후에야 확인해서는 안 된다는 사실을 배운 순간이었다. 그때부터 나는 팀워크 평가지를 사용하기 시작했다. 학생들이 자신과 팀원의 기여도를 평가하는 도구였다. 별도의 공지 없이 팀워크 평가지를 나눠주고 학생들에게 작성하라고 했다.

처음에는 많은 학생이 솔직한 피드백을 남기기를 꺼렸다. 팀원들이 화를 내거나 팀에서 소외될까 봐 두려워서였다. 그러나 학생들은 곧 팀워크 평가의 유용성을 깨달았다. 나는 더는 점수를 정하려고 학생들에게 피드백을 요청하지 않았다. 평가에 대한 주도성을 가진 후부터 학생들은 직접적인 혜택을 받을 수 있었다. 더는 에밀리처럼 프로젝트를 하는 동안 이용당한다고 느끼는 학생이 없었다.

평가 과정을 주도할 때 학생들은 동참의식을 느낀다. 학습에 대한 통제감이나 주체성도 생긴다. 학습 과정을 겪으면서 자신의 진척 상황을 더 잘 인지할 수 있다. 자신이 아는 것과 알아야 할 것도 더 잘 파악한다. 8장을 떠올려보면 학생 참여의 핵심 요소는 '집중과 몰입'이다.

자기 평가는 학생들이 동참 의식과 학습자 주체성을 통해 계속해서 학습에 몰입할 수 있도록 돕는다. 학생들은 몰입을 유지하면서도 자신의 학습 진행 상황을 더 잘 파악할 수 있기 때문에 집중력과 주의력을 더욱 향상할 수 있다.

www.newteachermindset.com에서 Digital Download Teamwork Assessment에 접속하면 팀워크 평가 도구를 내려받을 수 있다. 252~253쪽의 표 12.1은 내가 사용하는 간단한 팀워크 평가지다.

점수	유형	관찰 내용
0	무참여	팀 활동에 참여하지 않거나 팀에 대한 기여가 없다.
1	최소 참여	팀 활동에 거의 참여하지 않으면서 최소한으로 기여한다.
2	불규칙 참여	참여가 일관되지 않고, 활동하는 동안 크게 변한다.
3	보통 참여	기여도가 높지만, 전반적인 참여 수준은 개선이 필요하다.
4	우수 참여	항상 최선을 다하고, 원활히 소통하며, 팀의 책임감을 높이고 작업의 질을 높인다.

점수

0   1   2   3   4

팀원 이름

추가 의견

표 12.1 **팀워크 평가지**

점수	유형	눈에 띄는 행동
0	참여하지 않음	팀 활동에 참여하지도, 팀 과제를 돕지도 않는다.
1	조금 참여함	팀을 조금 돕지만, 팀 활동에 거의 참여하지 않는다.
2	가끔 참여함	가끔 돕기는 하지만, 프로젝트를 하는 동안 항상 참여하는 것은 아니다.
3	대부분 참여함	팀 활동을 잘 돕지만, 프로젝트를 위해 조금 더 기여할 수도 있을 것이다.
4	항상 참여함	팀 활동을 항상 돕고, 팀원들과 대화하고 협력하며, 프로젝트의 질을 높인다.

점수

0	1	2	3	4	팀원 이름

추가 의견

표 12.1 **팀워크 평가지**

5. 학생들이 평생 기술을 기를 수 있다

학생들이 평가 과정에 주도적으로 참여하면 자기 인식은 깊어지고 지적 겸손이 향상된다. 목표를 설정하는 법과 자신의 진척 정도를 점검하는 법을 배우고, 만일 평가 과정이 프로젝트 기반 학습에 포함되어 있다면 프로젝트 관리도 배울 수 있다. 자신의 강점과 약점을 파악하고 새로운 접근법을 시도하면서 회복탄력성도 기를 수 있다.

또한 문제 해결을 위한 반복적 사고에 참여하고, 종종 새로운 접근 방법을 생각해 낸다. 동료 평가를 할 때는 '좋은 코치가 되는 법'을 배울 수 있다. 피드백을 주고받는 법을 배우고, 협업과 문제 해결을 어떻게 하는지도 배운다. 다시 말해, 교사가 학생들에게 평가 과정을 주도할 수 있는 권한을 부여한다면 학생들은 이 기회를 통해 평생 학습자가 될 수 있는 역량을 강화할 수 있다.

자기 평가 활동이 꼭 필요한 이유

학생들에게 프로젝트 기반 학습을 처음 제안했을 때 나(존)는 성찰 활동을 프로젝트 마지막에만 집어넣는 실수를 저질렀다. 매일의 수업에는 실제 성찰 활동을 포함하지 않았다. 학생들은 학습한 내용을 정리하기 위해 여러 단락의 긴 성찰일지를 작성하곤 했다. 학생들 대부분이 몇 가지 이유로 이 활동을 싫어했다. 일단 성찰일지가 너무 긴 데다 대부분 서술형에 치우쳐 있었다. 또한 성찰일지를 쓴다고 해서 그것으로 할 수 있는 일이 없었다. 어쨌든 프로젝트는 이미 끝나지 않았는가.

나는 내가 학생일 때 프로젝트를 어떻게 진행했는지 생각해 봤다. 프로젝트를 진행하는 동안 나는 항상 성찰하려 했다. 때로는 성찰 내용을 글로 쓰고, 때로는 스케치 노트에 아이디어를 그리면서 성찰했다. 때로는 일지를 쓰기도 했다. 그러나 가끔은 그저 생각하고, 반성하고, 그리고 바로 다음 단계로 넘어가기도 했다. 그래서 나는 접근 방식을 바꿨다. 학생들과 함께 짧지만 평상시 자주 시도할 수 있는 자기성찰 활동을 넣기로 했다. 다음은 자기성찰 활동의 몇 가지 예시다.

- **고요한 성찰** 때로는 학생들에게 그저 짧은 시간 동안 조용히 성찰할 기회를 주는 것만으로도 충분하다. 2분 동안 수업을 멈추고 학생들에게 질문을 제시한 후 그것에 관해 생각해 보라고 할 수 있다.

- **개방적 글쓰기** 학생들은 자신의 성찰을 바탕으로 한 편의 글을 자유롭게 쓸 수 있다. 의식의 흐름이라고 생각하고, 글의 완성도가 아닌 사고 과정에 초점을 맞추면 된다.

- **목록 작성하기** 우리는 성찰을 위한 글쓰기를 할 때 흔히 단락 형식을 생각하지만, 때로는 목록으로 정리할 수도 있다. 예를 들면 학생들에게 '이 프로젝트를 통해 지금까지 자신에 관해서 알게 된 세 가지를 쓰시오.' '오늘 배운 핵심 개념 두 가지와 질문 한 가지를 쓰시오.'와 같은 지시문을 제시할 수 있다.

- **설문지에 답하기** 학생들은 때때로 개방형 질문에 답하는 것을 어려워

한다. 그럴 때 설문지 형식을 사용하면 좋다. 학생들에게 체크박스 질문이나(질문 예시: 이 프로젝트에 대해 어떻게 느끼는가?) 짧은 숫자로 답하는 질문, 중간 결과를 평가하는 카테고리 선택형 질문을 제시할 수 있다. 설문지 형식을 활용하면 더 체계적이고 정량화된 자기성찰을 유도할 수 있다.

- **생각 스케치** 자신이 생각하는 것을 그림으로 표현하는 일종의 고요한 성찰 방법이다. 내가 즐겨 사용하는 방법은 머리 모양이 그려진 유인물을 나눠주고, "이 프로젝트를 생각하면서 지금 여러분 머릿속에서 일어나는 일을 스케치해 보세요."라고 지시하는 것이다.

- **루브릭** 우리는 프로젝트가 모두 끝난 후에 루브릭을 사용하는 경향이 있지만, 루브릭은 학생들이 자신의 작업을 성찰하도록 안내하는 훌륭한 도구가 될 수 있다. 학생들은 자신의 현재 작업을 루브릭 기준과 비교해 보면서 잠재적 문제를 진단하고 새로운 전략을 계획할 수 있다.

- **점검표** 보통 점검표를 성찰의 한 형태로 생각하지는 않지만, 점검표는 자신의 진행 상황을 점검하고, 그것을 바탕으로 새로운 목표를 설정하거나 다음 단계를 결정하는 데 도움이 된다.

- **진행 막대** 진행 막대를 색으로 채워 상태를 점검한다. 즉, 막대나 원에 색칠해서 프로젝트가 어느 정도 진행되었는지 나타낸다. 진행 막대로 학습 숙련도나 과제 수행이 어느 정도 단계까지 왔는지 표시할 수 있

다. 우리는 일상에서 진행 막대를 늘 사용한다. 애플워치의 활동 링이나 온라인 진행 표시줄을 본 적이 있다면, 진행 상황을 성찰하는 도구로 진행 막대가 얼마나 널리 사용되고 있는지 이해할 것이다.

- **목표 추적** 학생들은 목표를 설정하고, 목표의 진척 상황을 추적해야 한다. 그래프나 진행 막대로 나타낼 수도 있고, 진척 상황을 간단히 기술할 수도 있다.

- **개념지도** 학생들은 특정 개념에 관해서 자신이 알고 있는 내용을 스케치해서 개념지도(Concept map)로 나타낼 수 있다.

- **평가 그리드** newteachermindset.com에서 Digital Download Assessment Grid에 접속하면 평가 그리드 자료를 내려받을 수 있다.(디지털 다운로드 자료를 참조하자.)

이처럼 다양한 방법의 짧은 성찰을 통해 더 자주 반성하게 한다면, 학생들은 자기성찰을 창의적인 작업을 수행하는 '자연스럽고 통합된 부분'으로 이해하기 시작할 것이다.

동료 평가를 개선하는 방법

많은 학생이 동료 평가를 싫어하는 데는 이유가 있다. 어떤 평가가 가치 있는지, 어떻게 해야 평가를 건설적이고 정중하게 전달할 수 있는지 명확하지 않아서다. 어떤 학생들은 무례하게 들릴까 봐 두려워서 어떤 비판적인 의견도 꺼내지 못한다. 불확실성은 잘못된 평가나 유용하지 않은 의견을 내놓을 수도 있다는 불안감을 일으킬 수 있다.

판단에 대한 두려움도 큰 역할을 한다. 학생들은 동료들이 지나치게 비판적이거나 무신경할까 봐 걱정할 것이다. 심리적으로 불안할 때 특히 그렇다. 게다가 학생들이 서로의 작업이나 관심사를 제대로 이해하지 못할 수도 있으므로 동료 피드백 과정이 때로는 강압적이거나 진정성 없게 느껴질 수도 있다. 종종 동료 피드백은 모호하거나 지나치게 긍정적이며, 피드백과 실제 수정 과정 사이에 아무런 연관성이 없을 때가 많다. 그러므로 동료 피드백을 개선할 수 있는 몇 가지 방법을 소개하려 한다.

동료 평가 과정을 구조화하는 것이 좋은데, 공식적인 방식으로 피드백에 일정한 형식을 도입해 사용하기도 한다. 절차적 제약이 있으면 실제로 더 좋은 피드백이 나올 수 있기 때문이다. 예술 집단에서든 기업에서든, 구조화된 절차는 더 나은 피드백을 촉진하기 위한 수단이 될 수 있다. 다음은 학생들이 동료 평가 때 사용할 수 있는 구체적인 형식이다.

- **20분 평가 시스템** 한 학생이 자신의 작업을 공유하거나 아이디어를 제안하는 것으로 시작하며, 상대 학생은 적극적으로 경청한다. 피드백을 제공하는 방식이 '비판적인 친구'와 비슷한 점이 있다.

- **뼈대 문장 활용 평가** 교사가 기본적인 뼈대 문장을 제공하면 학생들이 이것을 이용해 진단 피드백, 명확한 설명, 비판적 피드백을 제공한다.

- **5-2-1 형식** 강점 다섯 가지, 개선할 점 두 가지, 질문 한 가지를 제시하는 간단한 형식이다. 만약 이 방법이 긍정적 피드백으로 치우쳐 있는 것처럼 보인다면, 그것은 부정성 편향(negativity bias) 때문에 너무 부정적인 것에 집중해서다. 실제 연구에 따르면, 부정적인 말 한마디를 만회하려면 긍정적인 확언 다섯 마디가 필요한 것으로 나타났다.[3]

- **피드백 회전목마** 모둠별로 포스트잇을 한 묶음씩 받는다. 학생들은 여러 모둠을 돌아다니며 익명으로 피드백을 제공한다.

- **동료 코칭** 학생들이 서로 인터뷰하며 프로젝트나 작업 과정에 관해 이야기를 나눈다. 만일 '성찰 질문'을 생각하기 어렵다면 교사와 상담을 통해 얻은 코칭 질문을 길잡이로 사용할 수 있다.

- **마스터마인드 그룹** 마스터마인드Mastermind(자기계발이나 협력 프로젝트를 위해 지식과 아이디어를 공유할 목적으로 구성된 협력그룹 - 옮긴이)는 비교적 장기적인 동료 피드백 형식이다. 나는 블로그 운영을 위한 그룹 두 곳과 연구 및 논문 작성을 위한 그룹 한 곳의 회원이다.

- **루브릭** 학생들은 루브릭 또는 루브릭에 기초한 점검표를 사용해 다른 학생이 어떻게 하고 있는지 구체적인 피드백을 제공할 수 있다.

기준을 명확히 정의하라

때때로 학생들은 평가를 제공하는 기준을 확실히 몰라서 동료 평가를 힘들어한다. 그러므로 학생들에게 평가의 기준을 명확히 제시하면 도움이 될 수 있다. 이를 위해 교사는 수업 시간에 루브릭을 보여주고 학생들과 함께 예시를 살펴볼 수 있다. 평가 기준을 목록으로 작성해서 제공할 수도 있고, 시각적 자료를 제시해서 학생들이 동료의 과제물과 시각적 자료를 비교하게 하는 방법도 있다. 게다가 동료 평가를 학습 목표나 교육 표준과 연결하면, 학생들은 평가가 자신의 학습과 어떤 연관이 있는지 확실히 알 수 있다.

평가의 목적을 설명하라

평가의 광범위한 개념을 생각할 때, 학생들은 자신이 무엇에 관한 평가를 받고, 이것이 왜 중요한지 알아야 한다. 앞에서 메타인지 순환고리를 설명하고, 실제적 평가가 학생들의 사고 과정을 어떻게 도울 수 있는지 살펴봤다. 교사는 때에 따라 평가의 목적을 학생들에게 명확하게 설명할 필요가 있다. 다음과 같은 내용을 사전에 공유하는 것이 도움이 된다.

- **어떤 종류의 평가를 주고받을까?** 과정에 관한 피드백인가, 결과물에 관한 피드백인가? 지식의 정확성이나 특정 능력에 관한 피드백인가?

- **중점적으로 다루고 싶은 핵심 영역** 글쓰기에서는 단어 선택에 관한 피드백일 수 있다. 디자인 사고 프로젝트의 경우, 학생들이 수행한 조사에 관한 피드백일 수 있다. 수학에서는 문제를 푸는 접근 방법에 관한 피드백일 수 있다.

- **피드백을 어떻게 활용할까?** 학생들이 피드백을 받았을 때 어떻게 할 계획인지 미리 생각해 보도록 상기시키자. 학생들은 그들이 주고받는 피드백을 어떻게 활용할까?

교사는 프로젝트 진행 도중에 학생들의 능력에 대한 피드백을 제공할 수도 있고, 중간 결과물에 대한 피드백을 제공해 수정하고 개선할 기회를 줄 수도 있다. 학생들은 피드백의 기준과 이유를 알아야 한다. 즉, 왜 피드백을 받는지, 어떤 유형의 피드백을 받는지, 피드백을 학습 향상에 어떻게 활용할 것인지 알아야 한다.

동료 평가의 기준과 기대치를 설정하라

동료 평가 시 많은 학생이 너무 소극적으로 말하거나, 반대로 너무 직설적이거나 냉혹하게 말할 수 있다. 따라서 교사가 동료 평가의 어조와 기준을 정해줄 필요가 있다. 다음과 같이 규범을 정해 놓으면 도움이 된다.

- **존중에 기반한 언어 사용** 어떤 언어를 사용해야 할까? 피해야 할 단어나 표현은 어떤 것인가?

- **적극적 경청** 적극적 경청이란 무엇인가? 이해를 목표로 경청한다는 것은 무엇을 의미하는가? 적극적 경청은 어떤 '모습'일까?(참고로, 학생들에게 억지로 눈을 마주치도록 강요하지 마라. 문화적 차이를 존중하며 적극적 경청을 장려하는 것이 중요하다.)

- **최대한 집중하기** 학생들이 집중한 상태를 시각화할 수 있게 교사는 긍정적 행동의 구체적인 예시를 제시하고, 집중을 방해하는 요소는 무엇인지 생각해 보게 해야 한다.

- **준비 상황 점검** 완전히 준비된 상태로 동료 피드백에 참여한다는 것은 어떤 의미인가? 미리 준비해야 할 자료나 질문이 있는가?

- **주제 유지** 주제를 유지하기 위해 어떤 태도를 보여야 할까? 피드백에 계속 집중하려면 어떻게 해야 할까?

피드백 규범을 설정했다면, 학생들에게 규범을 충분히 검토할 시간을 줘야 한다. 학생들이 피드백 규범을 완전히 이해하면 매번 상기시킬 필요가 없다. 초등학교 저학년 학생들에게는 규범을 사용하는 방법을 시범 보이고, 적절한 예시와 부적절한 예시를 제공하는 과정이 필요할 수도 있다. 어린 학생들은 불친절한 말과 비판적 피드백의 차이를 알지 못할 수 있다. 그러므로 교사는 두 행동의 차이를 사회 정서 학습 수업에서 다루거나, 이야기나 그림책에 나오는 예시를 인용해 설명해야 한다. 이것은 학급 회의에서 다루기 좋은 주제이며, 대화 내용을 동료 피드백 시간에 다시 언급할 수 있다.

행동으로 이어지는 피드백

학생들이 어떤 피드백 절차를 사용하든, 결과적으로는 피드백 내용을 정리하고 다음 단계를 설정해야 한다. 만약 과정에 대한 피드백을 제공한다면, 앞으로의 과정에서 바뀔 사항을 나열할 수 있다. 결과물에 초점을 둔 피드백이라면 어떤 점을 수정할 것인지 목록으로 만들 수 있다. 관계에 초점을 둔 피드백이라면 앞으로 어떤 방식으로 상호작용할지 생각해야 한다. 어떤 피드백이든 중요한 점은 학생들의 행동으로 이어져야 한다는 것이다.

학생 주도적 접근법

학생 중심의 평가 방법을 도입하면 학생들의 참여와 주인의식을 높일 수 있다. 학생들은 자기 평가에 참여했을 때 "나는 무엇을 알고 있는가? 나의 학습 성취도는 어떤 수준인가? 다음에 무엇을 해야 할까?"라고 질문하면서 메타인지가 향상된다. 동료 평가에 참여하면서는 자신이 개선해야 할 핵심 영역을 파악하고, 어떤 일이든 피드백이 필수적인 부분임을 이해할 수 있다. 학생들이 자기 평가와 동료 평가에 참여하면 교사는 시간을 절약할 수 있고, 따라서 더 깊이 있는 평가를 제공할 수 있다.

주

1. Pascarella, Ernest T., Terenzini, Patrick T. (2005). *How college affects students,* Vol. 2. Jossey-Bass.
2. Ambrose, Susan A., et.al. (2010). *How learning works: Seven research-based principles for smart teaching.* Jossey-Bass.
3. DealBook. (2013, June 14). Overcoming your negativity bias. *New York Times.*

13장

교사는
슈퍼영웅이 아니다

나(트레버)는 교단에 발을 디딘 첫해에 가정 형편이 매우 어려운 학생을 가르쳤다. 학생의 이름은 알론조였다. 알론조는 아침을 거르고 등교할 때가 많았다. 그래서 교사들이 매일 돌아가면서 아침밥을 사줬다. 얼굴에는 싸워서 생긴 흉터가 군데군데 있었고, 밤새 어른들이 싸우는 소리에 잠을 못 자서 그런지 눈 밑에는 눈그늘이 짙었다. 또한 같은 옷 두 벌을 매일 번갈아 입고 다녔다. 알론조에게 성공적인 학교생활은 먼 일처럼 보였다. 알론조는 읽기와 쓰기 능력이 평균보다 훨씬 낮았고, 학년 초 처음 몇 달 동안은 이 문제 때문에 늘 학습에 어려움을 겪었다.

교직을 갓 시작한 젊은 교사였던 나는 알론조의 상황을 바꿔주고 싶었다. 그것이 내 사명이라고 믿었다. 나는 학교 행정실 직원에게 "학년 말까지는 알론조를 구할 거예요."라고 큰소리까지 쳤다. 그 직원은 좋은 생각이지만 모든 학생을 구하는 일은 불가능하다는 사실을 기억하라고 조언했다. 때때로 도와줄 수 없는 학생도 있으며, 그런 일이 생길 때 자신에게 너무 실망하지 말라고 덧붙였다.

나는 그의 말에 동의한다는 의미로 고개를 끄덕였다. 하지만 교육계에 종사하는 누구라도 그와 같은 관점을 가질 수 있다고 생각하니 속이 울렁거렸다. 학교가 모든 학생의 삶을 변화시킬 수 있다는 믿음이 없다면 교육계가 아닌 다른 분야에서 직업을 찾아봐야 하는 게 아닌가.

그때부터 나의 최우선 목표는 알론조를 돕는 것이었다. 수업 중에 알론조에게 추가로 시간을 썼고, 방과 후에 개인 지도를 했다. 또, 이 아이의 관심사에 맞춘 수업을 설계했다. 알론조는 아주 천천히 움직이는 기차와 같았지만, 결국은 움직이기 시작했다. 읽기와 쓰기 실력이 점차 나아지는 게 보였고, 학교생활을 조금씩 즐기기 시작했다. 아이는 적극적으로 신경 써주는 교사들 옆에서 안전감을 느끼기 시작했다. 그때 나는 행정실 직원에게 당당하게 걸어가 그녀가 틀렸음을 증명해 보이고 싶었다. 지금도 그 기억이 선명하다.

그러나 내가 그렇게 하기도 전에 알론조의 사촌이 살해되는 사건이 벌어졌고, 사건 다음 날 알론조는 완전히 망연자실한 상태로 등교했다. 그다음 날, 알론조는 학교에 나오지 않았다. 그리고 그 주 내내 아이는 학교에 나타나지 않았다. 그다음 월요일에 알론조는 결국 학교를 그만뒀다. 그 후로 알론조를 다시 본 것은 1년 후쯤 길모퉁이에 서 있는 모습을 우연히 본 게 끝이었다.

많은 교사가 모든 학생에게 다가가겠다는 목표를 세우며 교사 생활을 시작한다. 그들은 '내가 열심히 노력하고, 더 흥미로운 수업을 설계하고, 학생들에게 필요한 관심을 준다면 모든 학생이 학교생활을 잘할 거야.'라고 생각한다. 훌륭한 목표이지 않은가. 많은 사람이 교직에 뛰어든 이유는 어릴 때 끊임없이 성공을 기대하던 교사가 있었고, 그 덕에 진짜 변화를 경험했기 때문이다. 자신이 받은 만큼 다른 사람들의 삶에도 똑같이 도움이 되고 싶은 마음은 지극히 당연하다.

안타깝게도 '모든 아이를 구하고 싶다'라는 생각은 교사들이 공통으로 가지는 고귀한 신념이지만, 절대 달성할 수 없는 목표이기도 하다. 변화할 준비가 되지 않은 학생들도 있기 때문이다. 이것이 현실이다. 때로는 겉으로 드러나지 않은 문제가 너무 많이 쌓인 탓에 학업적 성공이 불가능할 수도 있다. 아무리 철저히 계획하고 노력해도 모든 학생을 수업에 적극적으로 참여하게 할 수는 없다. 교사에게는 매우 실망스러운 일이다.

자신에게 너그러워져야 한다

알론조의 일을 겪으면서 나는 내가 교사로 성공할 수 있을지 의문을 품었다. 아무리 열심히 노력하고, 많은 시간을 쏟고, 관심을 기울여도 나는 결국 아이를 구할 수 없었다. 알론조의 자퇴로 크게 낙담했지만 나는 계속 학생들을 가르쳤고, 알론조의 이야기가 이례적인 경우는 아니라는 사실을 곧 깨달았다.

교사들은 자신의 노력이 무의미하게 느껴지는 순간을 종종 맞이한다. 여러 사정 때문에 수업에서 가시적인 변화를 경험하지 못하는 학생이 한 반에 몇 명은 꼭 있기 마련이다. 한동안 이런 현실이 절망적으로 느껴졌다.

행정실 직원의 말이 어느 정도는 옳았다. 그렇다. 나는 모든 학생을 구할 수는 없었다.

교사로 처음 1년을 보내고 나서 나는 교사의 역할이 모든 학생을 구하는 것은 아니라는 점을 깨달았다. 교사의 일이 누군가를 구하는 게 아니라면, 더 나아가 교사의 일이 학생들을 수업에 꼭 참여하게 만드는 것도 아니라면 교사의 역할은 대체 무엇인가?

교사의 역할이 학생들에게 지속적으로 성공할 기회를 제공하는 것이라면 어떨까? 현실적으로 100퍼센트 참여는 불가능하다. 불가능하지 않다고 해도 변수가 너무 많다. 우리는 인생 여정의 다양한 단계에 있는 학생들을 만나고, 때로는 학생들이 변화할 준비가 되어있지 않을 수도 있다. 이 사실을 깨달아야만 한다. 노력의 결과가 항상 눈에 보이는 것도 아니므로 너무나 많은 교사가 자신이 부족하다고 느낀다.

알론조가 학교를 그만둔 날, 나는 자존감에 큰 타격을 입었다. 하지만 그후로 그 아이의 나머지 이야기를 모른다는 사실을 깨달았다. 다시 학교에 등록했는지, 고졸 학력 인증서를 받았는지, 대학에 들어갔는지도 알지 못한다. 내가 기울인 관심이 그 아이에게 오랫동안 영향을 미쳤는지 어땠는지도 모른다. 내 수업에서 배운 읽기와 쓰기 기술이 그 아이에게 계속 남아 있을지도 모르겠다. 솔직히 말해 알론조가 지금 어디에 있고, 무엇을 하고 있는지도 전혀 모른다. 아마 영원히 알 수 없을 것이다.

그래도 내가 확실히 아는 것은 알론조에게 기회가 주어졌다는 것이다. 그를 가르친 교사들은 정원사와 같았다. 어떤 교사는 흙을 준비했고, 어떤 교사는 씨앗을 심었고, 어떤 교사는 물을 줬다. 하지만 우리 중 누구도 그 씨앗이 자라게 할 힘은 없었다. 그것은 우리 손을 떠난 일이었다. 우리가 그저 작은 싹이 흙을 뚫고 나온 것만 보고 그 이상을 보지 못했다고 해서 그 후로 성장하지 않았다는 의미는 아니다.

이것이 교단의 씁쓸한 현실이다. 교사들은 전능하지 않다. 아무리 혁신적인 교수법이나 교실 운영의 기술을 가졌더라도 현실을 완전히 극복하지는 못할 것이다. 그러나 이런 현실이 오히려 해방감을 줄 수 있다. 100퍼센트 참여를 보장하는 것은 불가능하므로, 그렇게 되지 않더라도 교사는 자신을 너그럽게 대할 수 있다.

나는 모든 학생을 구할 수 없지만, 모두를 사랑할 수는 있다. 모든 학생을 돌볼 수 있고, 학생들을 고려해서 학습 활동을 설계할 수 있으며, 학생들에게 성공할 기회를 제공할 수 있다. 그렇게만 해도 나는 내 일을 잘한 것이다.

완벽을 추구한 후에 남는 것들

나는 가르치는 일을 처음 시작했을 때, 슈퍼영웅처럼 되고 싶었다. 모든 학생이 기억하는 교사, 졸업한 후 몇 년이 지나도 제자들이 찾아오는 그런 교사가 되고 싶었다. 졸업 파티에 항상 초대받고 참석하는 교사가 되고 싶었다. 다른 교사들은 하지 않을 때도 학생들에게 귀를 기울이는 교사가 되고 싶었다.

문법, 기하학, 광합성, 프랑스 혁명을 생동감 있게 설명하는 그런 교사가 되고 싶었다. 나는 남북전쟁을 가르칠 때는 남북전쟁 군인 복장을 하고, 《로미오와 줄리엣》을 다룰 때는 셰익스피어처럼 변장했다. 내 교실은 화려하면서도 편안한 공간이어야 했고, 복도를 지나는 아이들까지 프렌치 바닐라 향을 맡을 수 있도록 교실에는 항상 양초를 켜뒀다.

나는 시트콤 〈코리의 세상(Boy Meets World)〉의 피니 선생님, 영화 〈죽은 시인의 사회〉의 존 키팅 선생님, 과학 만화 《신기한 스쿨버스》의 프리즐 선생님, 《해리 포터》의 알버스 덤블도어를 독특하게 섞어놓은 교사가 되고 싶었다. 나는 매년 교원 평가에서 '매우 유능하다'라는 평가를 받기를 원했다. 학교에서 단연 최고의 교사가 되고 싶었다.

교직에 들어설 때부터 완벽한 교사가 되고 싶었지만, 실제로 학생들을 가르치기 시작하면서 그 중압감이 얼마나 큰지 깨달았다. 그래도 처음 몇 년 동안은 마치 순교자처럼 그 무게를 묵묵히 견뎠다. 하지만 모든 학습 계획과 모든 수업을 흥미롭고 재미있게 유지하려고 하면서 점점 녹초가 되어갔다.

모든 댄스 행사에 지도교사로 참여했고, 행정실이나 다른 교사가 부탁하는 일을 절대 거절하지 않았다. 매일 학부모에게 전화하고, 아침 수업 시작 전이나 방과 후에 학생들을 개인 지도했다. 교육 관련 도서를 찾아 읽고, 매일 밤 교사 트위터 채팅에 참여했으며, 출근길에는 교사들을 위한 팟캐스트를 들었다. 웬만해서는 아파도 병가를 내지 않았다. 항상 미소를 잃지 않았고, 내가 이 일을 사랑하며 모든 노력이 학생들을 위한 것임을 알리려고 노력했다.

수업 시간에 말썽을 피우는 아이들, 행동은 거칠어도 눈빛에서 숨겨진 문제가 느껴지는 아이들, 어쩌면 그래서 수업 시간에 무례하게 행동하는 것일지도 모르는 아이들을 어떻게 대했을까? 나는 이 아이들에게 내가 가진 모든 것을 쏟아부었다. 내가 열심히 노력한다면 그들을 구할 수 있으리라 믿었다.

나는 끊임없이 완벽을 추구했다. 그렇게 몇 년이 지나, 나는 탈진하고 말았다. 에너지가 완전히 바닥났다. 더는 계속할 수 없었다. 몸과 마음이 완전히 너덜너덜해졌고 그 결과, 삶의 모든 면에서 내 능력을 충분히 보여주지 못했다. 학교에서도 최상의 에너지를 쏟지 못했고, 집에서도 활기가 없었다. 나는 양쪽 끝에서 동시에 타는 양초 같았다. 그런 상태에서는 절대 좋은 결과를 낳을 수 없다.

완벽한 교사가 될 필요는 없다

어느 날, 나는 멘토 교사와 같이 점심을 먹었다. 경력이 40년 넘는 베테랑 교사와 얼굴에 눈그늘이 내려앉은 초임 교사가 파네라 베이커리 카페에 앉아 있었다. 나로서는 도무지 이해할 수 없었지만, 그녀는 40년이 넘도록 여전히 가르치는 일을 사랑했다. 나는 교실에서 겪은 모든 실망감을 선배 교사에게 털어놓았다. 내 말을 끝까지 들은 후, 그녀는 나에게 잊지 못할 말을 들려줬다.

"트레버 선생님, 완벽하지 않아도 돼요."

"네, 알고 있습니다. 하지만…."

"하지만이라고 말하지 마세요. 완벽할 필요가 없다니까요!"

"하지만 저는 아이들의 인생을 바꾸고 싶고, 기억에 남을만한 수업을 하고 싶습니다."

"트레버 선생님, 나도 그래요. 하지만 그러기 위해 완벽해질 필요는 없답니다."

나는 그녀의 말을 곱씹으며 깊이 새겼다. 그때부터 모든 것을 새로 시작했고, 수업을 대하는 자세도 바꾸기로 했다. 학생들을 향한 인내심을 잃었을 때, 더는 나 자신을 끝없이 자책하지 않았다. 좋은 아이디어가 떠오르지 않을 때도 있었고, 학생들이 프랑스 혁명을 처음부터 다시 배워야 하거나 수업이 다소 지루해질 때도 있었다. 모든 과제를 일일이 채점하는 것도 그만뒀다. 나는 여전히 시간을 내서 학생들의 말을 들었지만, 내 정신 건강도 지키기 위해 어느 정도 경계선을 설정했다. 어떤 때는 수업 계획을 세우는 시간에 일부러 불을 꺼두고 누구와도 대화하지 않았다.

연가도 모두 썼다. 댄스 행사에 지도교사로 계속 참여하지도 않았다. 졸업 파티도 세 개만 선택해서 참석했고, 학생들이 실망하더라도 나머지 초대에는 응하지 않았다. 시뮬레이션, 프로젝트 수업, 핸즈온 학습이 얼마나 효과적이고 중요한지 잘 알지만, 채점해야 하는 과제물이 있을 때는 학생들에게 조용히 개인 학습 활동을 시켰다.

이제 내가 깨달은 게 무엇인지 알겠는가? 그것은 학생들을 파악하고 학생들과 관계를 쌓기 위해 반드시 완벽할 필요가 없다는 것이다. 완벽하지 않아도 재미있고 기억에 남는 수업을 얼마든지 할 수 있다. 솔직히 가끔은 수업이 재미없고 기억에 남지 않을 수 있다. 그래도 괜찮다. 학생들은 완벽하지 않은 수업에서도 여전히 배우고, 성장하며, 때로는 실패하고 때로는 성공한다.

나는 여전히 최선을 다하고, 더 나은 교사가 되려고 노력한다. 하지만 완벽할 수 없다는 것을 알기에 완벽해지려는 부담을 안고 있을 필요가 없다. 다른 교사들은 어떨지 모르겠지만, 사실 나에게는 그것이 너무 무거운 짐이었다. 그런 부담이 사라지면서 나는 훨씬 더 좋은 교사가 될 수 있다는 사실을 깨달았다. 그래서 교사로서 완벽주의를 극복하는 데 유용한 다섯 가지 전략을 소개하려 한다.

① 더 나은 이야기를 선택하라

우리(존과 트레버) 둘 다 학생들을 구해야 한다는 생각에 한동안 갇혀 있었다. 사실 이런 사고방식은 '성공적인 교사'를 정의하는 위험한 개념에서 비롯되었다. 우리는 '불꽃놀이'와 '모닥불'에 비유해 두 방식을 설명하려 한다. 조금 이상하게 들릴 수 있지만 계속 들어줬으면 좋겠다.

나(존)는 불을 피우는 데는 영 소질이 없다. 보이스카우트 활동을 한 적이 한 번도 없어서일 수도 있고, 어쩌면 어릴 때 경험한 '캠핑'이 레저용 자동차에서 시간을 보낸 것으로 끝나서인지도 모르겠다. 이유야 어쨌든 나는 항상 모닥불을 피우다가 망쳐버린다. 처음부터 너무 큰 장작으로 시작해 연기만 많이 나게 만들기 일쑤다. 가끔 나무에 라이터 기름을 부어 불을 피우려고 술수를 쓴다. 그러나 이내 아내에게 들키고 만다.

불을 피우려면 처음에는 잔가지와 약간의 불쏘시개와 작은 불꽃이 필요하다. 공기가 잘 통할 수 있게 공간도 만들어줘야 한다. 조금 지나면 불이 점점 커져 어느새 따뜻하고 강력한 모닥불이 되고, 그 앞에서 평범한 마시멜로가 맛있는 간식으로 변하는 마법이 펼쳐진다.

나는 불이 정확히 어떻게 작용하는지 잘 모르지만, 불꽃놀이는 모닥불과 정반대인 것 같다. 불꽃놀이는 훨씬 더 재미있고, 폭죽이 터지면서 나오는 귀가 찢어질 듯한 굉음과 함께 형형색색의 거대한 불꽃에 감탄 소리가 절로 나온다. 폭죽 심지에 불을 붙이고, 폭죽이 터지는 것을 보라. 순간적이지만 정말 인상적이지 않은가.

어느 날 밤 나는 화덕 앞에 앉아 생각에 잠겼다. 교사들의 이야기를 다룬 여러 영화들을 떠올렸다. 영화들은 하나같이 불꽃놀이 같은 교육 방식을 미화하는 듯했다. 주인공 교사는 하늘 높이 솟아올라 열정적으로 폭발하며 엄청난 결과를 만들어내고, 가난한 가정환경의 학생들이 갑자기 미적분 문제를 풀고 문학에 깊이 빠진다.

영화 속 슈퍼영웅 같은 교사들은 확실히 인상적이다. 그들은 시끄럽고 화려하고 재미있다. 그러나 영화 속에 그려진 교사들은 마치 불꽃놀이처럼 학교에서 몇 년밖에 버티지 못했다. '실화를 바탕으로 한' 영화에서도 교사들은 하나같이 10년을 채우지 못하고 교단을 떠났다. 이례적인 사례는 하나도 생각나지 않는다. 원래 이 영화들은 감동을 주기 위해 만들어졌지만, 결국 교사들의 탈진을 다룬 이야기였다.

내가 존경했던 전직 교사 스무트 선생은 이런 영화에 나오는 교사들과 대조를 이룬다. 그녀는 수십 년 동안 꾸준한 열정을 가지고 학생들을 가르친 교사였다. 시끄럽고 요란한 메시지와 화려한 불빛 대신에 따뜻함을 제공하며 사람들이 모여들 수 있는 공간을 만들었다. 영화 속 교사들의 사례는 불꽃놀이 이야기고, 스무트 선생의 사례는 모닥불 이야기다. 아래 표는 초임 교사들에게 들려주는 두 이야기의 차이점이다.

	불꽃놀이	모닥불
주인공	나는 정량적이고 선명하고 측정 가능한 기준에서 성공한 교사가 되고 싶다. 성공한 교사로 알려지고 싶다.	나는 충실하고 지혜롭고 겸손한 교사가 되고 싶다. 사람들을 제대로 사랑할 줄 아는 사람이 되고 싶다.
대립자	게으른 교사와 게으른 학생	완벽함에 대한 거짓된 믿음
줄거리	뉴스에 실릴 만큼 놀랍고 경이로운 할리우드 스타일의 이야기	시간이 지나면서 서서히 변화를 일으키는 일상적인 것들로 채워진 소소한 이야기
갈등 요소	내가 세상을 구할 수 있을까? 변화를 일으킬 수 있을까?	내 신념에 충실할 수 있을까? 겸손하게 행동할 수 있을까?
테마	변화 일으키기	충실함과 봉사

내가 교사가 된 것은 가르치는 일이 의미 있다고 생각해서다. 나는 중요한 일을 하는 사람이 되고 싶었다. 하지만 교사가 된 첫해에 〈스탠드업(Stand and Deliver, 1988년 개봉한 실화를 바탕으로 한 교육 영화. 헌신적인 수학 교사가 어려운 환경에서도 수학을 가르쳐 큰 성과를 내는 내용이다.- 옮긴이))〉과 같은 영화를 보고 영감을 받아 학생들을 구하는 슈퍼맨처럼 되고 싶다고 생각했다. 봉사하고 싶다는 마음에서 변화를 일으키고 싶다는 마음으로 바뀌었고, 사람들이 감탄할 만한 큰 변화를 일으키고 싶었다.

할리우드 영화의 전형적인 인물 이미지를 머릿속으로 그리면서 나는 나 자신에게 완벽함을 추구하는 동시에, 학생들에게도 완벽함을 기대하는 새로운 이야기를 써 내려갔다. 나와 생각이 다른 교사들을 대립자로 여겼다. 나의 목표는 충실함에서 변화를 일으키고 주목받는 것으로 바뀌었다.

겉으로는 이 새로운 접근법이 성공적인 것처럼 보였다. 학생들은 열심히 공부하고 더 어려운 문학 작품을 읽었다. 다큐멘터리도 찍었다. 매일 아침 정규 수업을 시작하기 전에 철학 동아리 모임도 열었다. 하지만 나는 공허함을 느꼈다. 완벽을 기대했기 때문에 학생들을 냉소적으로 대하기 시작했다. 나 자신에게 지나치게 비판적이었고, 결국에는 학생들까지 비판했다. 나는 학생들이 나에게 무엇인가 빚지고 있다는 듯이 행동했다. 아주 사소한 실수에도 학생들을 몰아세웠다. 정말이지 최악의 교사였다.

그렇게 몇 주가 지난 후, 나는 수업 중에 따로 시간을 내어 학생들에게 사과했다. 여섯 반에 들어가서 일일이 사과하며, 비현실적인 기대치를 설정했었다고 인정했다. 나는 완벽주의에 빠져 학생들에게도 완벽을 기대했던 것이다. 땅에 발을 붙이고 있는 게 아니라 하늘 높이 나는 슈퍼영웅이 되려고 애쓰고 있었다. 놀랍게도 학생들은 너그럽게 내 사과를 받아줬다. 그러나 내가 나 자신에게 그런 은혜를 베풀기 위해서는 시간이 조금 더 필요했다. 결국, 나는 불꽃놀이가 아닌 모닥불 이야기를 선택했다.

② 자신에게 관대하라

내가 1년 차 교사였을 때 멘토 교사가 수업을 참관했다. 수업 준비 시간에 따로 만났을 때 그녀가 말했다.

"존 선생님 수업은 아주 훌륭했어요. 그런데 수업 중에 사람을 대하는 태도와 관련해서 이야기할 게 있어요."

나는 가슴이 철렁했다.

"무슨 말씀이세요?"

"학생들이 실수했을 때 선생님은 정말 학생들을 잘 이해하고 너그럽게 대처하더군요. 학생들이 창의적인 도전을 계속할 수 있도록 격려하고, 학습은 하나의 과정일 뿐이며 실수해도 된다고 다독이는 모습도 봤어요. 그런데 유독 한 사람에게는 완벽을 요구하더라고요. 그 사람이 실수할 때마다 너무 엄하게 대하고, 인내심을 보이지 않았어요. 나는 그 사람이 위축되어 어떤 도전도 하지 못하는 모습을 봤어요. 두려워한다는 거죠."

"몰랐어요. 진짜 일부러 그런 게 아닙니다."

"네, 의도적인 게 아니라는 걸 알아요. 하지만 그래서 더 심각한 문제인 거죠." 그녀가 말했다.

"그런데, 그 사람이 누구죠?" 내가 물었다.

"선생님 본인이요."

나는 안도의 한숨을 내쉬며 미소를 지었다.

"다행이라고 생각하는 것 같네요." 그녀가 말했다.

"네. 전 제 학생들 중 한 명을 말하는 줄 알았거든요."

"이게 어째서 다행인 거죠?" 그녀가 반문했다.

"전 그냥⋯."

"학생들에게 보이는 관대함을 선생님 자신에게도 똑같이 보이세요. 선생님은 학생들이 실수할 것은 예상하면서, 선생님 본인이 실수했을 때는 무척 화를 내더군요. 학생들에게는 인내심을 가지고 가르치면서 선생님 자신이 무언가를 배울 때는 혹독하게 대합니다. 과감하게 도전해 보세요. 크게 실패해 보고, 다시 일어나서 또 도전하는 겁니다. 이게 교사로서 살아남을 수 있는 유일한 길입니다."

선배 교사의 말이 옳았다. 그래서 내가 시작한 간단한 전략은 '만약 믿을 만한 동료에게 이렇게 했다면 나는 어떻게 반응할까? 만약 내 학생이 이렇게 했다면 나는 어떻게 반응할까?'라는 질문을 스스로 던지는 것이었다. 길고 느린 과정이었지만, 나는 비슷한 상황에 놓인 친구에게 보였을 법한 이해심을 나 자신에게 똑같이 보여주는 법을 배워갈 수 있었다.

③ 거절하는 법을 배워라

"네"라고 말하는 것은 아주 많은 기회와 모험으로 이어질 수 있는 멋진 일이지만, "네"를 남발하면 한정된 능력에 과부하가 걸려서 기운이 고갈될 수 있다. 문제는 우리의 컵이 가득 차 있지 않다면 학생들에게 줄 게 없다는 사실이다. 가르치는 일(그리고 삶)에는 균형이 필요하다. 모든 학생에게 무엇이든 다 제공하는 일은 사실상 불가능하다. 대신, 교사들은 자신의 행복과 학생들의 행복을 위해 스스로 체계를 세우고 경계선을 설정해야 한다.

멘토 교사들에게 지혜를 배우고, 슈퍼영웅 노릇은 오래 유지할 수 없다는 사실을 깨달은 후 나는 다음과 같이 말할 수 있게 되었다.

"미안하지만, 오늘은 늦게까지 남아서 지도를 해줄 수가 없구나. 하지만 네가 집에서 연습해 오면 내일 수업 시작 전에 검사해 줄게."

"아니. 이번 주에는 시뮬레이션이나 프로젝트 학습을 하지 않을 거야. 대신 문법 단원을 다룰 거야."

"아뇨. 축구팀 코치를 맡을 수 없습니다."

"아뇨. 댄스 행사에 인솔교사로 갈 수 없습니다."

"아뇨. 위원회에 들어가지 못하겠습니다."

나는 슈퍼영웅이라면 대부분 하지 않을 '아니오'라고 말하는 법을 배웠다. 그리고 이것은 내 정신 건강과 신체 건강에 큰 도움이 되었다. 아래의 몇 가지 질문이 새로운 책임을 맡을지 말지 판단할 때 도움이 될 것이다.

- 이 일은 내게 에너지를 주는가, 아니면 에너지를 소진하는가?
- 나의 장점이나 능력과 연관된 일인가?
- 나의 성격과 정체성에 적합한 일인가? 예를 들어, 내가 내성적인 사람이라면, 너무 많은 사람과 대화해야 하는 일이 아닌가?
- 내가 외향적인 사람이라면, 너무 많은 시간을 혼자 보내야 하는 일은 아닌가?
- 나에게 기쁨을 주는 일인가?
- 나의 개인적 신념과 가치관에 맞는 일인가?
- 나의 궁극적인 목적에 부합하는 일인가, 아니면 그저 이력서에 한 줄 적기 좋은 것인가?
- 실제로 나는 이 일을 위해 시간을 낼 수 있는가? 이 일에 드는 시간을 예

상해 보자. 예상 시간의 두 배로 시간이 걸린다고 할 때, 그래도 여전히 이 일을 할 가치가 있는가?

④ 자신에 대한 합리적인 기대치를 설정하라

행동경제학에 '계획 오류(planning fallacy)'라는 개념이 있다. 주어진 시간 안에 달성할 수 있는 일의 양을 과대평가하는 경향을 말한다. 계획 오류는 실수가 없는 완벽한 상황에서 행동이 이루어질 거라 예상하기 때문에 발생한다. 완벽주의를 내려놓는다는 것은 달성하려는 목표치를 현실적으로 설정한다는 의미를 포함한다. 우리는 모든 일에 점수를 매길 필요가 없다. 현실적으로 채점할 수 있는 목표량을 정하고, 그 양의 약 3분의 1을 줄이자.

교사가 '구원자'가 될 수는 없다. 가혹한 진실이지만 우리는 아무리 열심히 노력하고 아무리 헌신적이어도 절대 완벽해질 수 없다. 이것을 가혹한 진실이라고 말하는 이유는 교사에게 완벽하기를 기대하는 사람들이 우리 사회에 너무 많기 때문이다. 학부모는 교사가 자녀에게 완벽하기를 바라고, 교장은 교사가 학교에 완벽하기를 바란다. 교육위원회는 교육 구역에 완벽한 교사이기를 원하고, 지방 정부는 지역에 완벽한 교사이기를 원한다. 그러나 도저히 달성할 수 없는 기준이다.

우리가 "내 일은 학생들의 삶을 변화시키는 것이다." "나는 소외 계층 아이들을 가르친다." "내가 아니라면 누가 그 아이들을 도울 것인가?"라고 말할 때, 사실은 학생들을 그들이 속하지 않은 틀 안에 가두는 셈이다. 집이 부유하든 가난하든, 부모가 학교 활동에 관심이 있든 없든, 범죄율이 높은 지역에 살든 그렇지 않든 학생들은 이런 조건들로만 정의할 수 없는 존재다. 모든 학생 하나하나가 겉으로 보이는 것보다 훨씬 더 많은 것을 지닌 복잡한 존재다.

'학생을 구한다'는 개념은 '저소득층 타이틀 1 학교(저소득층 학생이 많아 미국 연방 정부로부터 추가로 교육복지 지원을 받는 학교 - 옮긴이)'에서 특히 위험하다. 교사들이 구원자 콤플렉스를 가지면 종종 자신을 학생들에게 지식과 해결책을 제공하는 유일한 사람이라고 여기고, 학생들을 구원의 대상으로 인식하게 된다. 이러한 권력 역학은 교사와 학생 사이의 불건전한 관계로 이어져 학생들은 힘을 잃고 능력을 제대로 인정받지 못한다.

아무리 좋은 의도에서 시작해도 교사들은 자신도 의식하지 못하는 사이에 학생들의 주체성을 빼앗고 그들의 목소리를 억압할 수 있다. 이 경우, 교사는 자신의 가치관과 기준, 해법을 학생들에게 강요하면서 학생들의 다양한 관점과 삶의 경험을 무시한다. 그 결과, 학생들과 학급 공동체를 결핍의 관점에서 바라보게 되며 학생들의 자율성과 회복력을 인정하지 못한다.

교사는 학생들을 구원이 필요한 존재로 바라보면서 그들 고유의 가치와 기여를 과소평가할 수도 있다. 행동이나 학업에 문제가 있든 없든 학생들이 학교에 가져오는 역동성을 간과하고, 학생의 복잡한 삶을 너무나 단순하고 작은 범주로 압축해 버리고 만다.

교사는 학생들을 구하려 하기보다 그들에게 끊임없는 사랑과 관심을 주면서 기회를 제공해야 한다. 관계를 맺을 기회, 문제에 부딪히고 성장할 기회, 안전한 환경에서 배우고 성공할 기회 등이다. 이런 마음가짐을 가질 때, 교사들은 학생들을 '구해야 하는 의무'에서 벗어날 수 있고, 학생들도 '실제로 구원이 필요한 다른 학생들'과 같은 범주로 묶이는 불공정한 일을 겪지 않을 것이다.

⑤ 수업을 일종의 실험처럼 생각하라

앞서 소개한 모닥불 이야기는 성공의 기준을 완벽함에서 충실함으로 새롭게 보는 이야기다. 나는 완벽을 추구하면 더 높은 목표를 세우고 더 높은 수준의 성공을 이룰 수 있다고 생각했다. 그러나 시간이 지나면서 완벽주의가 오히려 삶의 질을 떨어뜨린다는 사실을 깨달았다. 완벽주의는 다음과 같은 결과를 초래할 수 있다.

- **학생에 대한 비합리적 기대** 나는 교사가 자신의 능력을 보여주기 위해 정말 열심히 노력한다면 학생들도 그에 맞춰 반응해야 한다고 믿기 시작한다. 내가 노력하는 만큼 학생들도 노력해야 한다는 일종의 계약으로 보는 것이다.

- **유머감 상실** 나는 이제 웃지 않는다. 미소짓지도 않는다. 많은 중요한 일이 걸려있는 일에 더는 농담이 설 자리가 없다고 믿게 된다.

- **고립감** 더는 다른 사람과 함께 일하지 않는다. 문제를 혼자서 해결하려고 하고, 다른 사람들에게 내가 부족하지 않다는 것을 증명해 보이려고 한다. 약한 모습을 보이지 않으면 내가 힘든 상황에 있다는 것을 아무도 모르기 때문에 사람들은 대부분 나를 혼자 내버려 둔다. 이런 고립감으로 인해 내가 어떤 교사인가에 대한 자기 의심만 커진다.

- **오해** 한 학생이 잘못된 행동을 보이면 나는 그것을 내 인격에 대한 개인적인 공격이라고 생각하고 반응한다. 사실, 그 학생은 그저 매우 사

교적이고, 단지 내게 말을 걸고 싶을 뿐인데도 말이다.

- **신뢰 부족** 이제 나는 학생들과 동료들은 물론이고 나 자신도 신뢰하지 않는다. 내게 어떤 도움도 필요하지 않다는 것을 증명해야 할 것 같은 기분이다. 내가 슈퍼영웅 가면을 쓰고 있으면 사람들은 나를 신뢰할 수가 없다. 그들이 진짜 나를 볼 기회조차 없기 때문이다.

- **분노** 다른 사람들이 나의 높은 기준에 부합하는 성과를 내지 못하면 화가 난다. 내가 실패할 때는 더 화가 난다.

- **도전 회피** 나는 스스로 실패를 허락하지 않기 때문에 실수를 피하려고 애쓰며 지나치게 신중한 접근 방식을 취한다.

- **체념** 결국 나는 포기하고, 에너지 없이 가르친다. 열정을 잃어간다.

체념은 탈진으로 이어진다. 완벽주의 때문에 폭발한 후로 나는 완전히 다 타서 하늘에서 추락하는 그저 껍데기만 교사인 사람이었다. 다행인 것은 내가 방향을 바꿔서 모닥불 이야기를 선택할 수 있었다는 점이다. 나는 충실함에 초점을 맞출 수 있었다. 교사로서 겸손해질 수 있었다. 시험 점수에 초점을 두기보다 다른 가치에 따라 성공을 정의할 수 있었다. 학생들에게는 슈퍼영웅이 필요한 게 아니라 교사로서 자신의 기술을 연마하는 데 헌신적이고 따뜻한 어른이 필요하다.

이 문제를 해결하는 한 가지 방법은 수업을 일종의 실험처럼 생각하는 것이다. 완벽한 최종 결과로 성공을 정의하지 않는다면, 나는 창의적인 위험을 감수할 수 있다. 차를 타고 집으로 돌아가는 길에 생각한 멋진 프로젝트를 부담 없이 시도할 수 있다. 만약 실패한다면, 내가 실패한 것은 아니다. 단지 가설이 틀린 것뿐이고, 나는 이 경험에서 배운 것을 가르칠 때 다시 적용할 수 있다.

너그룹게 행동한다는 것은 창의적인 위험을 감수하고, 최종적인 데이터가 아니라, 과정과 마음가짐에 초점을 두고 성공을 재구성하는 것을 의미한다. 일이 완벽하게 되지 않을 때, '이 일로 학생에게 벌을 줘야 할까?' '나라면 어떻게 할 수 있을까?'라고 자신에게 물어보자. 새롭고 창의적인 전략을 시도했지만 잘되지 않은 학생이 있다면, 학생의 노력을 칭찬할 것인가, 아니면 실패했다는 이유로 창피를 줄 것인가?

학생들에게는 실패의 경험도 필요하다

교단에 선 첫해에 나는 친구 브래드로부터 평생 잊지 못할 말을 들었다. 그때 나는 수업을 완전히 망친 후였다. 정말 끔찍했다. 말 그대로 모든 것을 잘못했고, 최악의 상황이었다. 나는 커피를 마시면서 브래드에게 하나부터 열까지 모든 것을 설명했다.

사실 나는 실수를 만회할 수 있는 구체적인 조언을 기대했다. 그러나 브래드는 이렇게 말했다.

"존, 배움은 씨앗과 같아. 미스터리 그 자체지. 교사 중에는 물과 같은 사람들이 있어. 그들은 양분을 공급하고, 관계를 형성하고, 학생들이 중요한 소프트스킬을 기르도록 돕지. 빛과 같은 교사들도 있어. 그들은 학생들에게 지식을 전달하고, 사고의 폭을 넓혀주고 지적 자극을 줘. 그리고 세 번째 유형은 바로 똥거름 같은 교사들이지. 말이 거름이지 완전 개똥같아. 그러니까 내 말은, 수업이 형편없다는 거야. 엉망진창이지. 제대로 돌아가는 게 하나도 없어. 멘토링과 훈련을 거치면서 그들이 오래도록 똥거름으로 남지 않기를 바라지만, 어쨌든 지금은 완전 개똥일 뿐이지."

"정말 그래?" 내가 물었다.

"응. 그런데 여기에 중요한 사실이 하나 있어. 아이들에게는 이 모든 교사가 필요하다는 거지. 아이들은 관계와 소프트스킬이 필요하고, 비판적 사고와 학업 성취도 필요하지. 그런데 회복력을 키우기 위해서는 개똥 같은 일도 어느 정도 다뤄야 할 필요가 있어."

나는 형편없었던 수업을 생각하며 조용히 앉아 있었다. 브래드가 마지막 말을 건넸다.

"존, 불편한 진실 하나 말해줄까? 경력이 아무리 오래되더라도 너는 아까 내가 말한 세 가지 유형의 교사가 다 될 거야. 빛도 되고, 물도 되고, 똥거름도 될 거야. 항상 그럴 거라고."

맞는 말이다. 때로는 성장의 거름이 되는 개똥 같은 일도 필요하다. 우리의 인간적인 모습이 학생들에게는 선물일 수도 있다.

사실 학생들에게는 슈퍼영웅이 필요한 게 아니다. 학생들은 경청하고 계속 배우며 성장할 수 있게 돕는 누군가가 필요하다. 실수를 인정하고 계속 나아갈 수 있게 돕는 사람이 필요하다. 그런 사람이 슈퍼영웅보다 훨씬 낫다. 우리는 완벽하지 않아도 된다. 가르치는 일은 숙련되기까지 오랜 시간이 걸리는 기술이다. 심지어 숙련된 후에도 여전히 실수할 것이다. 그래도 괜찮다.

우리는 지금으로도 충분하다. 사람들은 우리에게 "교사라면 무슨 일이든 다 해야 한다."라고 말할 것이다. 하지만 교사에게는 실제로 경계와 공간과 휴식이 필요하다. 모든 스포츠 행사에 얼굴을 내밀고, 모든 동아리 활동을 후원하고, 모든 댄스 행사에 인솔자로 나서고, 모든 위원회에 가입하고, 학생들이 제출한 모든 과제를 일일이 채점해야 하는 것은 아니다. 매일 학교 주차장에 가장 일찍 도착하고 가장 마지막에 떠나는 사람이 될 필요도 없다.

가르치는 일은 고단하다. 물론 보람되지만, 신체적으로나 정서적으로나 에너지가 소진되기 쉬운 일이다. 책상에 처리할 서류들을 그냥 두고 집에 가서 자녀와 게임을 하거나, 달리기하러 가거나, 친구와 커피를 마시거나, 영화를 보거나, 하이킹하러 가거나, 교육과 아무 관련 없는 책을 읽는다고 죄책감을 느끼거나 불편해하지 마라.

마음을 사로잡는 일에 푹 빠져 보자. 창조적인 취미를 찾아서 즐겨보자. 당연히 교사는 모든 학생을 돌보고, 학생들에게 에너지와 열정을 보여줘야 한다. 그러나 그렇게 하려면 재충전이 필요하고 교실 밖에서 즐거움을 찾아야 한다. 그렇게 한다고 해서 이기적인 게 아니다. 오히려 더 좋은 교사가 되는 길이다.

슈퍼영웅과 영웅은 다르다

교사들이 슈퍼영웅이 될 필요가 없다고 해서 영웅이 아니라는 말은 아니다. 교사들에게 모든 시간과 에너지를 희생하라고 요구하면서 모든 학생을 구하는 구원자가 되어야 한다고 기대하고 압박하는 것은 현실적이지 않을 뿐더러 도움도 되지 않는다.

교사들이 일과 삶의 균형을 찾고 학생들을 잘 가르칠 수 있는 여력이 생겼을 때, 예상치 못한 놀라운 결과가 나오기도 한다. 20년이 지나 어른이 된 학생들은 자신의 성공이 '그때 그 선생님 덕분'이라고 말할 것이다. 어린 아이들은 글을 읽을 수 있게 되고, 가족 중에 처음으로 대학에 진학하는 학생들이 생긴다. 학생들은 더 좋은 사람으로 성장한다. 때로는 자퇴 직전까지 갔던 학생이 마침내 졸업장을 받는다. 학생들을 사랑하고, 돌보고, 교육하기 위해 매일 교실에 들어와 헌신적으로 가르치는 교사는 학생들에게 분명히 어떤 영향이든 미칠 것이다. 분명 그럴 것이다.

그러나 교사들도 학교 일과가 끝나면 바로 퇴근하고, 집에서는 일 생각을 아예 하지 않을 수도 있어야 한다. 그렇다고 교사들이 훌륭한 사람이 될 수 없다는 말이 아니다. 댄스 경연에 인솔교사로 자원하거나 학생들을 위한 멋진 수업과 프로젝트를 준비하지 말라는 말도 아니다. 단지, 학생들에게 필요한 교사가 되기 위해 항상 이런 일을 해야 할 필요는 없다고 말하고 싶다. 그러니 '나는 교사다. 당신의 초능력은 무엇인가?'라는 글귀가 박힌 티셔츠를 입을 게 아니라, 커피를 쏟아도 괜찮은 어두운 색의 티셔츠나 입는 것은 어떤가.

14장

스스로를 돌봐야
학생도 돌볼 수 있다

학부모 상담 주간에 나(트레버)는 학교 체육관 한가운데 마련된 책상을 사이에 두고 학생과 그의 어머니를 마주 보며 앉아 있었다. 상담을 시작할 때 어머니와 악수하며 토마스가 내 수업을 들어서 얼마나 좋은지부터 말했다. 토마스가 정말 열심히 노력하고, 수업에 참여하는 자세도 좋고, 다른 학생들에게 친절하다고 말했다. 하지만 토마스에 관한 이야기를 하는 내내 어머니의 얼굴이 점점 일그러지는 게 보였다. 내가 아들을 칭찬하는데도 그 어머니는 말없이 화난 얼굴로 앉아 있었다.

나는 말을 잠깐 멈추고 물었다.

"어머님, 괜찮으세요?"

그녀는 잠깐 나를 쳐다보더니 마침내 입을 열었다.

"우리 아들 이름은 콜린이에요."

'이런!'

콜린을 다른 학생과 혼동한 것이다. 당연히 콜린 어머니는 기분이 좋을 리 없었다. 내가 아무리 사과해도 기분이 나아지는 것 같지 않았다.

지금도 이 이야기를 할 때면 속이 울렁거린다. 그 상황이 너무 웃겨서 가끔 웃음이 나오기도 하는데, 왜 그런 일이 일어났는지 지금도 정확히 설명할 수 있다. 나는 학부모 상담 주간 전 두 달 동안 학생들과 세 개의 대형 프로젝트를 완료하고, 학교 개선팀에 참여하고, '모교 방문의 날' 행사를 감독하고, 중학교 축구팀을 맡아 지도하고, 시 낭송 동아리를 운영하고, 서로 다른 과목 다섯 개를 가르쳤고, 내가 낸 과제를 모두 채점하고, 집에서는 갓난아기를 돌봤다.

나는 머리가 터질 지경이었다. 너무 무리하고, 지나치게 헌신하는 동안 완전히 지쳐 있었다. 결국, 학생들의 이름을 혼동하고 학부모들을 화나게 만드는 결과가 벌어졌다. 그뿐만 아니라 교사로서 나의 전반적 성과에도 심각한 결과가 이어졌다. 너무 많은 일을 하면서 정작 나 자신은 제대로 돌보지 않기 때문에, 내가 신경 쓰는 모든 영역에서 에너지가 고갈되고 말았다.

축구팀 선수들은 내 에너지의 일부만 받았고, 그래서 그 시즌에 한 경기만 이기고 다른 경기는 모두 졌다. 회원으로 활동하던 교수법 연구회에는 활발히 참가하지 못했다. 학생들에게 나는 피곤에 찌든 교사였다. 갓 태어난 내 딸에게도 나는 기준 이하의 아빠였다.

"비어 있는 물잔에서 물을 따를 수는 없다."라는 격언이 내 삶에서 점점 현실이 되어갔다.

교육은 마라톤이다

학년 초의 바쁜 일정부터 학년 중간에 맞이하는 긴급한 시험 기간까지 교육의 속도는 때때로 단거리 달리기처럼 느껴질 수 있다. 하지만 교육은 장기간의 노력과 도전이 필요한 마라톤에 훨씬 더 가깝다. 그래서 교사들 대부분이 피로감을 느낀다.

매년 마라톤이 끝날 즈음 교사들이 느끼는 피곤함에도 정도의 차이가 있다. 어떤 교사들은 단순히 지쳐 있다. 그들은 결승선을 통과했고, 이제 끝났다는 감사함과 거대한 도전에 맞서 싸웠다는 자부심을 동시에 느끼며 머리 위로 손을 올린다. 이 교사들은 완전히 지쳐서 휴식이 필요하다. 휴식만으로도 일상으로 돌아올 수 있다.

어떤 교사들은 상처를 입었다. 마라톤을 완주했지만 마음이 아프다. 많은 교사가 도덕적 상처를 입었다. 그들은 부당한 일을 겪었고, 그 일로 그들의 뿌리까지 흔들린다. 또 어떤 교사들은 트라우마를 겪는다. 이들에게는 단순한 휴식을 넘어 치유의 시간이 필요하다. 치유를 위한 공동체에 들어가거나 상담사와 이야기를 나누는 시간을 가져야 한다.

교사들은 자신이 단순히 피곤한 것인지 상처를 입은 것인지 파악하는 시간을 반드시 가져야 한다. 그래야 교사로서 성장하고 성공하는 데 필요한 올바른 조치를 할 수 있다.

그림 14.1은 피곤한 정도와 필요한 조치를 이해하는 데 도움이 되도록 연속체(어떤 개념이나 상태가 분리되지 않고 매끄럽게 이어지는 것 - 옮긴이)로 나타낸 것이다.

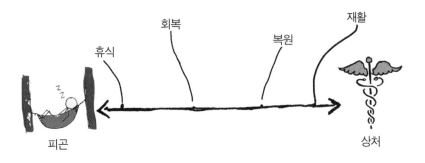

그림 14.1 **피곤 - 상처 연속체**

어떤 경우에는 휴식이 필요하다. 휴식은 일과에서 잠시 벗어나 재충전하는 기회다. 휴식을 위해 여행을 떠나거나, 하이킹을 하러 가거나, 친구들과 시간을 보내거나, 책을 읽거나, 빵을 구우며 하루를 보내거나, 제빵에 관한 TV 프로그램을 몰아볼 수도 있다. 전문 학습에 참여하거나 다음 학년도 계획을 세울 수도 있다. 이들에게는 교실에서 벗어난 휴식이 필요하다. 결국, 중요한 것은 자신에게 다시 활력을 불어넣는 활동에 참여하는 것이다.

다음은 회복이다. 이 단계에서는 더 긴 휴식과 더 깊은 성찰이 필요할 수도 있다. 회복은 단순한 휴식보다 더 적극적인 과정이다. 여전히 휴가를 갈수도 있고, 취미 활동을 하거나 사랑하는 사람과 함께 시간을 보내거나, 전문 학습에 참여할 수도 있다. 그러나 업무 경험을 되돌아보면서 성찰하거나 일지를 쓰거나 친구와 커피를 마시며 대화하는 시간이 필요할 때도 있다.

회복을 넘어 더 깊은 복원이 필요할 때도 있다. 이것은 한 해 동안 자신에게서 무엇인가 사라졌음을 인지하고, 그것을 되찾아야 하는 과정이다. 여전히 일을 쉬고 휴식과 재충전이 필요하지만, 자신에 대한 긍정적 확신도 필요할 것이다. 이때는 학생에게 받은 오래된 감사 편지를 다시 읽어보거나, 이번 학년이 정말 엉망이었더라도 내가 훌륭한 교사임을 상기시켜 줄 동료 교사를 만나볼 수도 있다.

복원 단계는 학생들과 함께할 수 있다는 사실 자체를 기념하는 기회가 될 수도 있다. 소크라테스식 토론이나 만들기 체험 프로젝트 같은 지금까지 놓쳤던 소소한 일들을 다시 기대하는 시간이 될 수도 있다.

복원은 정상으로 돌아갈 기회일 뿐만 아니라 새로운 기준을 정의하고 자신이 얻은 지혜를 바탕으로 시스템의 변화를 요구할 기회이기도 하다. 하지만 복원 단계에서는 치유를 위해 전문가에게 도움을 구하거나 치료를 받아야 할 수도 있다. 해로운 환경에서 벗어나 새로운 장소에서 가르쳐야 할 수도 있다.

교사는 자신이 이 연속체의 어느 위치에 있는지 알아야 하지만, 주변 동료들의 위치를 인지하는 것도 중요하다. 힘든 한 해를 보낸 후 우리는 모두 각자의 방식대로 휴식과 회복의 과정을 밟고, 서로에게 힘이 되어줄 수 있어야 한다.

마음 편히 쉬는 시간을 가져라

우리는 휴식이 좋은 것임을 확인했지만, 때에 따라서 며칠 휴가를 내는 게 오히려 골치 아픈 상황을 불러올 수 있다. 왜냐하면, 현실적으로 교사가 하루 동안 학생들 곁을 떠난다면 그것은 임시교사가 학생들과 지내야 한다는 뜻이기 때문이다. 임시교사들도 꼭 필요한 교육자들이지만, 대부분 학생들과 라포를 형성하지 못할 때가 많다. 이는 다른 여러 이유와 함께 문제 행동으로 이어질 수 있다. 휴가 기간 동안 제대로 쉬기 위해서는 내가 없어도 학급이 여전히 생산적으로 운영될 수 있다는 믿음이 필요하며, 마음을 편안히 가져야 한다.

도전적인 과제를 남겨라

임시교사가 투입되었을 때 문제가 발생하는 이유는 보통 학생들이 해야 할 일이 없기 때문이다. 대체수업을 계획할 때, 교사들은 간단한 활동으로 돌리거나 복습 과제를 내는 경우가 많다. 하지만 아이들은 단순히 시간만 채우는 활동을 금방 눈치챈다. 그러므로 원래 수업만큼 도전적이고 풍요로운 활동을 남겨주고 와야 한다. 학생들에게 질문이나 모르는 문제가 있으면 서로 도와가며 해결하라고 지시해 두자.

만약 교사의 답변이 필요하다면 따로 메모해 뒀다가 교사가 돌아왔을 때 물어보라고 학생들에게 미리 말해둬라. 교사가 없을 때 어려운 과제를 수행해야 한다는 점이 학생들에게는 불안하고 답답할 수도 있다. 하지만 학생들은 교사가 없을 때도 성실히 공부하는 법을 배워야 하며, 바쁘게 지내는 것이 문제 행동을 예방하는 데 꽤나 도움이 된다.

과제 제출 기한을 정하라

도전적인 과제를 낼 때, 촉박한 마감 시간도 정해 놓아라. 학생들은 임시교사가 온다고 해서 수업 시간을 허비해도 된다는 의미가 아니라는 것을 확실히 알아야 한다. 수업이 끝났을 때나 다음 수업 시작 전에 제출하는 과제도 준비해 둬라. 학생들이 주어진 시간을 최대한 활용해야 한다는 것을 인지하도록 임시교사에게 제출 기한을 명확하게 공지하라고 부탁해 두면 좋다.

교사의 부재를 학생들에게 미리 알려라

아무도 질병이나 사고를 예측할 수 없다. 하지만 다음날 결근할 것을 미리 알고 있다면 학생들에게 먼저 알리는 것이 좋다. 학생들에게 선생님이 학교에 없을 예정이라고 알리고, 임시교사가 들어왔을 때 어떻게 해야 하는지 일러둬라. 마무리해야 할 과제를 설명하고, 임시교사가 누구인지 안다면 학생들에게도 알려라. 교사가 없을 때 어떻게 행동해야 하는지도 상기시켜라. 학생들은 이런 전달 사항을 기억하고, 교사가 없을 때 보이는 긍정적인 행동이 얼마나 중요한지 떠올릴 것이다.

신뢰할 수 있는 임시교사 명단을 확보하라

완벽한 세상에서는 모든 임시교사가 아이들과 함께 있는 것을 좋아하고, 학급 관리에 능숙하고, 교사가 자리를 비웠을 때도 기꺼이 수업을 맡아주는 전직 교사일 것이다. 하지만 나는 수업 시간 내내 책만 읽거나 핸드폰이나 만지는 임시교사를 너무 많이 겪었다. 때로는 학급이 스스로 잘 굴러가서 별도의 감독이 필요하지 않거나 이런 임시교사도 괜찮을 수 있다. 그러나 교실에 진짜 어른이 필요할 때도 있다. 학생들을 관리하고, 학생들과 교류할 수 있는 사람이 필요한 순간도 있다.

그러므로 평판이 좋은 임시교사를 만나면 전화번호와 이메일 주소를 받아두고, 가능하면 자주 활용해야 한다. 그들과 좋은 관계를 맺고, 수업을 맡아줄 때마다 감사 이메일을 보내라. 그들이 학생들에게 얼마나 소중한 존재인지 알아야 한다. 그리고 그들이 계속 일하고 싶게 만들어라. 신뢰할 수 있는 임시교사 명단은 교사의 귀중한 자산이다.

가끔 어쩔 수 없이 학교를 빠져야 하는 일이 생길 수 있다. 교사 본인이 아플 수도 있고, 자녀가 아플 수도 있다. 전문성 개발 연수에 참여해야 하거나 개인적인 이유로 휴가가 필요할 때도 있다. 그러나 자리를 비운다고 해서 반 아이들이 하루를 허비하거나, 임시교사에게 불평 가득한 쪽지를 받게 되는 것은 아니니, 너무 걱정하지 마라. 결국, 교사가 있든 없든 강력한 학급 문화를 확립하는 것이 가장 중요하다.

정신 건강에 도움이 되는 공동체를 찾아라

건강하고 행복한 사람들의 주요 특징 중 하나는 다른 사람들과 공동체를 이루고 산다는 것이다. 연구 결과, 인간관계는 스트레스를 줄여주고 신체 건강에도 영향을 미치는 것으로 나타났다.[1] 교사들이 동료 교사와 관계를 잘 유지하는 것이 중요한 이유다. 학교에서 일하는 사람이 아니라면 교사가 느끼는 일상 속 부담과 스트레스, 기쁨 같은 것을 이해하기 힘들 것이다. 교사들에게는 서로 위로하고 함께 기쁨을 나눌 사람이 필요하다. 지혜를 나눌 선배 교사, 에너지를 나눌 후배 교사, 같은 배를 타고 생각을 나눌 사람들이 필요하다.

나는 교사로 일하면서 거의 탈진 상태에 이르렀을 때, 내가 얼마나 고립되어 있는지 깨달았다. 교사들은 매일 수백 명의 학생에 둘러싸여 있지만, 다른 전문가와 대화를 전혀 나누지 않고 일주일을 보내기 쉽다. 나는 일부러 시간을 내서 다른 교사와 함께 점심을 먹거나 교무실에 들르기 시작했다. 심지어 수업 준비 시간에 그저 다른 교사 옆에 앉아 있기도 했다. 그것만으로도 나의 정신 건강과 행복감이 크게 향상되었다.

교사들끼리 실제로 친한 친구가 되는 경우도 많지만, 나는 동료 교사와 절친한 친구 사이가 되어야 한다고 말하려는 게 아니다. 그렇지만 의도적으로 친밀한 관계를 형성하고 유지하려고 노력한다면, 직장에서 더 많은 즐거움을 느끼고, 더 오래 교단에 남을 수 있을 것이다.

학생 중심의 접근법은 교사에게도 도움이 된다

이 책의 전반에 걸쳐 우리는 학생들이 학습 주도권을 가질 수 있게 하는 실질적인 방법을 이야기했다. 학생들이 학습을 주도할 수 있을 때 미래에 필요한 중요한 인생 기술을 개발할 수 있다. 그러나 이 과정에서 교사가 안고 있던 일부 부담도 학생에게 넘어가게 된다.

우리(존과 트레버)는 학생들에게 주도권을 넘겨줬다. 그 후로 매일 덜 피곤한 상태로 퇴근할 수 있었다. 학생들이 교사에게 의존하는 시간이 줄어들었기 때문에 이제는 매 순간 학생들에게 지시할 필요가 없다. 한편, 학생들은 더 피곤해졌다. 하지만 이것은 긍정적인 피곤함, 즉 적극적이고 열정적으로 몰입하면서 생긴 피로였다.

우리가 촉진자 역할에 집중하면서 학생들은 학습 과정의 모든 부분에 더 적극적으로 참여했고, 덕분에 우리는 가장 중요한 우선 과제에 집중할 수 있었다. 구체적으로 설명하면 이렇다.

- 학생들이 자기 평가와 동료 평가에 참여하면 교사는 채점에 들이는 시간을 줄일 수 있다.

- 학생들이 스스로 프로젝트를 관리할 때, 교사는 모든 학생을 세세히 관리할 필요 없이 반 전체의 흐름에 집중할 수 있다.
- 학생들이 아이디어를 제시하면 교사는 흥미로운 수업을 구상해야 하는 부담을 혼자 짊어지지 않아도 된다.
- 학생들이 학급 루틴과 규범에 책임감을 가지면 교사는 수업 절차를 가르치거나 가벼운 잘못을 바로잡는 데 들이는 시간을 줄일 수 있다.
- 학생들이 갈등 해결에 참여하면 교사는 감정 소모를 최소화할 수 있다.
- 학생들이 교실에서 각자의 역할을 맡아 일하면 교사는 행정 업무에 소모하는 시간을 줄일 수 있다.
- 학생 중심의 조직화 시스템을 만들어 놓으면, 시간이 절약되고 수업은 효율적으로 운영된다.
- 학생들이 비계를 스스로 선택할 때, 교사는 특별한 학습자라는 오명을 없애주고 모든 학생이 필요한 지원을 받을 수 있게 도울 수 있다.

교사 중심 학습에서 학생 중심의 학습으로 이동하는 여정은 쉽지 않다. 교사로서 느끼는 통제권을 내려놓기란 쉬운 일이 아니다. 실제로 학생 중심 학습으로의 전환은 단순한 통제의 문제를 넘어선 것이다.

학생 중심 접근법을 시도하려면 학기 초에 추가적인 계획을 세워야 했다. 일단 학생들을 안내할 시스템을 설계해야 했다. 다시 말해, 처음에 더 많이 노력해야 했지만, 나중에는 확실히 수월해졌다. 학생들의 성공을 위한 투자였지만 그와 동시에 교사의 자기 돌봄을 위한 투자이기도 했다.

바쁜 생활을 청산하라

나(존)는 초임 교사였을 때 완벽주의적인 사고방식을 가지고 있었다. 모든 일에 110퍼센트 몰입해야 한다고 믿었다. 최고의 교사는 가장 먼저 출근해서 가장 나중에 퇴근하는 교사라고 생각했다. 나는 늘 바쁜 교사였다. 온갖 종류의 위원회 일을 맡았고 모든 프로젝트를 수락했다. 그러다가 바쁜 생활을 청산해야겠다고 마음먹은 순간이 찾아왔다.

퇴근하고 집에 도착했을 때, 다섯 살 난 아들은 야구공을 쥐고 있었다.

"같이 놀 수는 있는데, 아빠가 '시간'이 많이 없어."

내 머릿속은 온통 해야 할 일 생각뿐이었다. 부서 회의를 계획해야 하고, 과제를 채점해야 하고, 작은 프로젝트 몇 개를 끝내야 했다. 하지만 야구 글러브를 끼면서 생각이 달라졌다. 나는 일 목록도, 해야 할 일들도 모두 잊고 아들과 공을 주거니 받거니 했다. 하지만 함께 놀고 있는데도 아들은 계속해서 "아빠, 시간 더 있어요?"라고 물었다.

아이의 물음에 쉽게 대답할 수 없었다. 그래서 그날 밤, 내 일정과 관련해서 아내와 대화를 나눴다. 어려운 대화였다. 우리는 장기적으로 우선해서 해야 할 일과 내가 어떤 아빠, 어떤 남편, 어떤 교사가 되고 싶은지에 대해 이야기했다. 그때 중요한 사실 하나를 깨달았다. 나는 완벽주의를 좇고 있었고, 많은 사람을 행복하게 하려고 애쓰면서도 가장 소중한 사람들은 소홀히 대하고 있었다.

그날 이후로 나는 바쁜 생활을 청산했다. 몇몇 위원회를 그만뒀고, 프로젝트 수를 제한했다. 직장에서 스스로 통금 시간을 정했다. 언제 110퍼센트 몰입해야 하고, 언제 50퍼센트만 해도 되는지도 배웠다.

나는 바쁜 생활에 빠져 허우적거리면서도 바쁘다는 것을 무슨 훈장처럼 몸에 두르고 있었다. 마치 가상의 경쟁에서 이기고 있는 것처럼 행동했다. 그러나 인생은 게임이 아니다.(여기서 게임은 보드게임 같은 놀이를 말하는 게 아니라 이기고 지는 게임을 말한다.)

알아야 할 게 또 있다. 더 많은 프로젝트와 더 많은 성과, 더 많은 회의로 일정을 꽉 채운다고 해서 트로피를 받는 건 아니라는 사실이다. 결국 얻는 것은 바쁜 생활로 인한 짐이 더 늘어나는 상황뿐이다. 바쁘면 서두르게 된다. 바쁘면 압도당한다. 바쁘면 빠르게 지나간다. 바쁘면 부주의해진다.

바쁜 생활은 끝없이 돌아가는 다람쥐 쳇바퀴와도 같다. 어디로 향하는지 묻지도 않고 온 힘을 다해 사다리를 오르는 것과 같다. 살다 보면 바빠지는 순간들이 있지만, 나는 바쁜 생활이 새로운 일상이 되는 것을 절대 원하지 않는다. 인생을 되돌아보며 "와, 나는 정말 바쁘게 사는 데 능숙했구나."라고 말하고 싶지 않다.

나는 '바쁜 생활을 청산'했을 때 더 생산적인 사람이 될 수 있었다. 내가 큰 결심을 하고 바쁜 생활을 청산했을 때, 변화가 일어나기 시작했다. 실제로 나는 더 좋은 교사가 되었다. 아내와 대화를 마친 후, 나는 좋은 교사가 되는 것을 어느 정도 포기해야 한다고 생각했다. 하지만 그런 일은 일어나지 않았다. 오히려 시간과 에너지, 정신적 여유까지 더 많아져서 학생들에게 더 좋은 교사가 될 수 있었다. 알고 보니 나는 휴식을 취할 수 있을 때 더 생산적인 사람이었다. 구체적으로 설명하면 이랬다.

1. 더 좋은 프로젝트를 만들었다. 성적을 매기거나 게시판을 꾸미는 데 어마어마한 시간을 쓰지 않아도 되기 때문에 마침내 만족할 만한 프로

젝트 기반 학습의 계획안과 자료를 준비할 시간이 생겼다.

2. **창조적인 도전을 시도했다.** 과로의 근본 원인을 알아낸 후로 학생 중심 학습을 실험하기 시작했고, 교사로서 실수하는 것에 대한 두려움을 극복했다. 이미 실제적 학습과 디자인 사고로 방향을 전환하고 있었지만, 그제서야 다음 단계로 발전할 수 있는 여유가 생겼다.

3. **삶 속에서 더 많은 것을 창조하는 사람이 되었다.** 여유 시간에 창조적인 작업을 하기 시작했다. 예를 들면, 소설을 쓰고 동영상을 만드는 등의 새로운 취미를 찾기 시작했다.

4. **학생의 주도성과 역량 강화를 더 많이 추구했다.** 나는 예전부터 '내가 학생들을 위해 하는 일 중에 학생들이 스스로 할 수 있는 일은 무엇일까?'라고 자문했다. 학생들에게 목소리와 선택권을 주기 위한 여정을 이미 시작한 상태였다. 바쁜 생활을 청산하면서 나는 학생들이 직접 비계를 선택하고, 자신의 프로젝트를 관리하고, 자기 학습을 평가하게 했고, 그 덕분에 그들의 학습 주도권을 한 단계 끌어올릴 수 있었다.

바쁜 것과 생산적인 것은 다르다. 바쁜 것은 더 열심히 일하는 것과 관련 있고, 생산적인 것은 더 똑똑하게 일하는 것과 관련 있다. 바쁘면 정신이 없지만, 생산적일 때는 집중력이 있다. 바쁜 것은 완벽주의에서 비롯되고, 생산적인 것은 목적에서 비롯된다. 바쁜 것은 모든 일을 잘하는 것과 관련 있지만, 생산적인 것의 핵심은 몇 가지 중요한 일을 잘하는 것이다.

목적을 아는 것이 힘이다

할 일을 줄이고 일의 우선순위를 정하는 것이 개인의 행복에 큰 영향을 미칠 수 있지만, 여전히 주기적으로 해야 하는 일상 업무는 교사의 기력을 빼앗을 수도 있다. 학생 문제부터 부정적인 학부모의 태도, 행정적 압박까지 교사라는 일은 때로 너무 힘들다. 그래서 우리가 왜 이 일을 하는지 제대로 이해하는 것이 매우 중요하다.

미국의 심리학자이자 그릿Grit 개념을 제안한 앤절라 더크워스Angela Duckworth 박사는 성공한 사람들의 공통적인 특징을 찾고자 인생에서 개인적, 직업적 성공을 이룬 사람 1만 6천여 명을 조사했다.[2] 역경을 극복하고 성공에 이른 사람들은 도대체 무엇이 다를까?

- IQ가 높을까? → 상관관계가 없었다.
- 연봉이 높을까? → 상관관계가 없다.
- 엄청난 재능이 있을까? → 상관관계가 없었다.
- 업무 부담이 적은 직업을 가지고 있을까? → 상관관계가 없었다.

놀랍게도 1만 6천여 명 모두에게 나타난 공통점은 '고차원의 목적이 있다'는 것이었다. 더크워스 박사는 자신의 노력이 자신보다는 더 큰 무언가에 도움이 된다는 것을 아는 사람일수록 역경을 이겨내고 성공하려는 동기가 훨씬 더 강하다는 것을 발견했다. 결국, 자신이 하는 일의 목적을 알고, 그것을 분명히 표현할 수 있는 능력은 엄청난 힘을 가지고 있다는 뜻이다.

물론 우리가 교사가 된 목적 중 하나는 급여를 받고 안정적인 삶을 유지하는 것이다. 이 목적을 과소평가해서는 안 되며, 교사들은 더 높은 급여와 더 나은 대우를 계속 촉구해야 한다. 교사가 된 목적의 이타적 측면이 어떤 식으로든 교사들의 실질적 요구를 부정하거나 깎아내려서는 안 된다.

하지만 진정으로 성공한 교사가 되려면 개인적인 목표 이상의 더 큰 목적을 찾아야 한다. 더크워스 박사에 따르면, 그 목적은 자신보다 더 큰 무언가에 이바지하는 '고차원적 목적'이어야 한다. 교사들의 직업명 그 자체가 교사가 하는 일의 고차원적 목적을 말해준다.

교사의 일은 학생들에게 지식과 기술을 가르쳐 그들의 삶을 풍요롭게 만드는 것이다. 이 일은 본질적으로 봉사에 뿌리를 두고 있다. 즉, 교사가 학생들에게 봉사하면 학생들의 공동체에 도움이 되고, 더 나아가 사회에 도움이 되고, 결과적으로 세상에 이바지하게 된다.

이런 흐름을 이해하고, 교사라는 일의 고차원적 목표를 명확히 말할 수 있다면, 교사가 직업적 성공을 이룰 수 있는 가장 좋은 방법이다. 게다가 가장 좋은 '자기 돌봄'의 방법이기도 하다. 한 마디 덧붙이자면, 자신의 목적을 구체적으로 알고 있을수록 더 좋다.

고차원적 목적을 정의하라

다음은 교사로서 고차원적 목적을 정의하는 연습 방법이다.

1. **더 나은 세상을 만드는 방법 다섯 가지를 목록으로 만들어라.** 이 목록은 비교적 빨리 작성할 수 있을 것이다. 세상을 나아지게 하는 방법은 무수히 많으므로 자신에게 가장 중요한 다섯 가지를 적으면 된다.

2. **교사로서 주기적으로 하는 일 다섯 가지를 목록으로 만들어라.** 실용적인 목록을 만들어라. 예를 들어, 수업 계획 작성, 토론 지도, 소그룹 지도, 교실 정돈 등과 같은 일을 넣을 수 있다.

3. **1번 목록과 2번 목록 사이의 연관성을 찾아라.** 2번 목록에 적힌 일을 함으로써 더 나은 세상을 만드는 일(1번 목록)을 할 수 있는가? 다시 말해 비록 작은 변화일지라도, 우리가 매일 주기적으로 하는 일이 세상을 더 나은 곳으로 만들고 있는가? 장담컨대 분명 그럴 것이다.

   예를 들어 1번 목록에 인종차별이 없다면 더 나은 세상이 될 거라고 적었다고 가정하자. 교사 개인이 인종차별을 없앨 수는 없겠지만, 학생들이 다른 사람을 대하는 더 좋은 태도와 시각을 배우도록 수업을 설계할 수 있지 않을까? 1번 목록에 '환경 오염 줄이기'를 적었다면 수업 시간에 환경에 대한 책임감을 가르치고 시범을 보이는 방법이 있지 않을까? 그렇게 한다면 학생들에게 연쇄 효과를 일으키기 시작할 것이다. 우리는 일상적인 일을 통해 매우 현실적이고 실용적으로 세상의 여러 문제를 해결하는 데 기여하고 있다.

4. **가장 중요하게 여기는 것이 무엇인지 적어보라.** 교사로서 자신의 근본적인 목적이 무엇인지 적어보라. 다음과 같이 적을 수 있다.

   - 나는 다른 사람들이 …하는 것을 돕는다.
   - 나는 …한 환경을 만든다.
   - 나는 …하는 데에 나의 창의성과 열정을 쏟는다.

- 나는 사람들이 …를 발견하도록 돕는다.

비상 폴더를 만들어라

이제 목적을 확인했으므로 그것을 잊지 않도록 상기시키는 문구를 포스트 잇에 적거나, 인쇄해서 책상에 붙이거나, 매일 일과를 시작하기 전에 소리 내어 읽어보라. 그리고 항상 기억하라. 목적은 열정의 연료이다. 특히 가르 치는 일에서 열정적인 부분을 찾기 어려울 때 더욱 그렇다.

유난히 힘들 때를 대비해 일명 '비상 폴더(rainy day folder)'를 만들면 좋 다. 이 비상 폴더는 교사로 일하는 목적을 가시적으로 상기시켜 주는 역할 을 한다. 이 폴더는 이전과 현재의 학생들, 학부모, 동료 교사, 관리자들에 게 받은 모든 감사 편지와 칭찬 메시지를 모아놓은 자료집이 될 수 있다. 시 간을 두고 편지와 이메일을 모아두면 힘든 시기 또는 힘들었던 해가 끝나 갈 때 꺼내 볼 수 있다.

이런 보물 같은 글을 읽으면 가르치는 일에 대한 열정은 물론, 애초에 교 직을 선택한 이유를 되새길 수 있을 것이다. 내가 교원 교육 프로그램을 이 수하고 교사가 되기 위한 모든 노력을 기울인 이유가 그 안에 있다. 만약 학 생의 성공을 돕는 것이 교사로 일하는 주된 이유라면, 이 비상 폴더는 학생 들이 이룬 성과를 되새길 수 있게 한다.

교사로 남는 이유

교사는 당연히 가르치는 일이 항상 만족스럽고 눈부신 순간들로 가득 차길 바랄 것이다. 교실이 핀터레스트에 나올 것처럼 예쁘고, 학생들이 영화 〈죽은 시인의 사회〉에서처럼 책상 위에 올라가 시를 암송하고, 매일 피곤하더라도 그날 내가 한 일에 만족하며 퇴근할 수 있기를 바란다. 하지만 실제로 가르치는 일은 그런 모습이 아니다. 골치 아프고, 피곤하고, 지루하고, 고통스럽고, 활기 없고, 기진맥진해질 수 있다. 내가 이 일에 적합한지 의문이 들기 시작하는 순간이 바로 골짜기에 있을 때다. 또한 이런 생각을 하기도 한다.

'저기 복도 건너편의 교사들은 별 어려움 없이 학생들에게 과제물을 제출하게 하는데, 나만 그렇게 못한다.'

'채점을 다 하려니 힘에 부친다.'

'이렇게 스트레스를 받는데 월급은 너무 적다.'

'내 대학 학위로 할 수 있는 다른 일은 없을까?'

매년 교사의 약 16퍼센트가 이처럼 골짜기 바닥에 있을 때 교단을 떠난다. 탈진, 직업적 불만족, 스트레스 과다 등 어떤 이름으로 부르든 간에 중요한 사실은 이 직업이 힘들고, 너무나 많은 유능한 사람들이 이 직업을 그만둔다는 것이다. 교사로서 겪어야 할 도전적인 면을 완전히 없앨 방법은 없다. 가르치는 일은 골치 아프고, 종잡을 수 없고, 너무 복잡하고, 너무 인간적이다. 어떻게 달리 표현할 방법이 없다. 이게 현실이다.

그러나 놀랍게도 성장은 보통 완벽하지 않은 순간에 일어난다는 것도 또하나의 현실이다. 산골짜기와 산꼭대기에 비유해 생각해 보자. 산꼭대기는 아름답고 대부분 등반가가 가려는 목적지이지만, 그곳에는 나무와 꽃이 자라지 않는다. 생명을 유지할 수 있는 요소가 아무것도 없다. 우리는 산꼭대기에 영원히 머무를 수 없으며, 어느 시점이 되면 길이 험난하더라도 생명이 더 풍부한 골짜기로 다시 내려가야 한다.

교사로서 생존과 번성을 결정하는 중요한 요인은 힘든 시간에도 배우고 성장할 줄 아는 능력과 빛을 내는 순간이 올 때까지 기다릴 줄 아는 인내심이다. 나(트레버)는 날씨가 우중충했던 2월의 어느 날을 기억한다. 내키지는 않았지만, 학생들에게 SAT 모의고사를 치르게 했다. 학생들이 답안지를 작성하는 동안 나는 세 시간이나 침묵 속에서 창밖의 하얀 눈과 회색 하늘만 바라보며 서 있었다.

그때 나는 '이건 내가 기대했던 일이 아니야.'라고 생각했다. 이러려고 사범대학에 간 게 아니었다. 학생들에게 영감을 주고, 그들이 역동적이고 창의적인 자아를 발견하도록 도와주고 싶어서 교사를 선택했다. 그러나 나는 사방이 벽으로 막힌 곳에 갇혀 있는 보모가 된 느낌이었다. 학생들이 그들 능력의 오직 일부만을 측정하는 또 다른 시험에 대비해 학습하는 모습을 그저 지켜보고만 있었다. 교사들에게는 익숙한 일이리라.

학생들이 마침내 모의시험을 마쳤을 때, 나는 학생들에게 일어나서 스트레칭을 하라고 했다. 그런데 한 학생이 계속 책상에 앉아 있었다. "잭슨, 3시간이나 앉아 있었는데 일어나서 몸을 조금 움직이는 게 어떻겠니?"라고 하자, 잭슨은 "선생님, 감사하지만 전 괜찮아요, 이것만 쓰면 제 책의 한 장이 완성돼요. 빨리 선생님께 보여드리고 싶어요!"라고 말하고는 다시 공책에 뭔가를 계속 썼다.

잭슨은 그때까지만 해도 학교 공부에 거의 관심이 없었고, 국어 수업에 어떤 열의도 보인 적 없는 학생이었다. 그래서 3시간 동안 시험을 본 후 즐겁게 글을 쓰는 잭슨을 보며 나는 놀라움과 기쁨을 감출 수가 없었다. 아드레날린이 분출되는 듯했다. 잭슨의 모습은 내가 교사가 된 이유를 분명하게 확인시켜 주었다. 때때로 창의성과 영감을 방해할 수 있는 제도 속에서도 잭슨은 분명 영감을 받고 있었다.

학기 중 어느 순간에 내가 한 말이나 행동이 잭슨에게는 재능을 발견하는 계기가 된 것이다. 갑자기 창밖의 눈이 아름다워 보였다. 회색 하늘은 우리 학교 건물의 벽돌 담장을 부드럽게 감싸고 있었다. 아이들은 우리 교실 안에 형성된 공동체 속에서 함께 웃고 이야기하고 있었다. 나는 잭슨이 계속 글을 쓰는 것을 바라보면서 내가 그 아이의 삶에 어떤 식으로든 영향을 미친 것 같다고 느꼈다.

나는 산꼭대기에 우뚝 서 있었다. 물론 그 후로도 학생들의 졸업, 대학 합격, 졸업생들의 방문 등 더 높은 곳에 오른 듯한 기분이 들 때가 있었지만, 이번에 너무 큰 보람을 느껴서 다시 골짜기로 내려가도 괜찮다고 느꼈다. 이런 순간이 우리가 교사가 된 이유다. 그 순간을 기억하고 영향을 받아 변화할 때, 그것이 보통 우리가 계속 교사로 남는 이유가 된다.

가르치는 일의 가치

이제 우리가 도전해야 할 과제는 '일상 속에 숨어 있는 기쁨을 어떻게 발견할 수 있을까?'이다. 성장을 보여주는 작은 순간들을 발견하는 일은 실제로 늘 일어난다. 가끔 학교에서는 최종 학습 결과에 너무 집착할 때가 있다. 시험 점수, 졸업, 수상 실적, 프로젝트 발표회 같은 것들이 구체적인 성공을 보여주는 주요 수단이 될 때가 있다. 하지만 초등학교 1학년이 숫자 학습지를 한 장 끝낸 것도 구체적인 성공이다. 고등학생 30명이 모두 독서 시간에 조용히 책을 꺼내 읽는 것도 하나의 구체적인 성과다. 수업 시간에 한 마디도

하지 않던 아이가 처음으로 손을 든 것도 성장의 증거다.

이런 순간들을 알아차리고, 학생들이 성장하고 있다는 사실을 진지하게 되새길 때, 교사는 골짜기에서의 노력이 헛되지 않았다는 것을 깨닫는다. 여러 어려움에도 불구하고 가르치는 일은 목적과 힘을 가졌으며, 우리의 시간과 재능과 열정을 쏟을 가치가 있는 직업이라는 것을 깨닫게 된다.

교사를 위한 자기 돌봄 주간 점검표

'자기 돌봄 주간 점검표'는 교사의 직업적 책임과 개인적 행복 사이의 균형에 초점을 두고 매일 할 수 있는 구체적인 활동을 제시한다. 단지 안내지침일 뿐이므로 개인의 선호도와 일정에 맞게 얼마든지 활동을 조정할 수 있다.

■ 일요일 저녁
- 주간 일정 검토
  - 수업 계획, 회의 및 그 주에 예정된 중요한 행사를 확인한다.
  - 월요일에 필요한 모든 자료, 자원, 테크놀로지를 준비한다.
- 자료 조직화
  - 교수 자료와 배포 자료, 시청각 보조 자료를 체계적으로 정리한다.
  - 필요한 모든 자료와 도구를 언제든 이용할 수 있도록 확인한다.
- 자기 돌봄 계획
  - 그 주에 필요한 자기 돌봄 활동을 검토한다.
  - 휴식, 운동, 취미 활동 시간을 계획한다.

■ **월요일**

● 학교 수업이 시작되기 전에 10분 동안 마음챙김 명상 혹은 기도를 한다.

● 개인적인 목표를 적은 글을 소리 내어 읽는다.

■ **화요일**

● 긴장을 풀기 위해 잠깐 동안 스트레칭이나 요가를 한다.

● 동료에게 연락해서 간단히 커피를 마시거나 편안한 대화를 나눈다.

■ **수요일**

● 중요한 업무가 아니라면 몇몇 업무를 유능한 학생이나 동료에게 위임한다.

● 그 주의 도전 과제를 중간 점검하고, 필요하면 목표를 조정한다.

■ **목요일**

● 전문성 개발 활동에 참여한다.

　- 예: 전문성 개발을 위한 책 읽기, 온라인 세미나 참가, 워크숍 참가, 온라인 강의 듣기

● 적어도 30분 동안 취미나 좋아하는 활동을 할 수 있도록 시간을 따로 마련한다.

■ **금요일**

● 주말을 성취감을 느끼며 시작할 수 있도록 긴급한 업무는 마무리한다.

● 한 주 동안 이룬 크고 작은 성취를 기념한다.

■ 토요일

● 빠르게 걷기 같은 신체 활동을 한다.

● 친구나 가족들에게 연락해 심리적 지원과 휴식을 얻는다.

■ 일주일 내내

● 낮에 틈틈이 짧은 휴식 시간을 가지며 스트레칭이나 심호흡을 한다.

● 매일 밤 충분한 휴식을 취할 수 있게 건강한 수면 습관을 유지한다.

● 밤이나 주말에는 업무 이메일이나 메시지를 확인하지 않는다.

주
_____

1. Umberson, Debra, and Montez, Jennifer Karas. (2010). Social relationships and health:A flashpoint for health policy. *Journal of Health and Social Behavior,* 51(Suppl): S54-S66. doi:10.1177/0022146510383501. https://www.ncbi.nlm. nih.gov/pmc/articles/PMC3150158/

2. Duckworth, Angela. (2016). *Grit: The power of passion and perseverance.* Scribner.

15장

가르치는 일은
사회와 연결된다

사람들은 대부분 게잡이 배를 타본 적이 없으므로 게잡이 어부에게 조업법을 함부로 지시하지 않을 것이다. 어떤 도구와 배를 사용해야 하는지, 배를 어떻게 배치해야 하는지 설명하지 않을 것이며, 몇몇 어부가 저지른 실수를 근거로 그 직업 전체를 세세히 평가하지도 않을 것이다. 대부분의 사람에게 익숙하지 않은 영역이므로, 이 직업이 어떤 구조로 어떻게 운영되는지는 내부에 있는 사람들에게 맡겨진다. 게를 먹는 소비자 대부분은 자기 목소리나 자기가 가진 지식을 이용해 게를 잡는 방법을 결정하려 하지 않는다. 이 직업에 종사하는 사람들의 경험과 지혜가 방법을 결정한다.

이 이야기의 의도를 알겠는가? 대부분의 어른은 어떤 형식으로든 교육제도를 경험한 적이 있다. 모두 공립학교든 사립학교든 학교에 다닌 경험이 있다. 미국만 해도 2억 5,800만 명에 가까운 성인들이 교실에 앉아 교사들에게 체계적인 교육을 받았다. 따라서 교사라는 직업에 대한 사회적 의견은 게잡이 직업에 대한 의견과 완전히 다르다.

대중매체, 정치인들, 소셜미디어 등을 통해 일반 대중은 공립학교가 운영되는 방식에 많은 의견을 내놓는다. 충분히 그럴만하다. 대중은 학교에 관심이 많다. 우리 모두 학교를 지원하는 세금을 내지 않는가. 게다가 학교는 인생을 살아가기 위한 중요한 훈련의 장이다. 학교에서의 경험은 삶의 질에 막대한 영향을 미친다.

버지니아 코먼웰스 대학교에서 실시한 연구에 따르면 교육은 건강 상태 개선, 소득 및 자산 증가, 범죄율 감소와 강한 상관관계가 있다.[1] 그만큼 학교는 중요하다. 그러므로 지역사회의 투자와 의견도 중요하다.

문제는 사람들이 학교에 다녔다고 해서 학교 운영의 내막까지 이해하는 것은 아니라는 사실에 있다. 직접 교실 현장에서 일해보지 않고는 가르치는 일의 복잡함을 이해할 수 없다. 그 결과, 무지에서 비롯된 사회적 의견을 내놓는 경우가 종종 있다. 예를 들어, 교사들 대부분은 여름 방학 동안 급여를 받지 않아도 직무 연수에 참여하고 수업 계획을 짜는데도, 이를 모르는 사람들은 교사들이 여름 내내 쉰다고 생각한다.

소셜미디어에서는 교사들을 비난하거나 특정 수업 방식을 주장하는 사람들을 쉽게 찾을 수 있다. 이런 외부의 목소리가 통제되지 않으면 교사들과 그들이 일하는 학교에 심각한 부정적 영향을 미칠 수 있다.

2,600명이 넘는 교사를 대상으로 진행한 한 설문 조사에서 '교사 탈진'의 주요 원인을 물었을 때, 가장 많이 나온 대답은 '충분히 인정받지 못하고 저평가되고 있다고 느낀다.'였다. 모든 사람이 어떤 식으로든 학교에 투자하고 있으므로 대부분의 다른 직업과 달리 교사라는 직업에는 공적인 면이

존재한다. 이런 현실의 부정적 측면은 교육자가 아닌 사람들이 교육자들을 규제하면서 잘못된 정책과 관행이 생겨나고, 결과적으로 교사들의 사기가 떨어질 수 있다는 점이다.

그러나 긍정적 측면도 분명히 있다. 우선 모든 사람이 학교에 깊은 관심을 가지고, 만약 비판적이던 사람들마저 지지자로 바뀔 수 있다면 교사들과 그들의 활동에 엄청난 영향을 미칠 수 있다.

교육에 대한 부정적 태도는 악의보다는 무지함에서 비롯되는 경우가 많다. 그러므로 지역사회 구성원들이 학교에서 실제로 어떤 일이 일어나고, 누가 일하고, 그들의 동기가 무엇인지 더 많이 안다면 오해가 풀리고 비방하던 사람들도 협력자로 바뀔 수 있다. 이런 일이 일어날 때, 모두가 성장할 수 있다. 이제 이것을 어떻게 실현할 수 있을지 이야기해 보자.

공동체의 목소리를 소중하게 여겨라

나(존)는 교단에 선 지 6년 차에 접어들었지만, 새로운 학교로 발령받아 사진 저널리즘을 가르치는 새로운 일을 맡았을 때 모든 게 새롭게 느껴졌다. 교장이 보낸 "이야기 좀 합시다."라는 이메일을 읽었을 때 나는 무척 놀라고 당황했다. 이전 학교 교장은 두려움과 불안감을 조장하며 학교를 이끌었고, "이야기 좀 합시다."라는 이메일로 사람을 불러놓고는 큰소리로 질책하고 수치심을 느끼게 했다. 그런 학교에 있다가 이제 막 이곳으로 왔던 터였다.

교장실로 들어서자 교장은 의자 두 개를 가리키며 그곳으로 오라고 손짓했다. 그는 가벼운 인사말도 없이 곧바로 요점으로 들어갔다.

"존 선생님, 선생님이 맡은 아침 방송이 잘 진행되고 있지만, 한 가지만 바꾸면 좋겠습니다."

나는 고개를 끄덕였다.

"보니까 아침 방송에 ELL 학생들은 참여하지 않더라고요. 왜 그런 겁니까?" 교장이 물었다.

"어, 음, 일부러 그런 건 아닙니다. 우선 지원자를 모집했고, 그중에서 몇 명을 뽑은 겁니다." 나는 상황을 설명했다.

"존 선생님, 학생들의 목소리를 소중하게 여기는 건 알지만, 방송에는 모든 목소리를 포함해야 합니다."

솔직히 나는 방어적으로 대응했다. 교장의 말을 듣고 싶지 않았다. 나는 언어 습득 이론과 정서적 여과막과 같은 연구 결과를 들어가며 내가 왜 그렇게 했는지 설명하기 시작했다. 왜 ELL 학생들이 전교생 앞에서 생방송으로 발표하는 것을 무서워하는지도 설명했다. 라울 교장은 내 이야기를 끝까지 들은 후 이렇게 말했다.

"모든 학생에게 목소리를 낼 기회를 주지 않는 시스템이라면, 그 시스템 자체를 바꿔야 합니다."

인종과 대표성 문제로 넘어가면서 우리의 대화는 훨씬 더 깊고 복잡해졌다. 우리 학교 학생의 약 90퍼센트가 라틴계고, 10퍼센트 정도가 아프리카계 미국인이었지만, 아침 방송에 흑인 학생이 단 한 명도 나오지 않았다.

"이게 우리 학생들에게 어떤 메시지를 전달할까요?" 교장이 물었다.

이어서 우리는 실행 계획을 논의했다. 나는 아침 방송을 수정하기 위해 학생들을 추가로 모집했다. 이번에는 직접 학생들을 찾아가 참여를 권유했고, 방송 스타일과 방향, 내용을 정하는 학생 리더십 팀을 구성했다.

생방송 대신에 전체를 사전 녹화로 바꾸고 ELL 학생들이 미리 대사를 연습할 수 있게 했다. 학생들이 방송의 형식과 스타일에 관해 더 많은 목소리를 낼 수 있도록 모든 것을 개편했다.

일주일 후, 교직원 휴게실에서 한 교사가 나에게 다가와 말했다.

"아침 방송을 하는 학생들 좀 어떻게 할 수 없습니까? 어떤 학생들은 무슨 말을 하는지 도무지 알아들을 수가 없어요."

그때 마침 라울 교장이 휴게실로 들어오며 말했다.

"학생 말을 알아듣기 어렵다면, 선생님이 더 열심히 들으려고 노력해야 하는 것 아닐까요?"

나는 반인종차별주의(anti-racism)라는 용어를 들어본 적은 없었지만, 이 일은 공동체를 소중히 여기는 지도자가 있는 학교에 소속된 것이 어떤 느낌인지 보여주는 좋은 경험이었다.

공동체의 다양성을 높이 사라

라울 교장은 규율에 대한 접근법도 바꿔놓았다. 그 시작은 복장 규정이었다. 교복에서 청바지와 티셔츠로 바뀌었고, 헐렁한 배기바지를 입거나 정반대로 꽉 끼는 스키니진을 입었다고 해서 학생에게 등교 금지 처벌을 내리지 않았다. 그 후, 다른 학교들이 복도에서 춤을 춘다고(한참 유행하던 더기 댄스를 기억하는가?) 학생들을 정학시킬 때, 라울 교장은 아침 수업 시작 전에 열리는 대규모 춤 경연대회를 만들었다.

그뿐만이 아니었다. 우리는 제도 내부의 편견을 조사하고, 인종차별적 요소를 분석하기 위해 규율 관련 기록을 다시 점검했다. 아직도 기억나는 일이 하나 있다. 한 교사가 학생이 '무례한 행동'을 보였다며 교내 경찰을 부르려고 했지만, 교장이 허락하지 않았다. 여전히 잘못된 행동에는 결과가 뒤따랐지만, 그 결과가 꼭 형사적 처벌일 필요는 없었다.

라울 교장은 학교 공동체를 높이 사면서 교사들이 가지고 있던 학교 인근 지역에 대한 부정적 인식을 바꾸려고 노력했다. 교사들이 지역사회 학부모들에 대해 부정적으로 말할 때, 그것을 바로잡았을 뿐 아니라 학부모들도 학교 개선에 관한 대화에 참여하게 했다.

어느 날, 한 교사가 소셜미디어에 인종차별적인 발언을 올렸을 때, 교장은 해당 교사의 문제를 지적하는 것으로 끝내지 않고, 옆에서 방관한 교사들에게도 왜 침묵했는지 물었다.

그는 학교 공동체와 지역 공동체 사이에 다리를 놓았다. 청소 직원, 행정 직원, 보조 교사들을 불러 함께 점심을 먹기도 했다. 야간 청소 직원 중에 병에 걸린 어머니를 돌보기 위해 대학을 중퇴한 사람이 있었다. 라울 교장은 일부러 시간을 내 그와 이야기를 나눴다. 그 덕분에 청소 직원은 교사의 꿈을 이루기 위해 다시 대학으로 돌아갔다. 교장은 또한 공동체 내에서 리더십 역량을 강화하는 것을 목표로 리더십 콘퍼런스도 시작했다.

백인 협력자들(white allies, 인종차별을 규탄하며 인종 평등을 위한 노력을 지지하거나 동조하는 백인들을 가리킨다.- 옮긴이)에게는 학부모, 학생, 그리고 이 일을 잘 알고 실제로 경험한 전문가들에게 더 많이 귀를 기울여 달라고 요청했다.

라울 교장은 교사들에게 대화에 참여하라고 적극적으로 권했다. 사람들은 '피부색 무시(colorblindness)'라는 개념을 내세워 인종차별 문제를 외면

하기 쉽다. 라울의 메시지는 분명했다. 우리는 교직원으로서 단지 참거나 다양성을 지지하는 수준에 그치지 말아야 한다는 것이었다. 그는 교육자가 일상적으로 실천하는 일에서 억압을 없앨 것을 요구했다. 이 부분은 트레버와 나에게 아직도 어려운 과제이다. 우리는 아직도 이 여정이 끝나지 않았음을 인정한다.

공동체의 협력관계를 생각할 때, 우리는 흔히 학부모 자원봉사나 기업 리더들과의 인터뷰를 떠올린다. 그러나 진정한 협력관계는 단순히 공동체 사이를 연결하는 것을 넘어, 공평성을 높이고 억압을 없애는 것을 목표로 한다.

학부모는 귀중한 자원이다

나(트레버)는 한때 교실에 붙어있는 온실에 아쿠아포닉스aquaponics 정원을 만들겠다는 꿈을 가지고 있었다. 아쿠아포닉스는 수조에 물고기를 기르는 것과 전통적인 식물 키우기를 결합한 식물 재배 형태다. 물고기를 기르면서 생긴 배설물로 영양분이 풍부해진 물은 식물에 천연 비료가 되고, 식물은 물을 정화함으로써 물고기에게 도움이 된다. 나는 학생들이 이 멋진 시스템을 만들면서 교과 내용도 자연스럽게 배우고 지역 노숙자 쉼터에 제공할 신선한 식재료도 기를 수 있기를 바랐다.

나는 활동 계획을 세우기 시작했다. 그리고 워크숍 시간에 학생들이 정원을 만들 수 있도록 거의 모든 재료를 홈디포Home Depot(건자재, 인테리어, 조경, 원예 용품 쇼핑몰 - 옮긴이)에서 찾아냈다. 그러나 딱 하나 찾지 못한 게 있었는데, 그것은 물고기 수조로 쓸 500갤런들이 통이었다. 이 거대한 플라스틱 수조를 찾기 위해 몇 달 동안 크레이그리스트Craiglist(한국의 벼룩시장과 같은 광고 웹사이트 - 옮긴이)와 동네 가게, 심지어 폐품처리장까지 모두 뒤졌다. 어디를 가든 결국은 빈손으로 돌아왔다. 유일하게 하나 찾아내긴 했지만, 가격이 무려 1,000달러였다. 교사로서 나는 그렇게 큰 금액을 지출할 수도 없었고, 학교에서 지원을 받을 수도 없었다. 그래서 학생들에게 물고기를 키울 거대한 통을 찾지 못해서 안타깝게도 아쿠아포닉스 정원을 만들지 못할 것 같다고 설명했다. 그때, 한 학생이 손을 들고 말했다.

"아, 우리 집에 아빠가 일할 때 쓰는 큼지막한 투명 플라스틱 통이 여러 개 있어요. 분명 아빠가 하나 주실 거예요."

"잠깐만, 정말이니? 그걸 왜 이제야 말하는 거니? 내가 통 하나를 찾으려고 몇 달을 돌아다녔는데!"

아니나 다를까, 학생의 아버지에게 물어보자, 그는 우리 교실에 물고기를 기를 수 있는 500갤런들이 통을 기꺼이 기증했다. 몇 달 동안 수조를 찾아다니다가 결국 꿈을 포기하려던 순간에 일어난 일이었다.

이 경험으로 나는 귀중한 자원은 늘 주변에 있다는 사실을 깨달았다. 그 자원은 바로 학생들의 보호자다. 어떤 해에 학생이 25명이라면 학생 보호자가 최소 25명이라는 말이고, 이것은 25가지 직업과 25가지 관심사, 그리고 25번의 도움을 요청할 기회가 있다는 의미다. 더욱이 중·고등학교에서 가르치고 있다면 그 수는 보통 4배 이상으로 늘어난다.

흔히들 가르치는 일은 고립된 직업이라고 생각한다. 교사들은 온종일 학생들에게 둘러싸여 있지만, 외부 세계와의 연결 기회는 제한적이어서 대부분 혼자 힘으로 버텨내야 한다. 학생의 아버지가 수조를 기증했을 때와 그 이후 수많은 상황에서 내가 배운 것은 학부모들이 귀중한 교육 자원이 될 수 있다는 사실이었다. 그뿐 아니라 지역 공동체 전체가 아이들의 학습에 큰 도움을 줄 수 있다는 사실도 깨닫기 시작했다.

지역사회 파트너와 긴밀한 관계를 맺어라

지역사회가 학생들로부터 혜택을 받고, 학생들이 지역사회로부터 혜택을 받는데도 왜 학교와 지역사회가 점점 더 분리된 것처럼 느껴지는 순간이 많을까? 왜 더 많은 학교가 지역 단체와 긴밀히 연결되지 못하는 걸까?

내 생각에는 지역사회 구성원과 학교 간의 소통이 부족해서인 것 같다. 교사들은 지역사회 단체에 교실에서 진행하는 활동을 도와달라고 과감하게 요청할 수 있고, 또 그렇게 해야만 한다. 학부모들에게 이메일을 보내든, 구글에서 찾은 단체에 전화나 이메일로 연락하든 연결을 시도하는 데 두려움을 느낄 필요는 없다.

내가 교사로서 도움을 요청하려고 연락했을 때, 어느 단체도 "아니요, 도와주고 싶지 않습니다."라고 응답한 적은 없다. 그런 경우는 단 한 번도 없었다. 지금은 최적의 시기가 아니라서 두어 달 후에 다시 연락해 보라는 말을 들은 적은 있어도 학생들과의 연결을 아예 거절당한 적은 없었다.

지역사회와 상부상조할 수 있다

내가 "아니오."라는 말을 한 번도 듣지 못했던 이유는 단지 이타적이고 도움을 베풀 줄 아는 사람들에게만 연락했기 때문이 아니다. 그들은 모두 친절하고 도움을 주고 싶어 했지만, 전적으로 이타적인 이유에서 그런 것은 아니었다. 지역사회의 조직과 기업이 학교와 연결되면 실제로 여러 이점이 있다.

나는 학생들이 지역 대학과 협력해 프로젝트를 진행하는 수업을 진행한 적이 있다. 대학 학장이 우리 학교를 방문해 학생들 앞에서 발표했고, 우리 학생들에게도 대학으로 와서 프로젝트 결과를 발표하라고 초대했다. 이 대학은 심지어 우리가 그곳을 방문할 때 버스 경비도 지원했다. 대학의 실제적 청중 덕에 우리 학생들이 혜택을 누린 놀라운 경험이었다. 그때 수업을 들었던 일부 학생들은 현재 그 대학에 다니고 있다.

대학과 연계한 프로젝트 수업으로 학생들의 수업 참여도가 높아졌고, 대학은 등록 학생 수를 늘릴 수 있었다. 서로에게 이익이 된 것이다. 지역사회의 어떤 단체에 협력을 부탁하더라도 유사한 이점이 있을 것이다. 그들에게 미래의 학생, 예비 직원, 잠재적 지지자를 모집할 기회를 제공하기 때문이다. 대외적으로 활발히 활동하는 조직은 학교와의 협력에서 큰 홍보 효과를 누릴 수 있다. 게다가 청소년들로부터 그들에게 도움이 될 수 있는 참신한 아이디어를 얻는 기회도 된다.

이것이 지역사회 파트너들도 학생들의 프로젝트에 동참하고 싶어 하는 이유다. 그들은 "네"라고 말하고 싶어 한다. 그러나 교사에게 먼저 연락해서 도움을 제안하는 경우는 극히 드물 것이다. 공평하든 그렇지 못하든 간에 먼저 연결을 시도해야 하는 쪽은 교사이다. 영업 업계에서 고전처럼 통하는 말이 있다. "먼저 요구하지 않으면 원하는 것을 절대 얻지 못한다."

그렇다면 누구에게 연락해서 학생들과의 협력을 부탁할 수 있을까? 어떤 개인 또는 단체가 우리 수업을 한 단계 발전시키고, 학습의 실제성과 전문성을 제공할 수 있을까? 어떤 지역사회 파트너가 교사와 학생들을 필요로 할까?

디지털 다운로드 자료 속 간단한 이메일을 이용해 지역 단체에 도움을 요청할 수 있다. 지역 단체 정보는 newteachermindset.com의 Digital Download Reaching Out to a Professional에 접속하면 얻을 수 있다. QR 코드를 스캔해 보자.

소셜미디어 속 생산적인 목소리를 선별하라

지역사회가 학교와 협력관계를 맺을 수 있도록 초대하는 것은 교실에서 실제로 어떤 일이 일어나는지 밝히고, 모든 사람이 학교에 시간과 에너지를 투자할 때 학교가 어떻게 변화하는지 엿보는 기회가 되기도 한다. 하지만 100퍼센트 투자와 이해는 절대 현실이 될 수 없다. 분열 정치와 요란한 소셜미디어의 시대에서는 부정적인 비판이 항상 교사들을 향할 것이다. 이런 까닭에 교사들은 비판에 건강한 방식으로 대응하는 법을 개발하고, 장기적으로는 교사로서 성공하는 데 도움이 되지 않는 목소리를 현명하게 차단해야 한다.

우선 도움이 되지 않는 목소리를 차단하는 법부터 알아보자. 인터넷은 교사들에게 놀라운 자원이 될 수 있지만, 그만큼 부정적인 공간이 될 수도 있다. 인터넷의 부정적인 면이 긍정적인 면을 압도하는 경우가 종종 있다. 퓨연구센터(Pew Research Center)는 '대다수의 사람이 소셜미디어가 자신과 사회의 방향성에 부정적인 영향을 미친다고 느낀다'고 밝혔다.[2] 그 이유는 우리 뇌의 생리학에서 찾을 수 있다.

신경과학자 릭 핸슨Rick Hanson 박사는 "우리 뇌가 나쁜 것에는 찍찍이 테이프 벨크로처럼, 좋은 것에는 잘 미끄러지는 코팅제 테프론처럼 작용한다."고 말한다.[3] 우리 뇌는 긍정성보다 부정성을 훨씬 더 많이 흡수하도록 설계되어 있다.

그래서 오후 5시에 받은 한 통의 나쁜 이메일로 하루를 완전히 망칠 수 있다. 그래서 교사들은(그리고 모든 사람은) 주기적으로 소셜미디어를 차단해서 거기에 존재하는 부정적 내용을 피해야 한다. 이런 시간이 꼭 필요하다. 이는 부정성 편향이 내재하는 알고리즘을 가진 플랫폼에서 탈출하는 것을 의미할 수도 있다. 교육에 대한 긍정적인 방향성을 지닌 사람들과 웹페이지만 신중하게 선별해 팔로우하는 것을 의미할 수도 있다.

그렇다고 비슷한 의견을 가진 사람만 팔로우하라는 말은 아니다. 교육자로서 지속적으로 성장하기 위해서는 다양한 의견과 생각을 접해봐야 하며, 소셜미디어는 그렇게 할 수 있는 훌륭한 장소다. 대신, 우리가 팔로우하는 사람들이 우리의 교육 실천에 긍정적 영향을 줄 수 있는지 스스로 질문해야 한다. 그들은 영감을 주는 사람인가? 새로운 방식으로 생각하게 하는가? 학교와 교사, 학생들을 지원하는 사람인가?

이 질문들에 "그렇다"라고 답할 수 있는 사람이라면 팔로우하라. 부정성의 근원이 되는 사람이라면 소셜미디어 생활에서 그 사람을 제거하라. 우리 뇌는 부정성을 걸러내도록 만들어지지 않았다. 우리 뇌는 벨크로처럼 부정적인 것들을 붙들 것이고, 이것이 학생을 가르칠 때 방해가 될 수 있다. 페이스북에서 교육 제도에 관한 논란이 될 수 있는 주장을 자주 펼치는 고등학교 친구를 이제 언팔로우해야 할지도 모른다. 학교에서 일어나는 부정적인 일만 머리기사로 다루는 뉴스 사이트는 클릭하지 않는 게 좋다. 어쩌면 수업에 대한 좋은 아이디어를 제공하는 인스타그램 페이지만 팔로우하고 나머지는 언팔로우하는 것이 좋을지도 모른다.

고무적이고 유용한 매체를 선별하기 시작하면, 학교 외부 공동체와의 연결 기회는 더욱 증가할 것이고, 교사의 행복감과 만족감도 함께 커질 것이다.

학부모를 협력자로 만들어라

학부모에 관해 이야기를 나눠보자. 내(트레버) 학생 중에 크리스라는 아이가 있었다. 크리스는 매일 아침 눈을 뜨면 나를 괴롭히겠다고 마음먹고 등교하는 것 같았다. 교실에 음식을 숨겨놓고는 몇 주 후 썩은 내가 교실을 진동하게 만들기 일쑤였다. 책장에 꽂아둔 《위대한 개츠비》 뒤에서 덩어리진 초코우유를 발견한 적도 있다. 크리스는 끊임없이 소란을 일으켰고, 온갖 선제적 교실 관리 기법을 시도해도 그의 행동에는 전혀 효과가 없었다.

크리스는 번번이 무례하고 버릇없이 행동했다. 최악은 다른 학생들에게 방해가 된다는 것이었다. 어느 날, 참을 만큼 참은 나는 크리스를 교무실로 보내면서 반 친구들에게 사과하기 전까지는 교실로 돌아올 생각도 하지 말라고 했다.

그날 오후, 수업 준비를 하는데 행정실에서 전화가 왔다. 크리스의 어머니가 나와 통화하고 싶다는 메시지였다. 나는 속으로 생각했다. '잘됐어. 아마 오늘 수업이 끝나면 크리스를 교실로 데리고 와서 사과하겠다고 하겠지. 예전에 우리 어머니가 했던 것처럼 말이야.'

나는 수화기를 들었다. 이 어머니에게 아량을 베풀어 사과할 기회를 주려고 했다. 그러나 전화기 너머에서 예상치 않은 말이 들려왔다.

"뮤어 선생님, 선생님이 어떤 사람이라고 생각하세요? 크리스가 문자를 보냈더군요. 선생님이 크리스에게 교실에 들어올 생각도 하지 말라고 했다면서요. 내 아들을 얼마나 싫어하는지도 들었어요. 대체, 무엇 때문에 그러세요? 유치한 장난 좀 쳤다고 그러시는 거예요? 내일 교장 선생님을 만나서 크리스를 다른 반으로 옮겨 달라고 요청할 겁니다. 도무지 용납할 수가 없어요."

달까닥. 나는 어안이 벙벙했다. 어떻게 자기 아이 선생님과의 통화를 그런 식으로 끊을 수 있을까? 적어도 아이가 벌을 받는 이유는 물어봐야지, 왜 묻지도 않는 것일까? 내가 정말 아이를 미워하고, 그래서 수업에 들어오지 못하게 했다고 믿는 걸까?

나는 화가 났다. 이번 일은 자녀의 앞길에서 모든 장애물을 없애려고 애쓰면서 교사들을 방해하고, 옹졸하고 고집만 세고, 결국에는 자녀를 망치는 현대 부모에 대한 모든 고정관념을 확인시켜 주는 사례 같았다. 다음날 그 어머니는 교장에게 내가 자기 아들을 어떻게 대했는지 아느냐며, 내가 직접 와서 사과할 것을 요구했다. 나는 화가 치밀었다.

그날 크리스 어머니와의 면담을 기다리는 내내 기분이 몹시 언짢았다. 그녀가 도착하기 20분 전 즈음, 교장이 교실로 찾아왔다. 교장은 두 가지를 이야기했다. 하나는 내가 듣고 싶었던 말이었고, 다른 하나는 도무지 이해할 수 없는 말이었다.

그는 먼저 이렇게 말했다. "트레버 선생님, 이건 정말 말이 안 되지요. 선생님은 제대로 훈육했고, 크리스는 마땅히 받아야 할 벌을 받은 건데, 학부모는 선생님이 사과해야 한다고 생각하다니 참 어처구니없군요." 그러고 나서 그는 폭탄을 터뜨렸다. "그래도 선생님이 먼저 크리스 어머니에게 사과는 해야 합니다."

잠깐, 뭐라고요? 집에서 부모가 해야 할 일을 내가 대신한 것인데, 어떻게 그걸 가지고 내게 사과하라고 할 수 있지? 나는 "당신 아들에게 꼭 필요한 예의를 가르쳐서 정말 죄송합니다."라고 말하고 싶었다.

까다로운 학부모를 상대하는 비결

교장은 내가 느끼는 불만을 털어놓을 수 있게 하면서도 다년간 학부모와 학생들을 경험하면서 얻은 지혜를 나눠줬다. 그는 이 어머니가 아들을 정말 사랑한다고 말했다. 크리스 어머니는 세상 누구보다 크리스를 아끼며, 아들이 성공할 수 있도록 무엇이든 할 사람이라고 했다. 또 이 어머니는 그저 내가 그녀와 같은 마음으로 크리스를 대한다는 사실을 알지 못하는 것뿐이라면서 만약 그 사실을 깨닫게 할 수 있다면, 즉 나도 크리스에게 최선의 것을 원한다는 사실만 알릴 수 있다면 그녀는 누구보다 강력한 협력자가 될 거라고 했다.

마침내 나는 크리스 어머니와 만났다. 우선 자존심은 집어넣고, 상황을 처리하면서 생긴 모든 부적절한 부분에 대해 사과하며 면담을 시작했다. 변명을 늘어놓거나 크리스가 벌을 받게 된 사건을 일일이 나열하는 대신에, 나는 일이 이렇게 되어서 미안하다고 먼저 말했다. 그리고 크리스가 다시 수업에 집중할 수 있게 어머니가 도와줬으면 좋겠다는 말도 잊지 않았다.

긴장감은 곧바로 사라졌다. 내 태도에 크리스 어머니는 완전히 놀랐고, 모든 분노와 불신이 연기처럼 사라졌다. 겉보기에도 긴장이 풀린 표정으로 그녀가 말했다.

"그렇게 말씀해주시니 정말 감사합니다. 크리스는 선생님 수업을 정말 좋아한답니다. 선생님이 크리스를 포기하지 않으셔서 정말 기뻐요."

교장의 지혜가 증명되는 순간이었다. 이 어머니는 나를 나쁜 교사로 생각하는 게 아니었다. 내가 자기 아들을 포기했을까 봐 내심 걱정했던 것이다. 그렇지 않다는 것을 알게 되자, 우리는 훌륭한 대화를 나눌 수 있었다. 그녀는 자신이 이혼 절차를 밟는 중이고, 그로 인해 크리스가 최근 들어 못되게 행동하고 있다고 털어놓았다. 그녀는 아들의 행동에 대해 사과하면서 그 일로 내가 얼마나 곤란했을지 이해한다고 말했다. 우리는 크리스를 위한 계획을 함께 세웠고, 긍정적인 분위기 속에서 대화를 마무리했다.

학부모 협력자가 생겼을 때의 장점

다음 날 아침, 크리스는 학교 수업이 시작되기 30분 전에 교실에 와서 내게 사과했다. 올해 내내 못되게 행동해서 죄송하다고 말하고, 앞으로 더 잘하겠다고 약속했다. 나는 공손한 크리스의 모습에 많이 놀랐고, 그가 사과를 해줘서 고마웠다. 나중에야 알게 된 사실인데, 크리스는 한 달 동안 외출이 금지되었고, 그날 아침 어머니가 시켜서 나에게 사과한 것이었다. 그녀는 확실한 내 편이었다.

때로는 부모들이 고압적일 수 있다. 존이나 나나 어렵고 까다로운 학부모를 많이 만나봤다. 지난 10년 사이에 그 수는 더 늘었다. 그래서 흔히들 학부모는 교사의 적이고, 의도적으로 교사를 방해하고 헬리콥터처럼 자녀 주변에 머물며 개입하는 존재로 인식하기 쉽다.

학부모에게 그런 낙인을 찍고 그들의 가치를 무시하는 것은 엄청난 기회를 놓치는 일이다. 사실, 부모들은 자녀에게 최선의 것을 원하고, 항상 교사들이 같은 마음이라고 믿지는 못하기 때문에 때로는 과도하게 간섭할 수 있다. 이것은 교사들에게 공평하지 않은 일이다. 교사들은 충분히 많은 업무와 책임을 맡고 있다. 그러므로 학생들에 대한 헌신을 굳이 말로 표현하지 않더라도 존경과 지원을 받아 마땅하다.

그러나 교사들이 말로 표현하지 않기 때문에 학부모들이 고압적인 태도를 보이는 것일지도 모른다. 부모들에게 우리가 그들 자녀에게 이익이 되는 것을 중요하게 생각한다는 사실을 분명히 전달할 수 있다면, 애초에 교사가 된 주된 동기가 학생들의 이익을 위한 것임을 알릴 수 있다면, 부모들은 자기 자녀에게 가장 좋은 일을 하기 시작할 것이다. 그 일은 바로 교사를 지지하는 것이다. 이것이 크리스의 일로 나에게 일어난 깨달음이었다.

면담 이후로 크리스의 어머니는 가장 든든한 지지자가 되었다. 내가 크리스를 훈육할 때마다 지지했고, 학부모 자원봉사자가 필요할 때마다 가장 먼저 달려왔다. 다른 학부모들과 함께 나를 도왔고, 격려의 이메일을 보냈다. 그 후로 단 한 번도 서로 얼굴을 붉힐 일이 없었다. 크리스의 어머니는 적이 아니라 협력자가 되었다. 이것이 우리가 학부모를 대할 때 길러야 할 태도이자 마음가짐이다. 부모들은 교사가 자기 자녀를 신경 쓴다는 것을 안다면 교사를 지원하기 위해 무엇이든 할 것이다.

여기 학부모와 친밀한 관계를 형성하고, 학급 관리를 위한 강력한 협력자로 만들기 위한 몇 가지 방법이 있다.

학부모와 되도록 자주 소통하라

학생들이 주중에 부모나 양육자와 보내는 시간보다 교사와 보내는 시간이 더 많다는 사실을 아는가. 부모들은 자녀가 집을 떠나 있는 8시간 동안 무슨 일이 일어나는지 알고 싶어 한다. 따라서 의사소통이 열쇠다. 의사소통을 돕는 효과적인 방법 몇 가지를 살펴보자.

- **주간 소식지를 만든다.** 매주 학생이 수업에서 무엇을 하고 어떤 태도를 보이는지 공유할 수 있다.
- **간단한 최신 소식 동영상을 녹화한다.** 부모들이 학교에 방문하지 않고도 학생들이 생활하는 모습을 주기적으로 보고 들을 수 있다.
- **좋은 소식을 보호자와 공유한다.** 하루에 2분씩 시간을 내어 학부모에게 학생에 관한 긍정적인 말을 전달한다. 학생이 수업 시간에 처음으로 손을 들어 발표했다고 칭찬하는 간단한 말도 좋다. 몇몇 학부모의 말을 빌리자면, 누군가가 내 아이를 자랑스러워한다는 말을 듣는 것보다 더 행복한 일은 없다고 한다. 교사에게는 든든한 협력자가 생길 뿐 아니라, 부모의 기쁨이 학생에게도 전해질 것이다.
- **전화 통화를 한다.** 학생의 문제를 해결하기 위해 이메일을 보내는 것도

좋지만, 전화 통화가 대체로 더 효과적이다. 이메일로는 오해를 사기 쉽고, 목소리는 물론이고 어조와 감정도 제대로 전달할 수 없다. 물론 전화로 학부모와 어려운 대화를 나누는 일이 두려울 수도 있지만, 계속하다 보면 기술이 점점 좋아질 것이다.

- **학부모-교사 면담을 독려한다.** 학부모-교사 면담은 교사가 학생들의 보호자와 연결될 수 있는 강력한 방법이지만, 학부모들은 그들이 미칠 영향력을 모를 수도 있다. 몇 주 전에 미리 이메일을 보내 이 짧은 면담이 중요한 이유를 설명하고, 꼭 참석하도록 독려하는 것이 좋다.

지역사회를 체험하라

지역사회 구성원들의 태도를 이해하기 위해 지역 전체를 아는 것이 중요하다. 지역사회를 체험하는 방법에는 '체험하기'와 '성찰하기'가 있다.

지역사회를 체험하는 방법

- 자전거를 타고 동네를 돌아다녀 보며 냄새, 경치, 소리, 사람들의 분위기를 온전히 느껴본다.
- 작은 식료품점, 정육점, 그 외 낯설게 느껴지는 가게에 방문한다.
- 지역에서 열리는 종교 행사에 참석하는 것도 고려해 보라. 만약 다른 민족 집단의 학생들을 가르치고 있다면, 그들의 예배 방식을 경험하며 다른 문화를 이해할 수 있다.
- 진지하게 그 지역에 거주하는 것을 고려해 보라. 독신 교사라면 기혼

자들처럼 가족으로서의 의무 같은 제약이 없을 것이다.

- 지역 안전 지킴이나 지역 교육위원회처럼 지역 문제를 알 수 있는 모임
에 참석한다.

지역사회를 성찰하는 방법

- 이 지역사회의 가치관은 무엇인가? 내 가치관과 어떻게 비슷하고 어떻게 다른가?
- 어떤 문화 충격을 경험했는가? 학생들이 학교에 갔을 때 비슷하거나 다른 문화 충격을 어떤 식으로 경험할 수 있을까?
- 이 지역사회가 제공할 수 있는 숨겨진 자산은 무엇인가?

주

1. Virginia Commonwealth University Center on Society and Health. (2015). Why education matters to health: Exploring the causes. https://societyhealth.vcu.edu/work/the-projects/why-education-matters-to-health-exploring-the-causes. html
2. Auxier, Brooke. (2020). 64% of Americans say social media have a mostly negative effect on the way things are going in the U.S. today. *Pew Research Center.* https://www.pewresearch.org/fact-tank/2020/10/15/64-of-americans-say-social-media-have-a-mostly-negative-effect-on-the-way-things-are-going-in-the-u-s-today/
3. The neuroscience of happiness. (n.d.). *Greater Good* magazine. Retrieved from https://greatergood.berkeley.edu/article/item/the_neuroscience_of_happiness

언제든 실수하고
실수에서 배워라

'이건 그냥 꿈일 뿐이야.' 교사는 자신에게 속삭였다. 그러나 그냥 꿈이 아니었다. 악몽이었다. 10년 넘게 매년 8월이 되면 똑같은 악몽을 반복해서 꾼다.

나는 교실에 있다. 학생들에게 말하려고 하지만, 음 소거 모드인 것처럼 목소리가 나오질 않는다. 지시를 내리는 게 불가능하다. 입술을 움직이지만, 목소리는 몸 안에 갇혀 있다. 교실은 크고 황량하다. 교실 벽이 허물어지고 금이 간다. 한편, 학생들은 책상 위에 올라가고, 교실 건너편에서 소리를 지른다. 어떤 학생들은 책장에서 물건을 꺼내 던진다. 교장이 들어온다. 손에는 클립보드를 들고 있다. 교사의 무능함을 못마땅하게 여기며 고개를 젓는다. 클립보드에 '학급 관리 능력 미흡'이라고 휘갈겨 쓴다. 나는 마침내 목소리를 회복해 반 학생들에게 소리를 지른다. 그러나 돌아오는 건 웃음소리뿐이다.

이것이 교사들이 경험하는 '개학 첫 주의 악몽'이다. 매년 새 학기가 시작되기 한 달 전에 반복해서 꾸는 꿈으로, 다시 교실로 들어가야 한다는 불안감과 압박감, 걱정이 무의식중에 드러난다. 시간이 지나면서 꿈의 배경과 등장인물은 바뀌지만, 이야기의 흐름은 항상 같다.

학생들이 학습 활동을 안 하겠다고 하면 어떻게 하지? 목소리를 높여야만 하는 상황이 오면 어떻게 하지? 아이들이 내 말을 진지하게 받아들이지 않으면? 내가 준비가 안 되면? 화난 학부모들이 교장실에 전화하면 어떻게 하지? 실패하면 어떻게 하지?

이런 악몽을 괜히 꾸는 게 아니다. 사실, 이 악몽은 교사 생활을 하는 동안 현실이 되기도 했다. 한꺼번에 모든 일이 벌어지지는 않았지만, 거의 20년에 걸쳐 많은 교사가 두려워하는 모든 일이 실제로 일어났다. 준비가 부족한 상태로 수업에 들어갔다가 수업을 망친 적도 있고, 학생들의 비웃음을 사는 순간도 있었다.

조용히 하라고 지시하는 게 불가능해 보이는 '문제 학급'이 꼭 하나는 있었다. 좌절감에 반 아이들에게 소리를 지른 적도 있었다. 교실 벽이 실제로 무너진 적은 없지만, 저소득 지역 학교에 제공되는 자료와 장비가 턱없이 부족했기 때문에 비유적으로 말해서 벽이 무너져 내린 듯한 압박감을 느낀 적도 있다.

교사들은 대부분 교실에서 자신의 목소리도, 선택권도, 통제권도 없다고 느껴지는 순간들을 경험한다. 아무리 자주 연수를 받고, 아무리 많은 직무 개발용 책을 읽고, 수업 경험이 아무리 많아도 교사라는 직업은 여전히 수많은 도전으로 가득 차 있다.

하지만 교사들은 어떤 도전에도 무너지지 않았다. 실패와 실패하는 것 사이에는 차이가 있다. 실패는 끝을 의미한다. 즉, 더는 진전이 일어나지 않는 한계점이다. 그러나 실패하는 것은 기회를 의미한다. 교사가 되었을 때 모든 것을 완벽하게 해낼 가능성은 없다. 교사도 인간이기 때문이다. 미세한 변화와 변수도 많거니와 도전과 갈등 상황도 너무 자주 일어나고, 이야기도 매우 다양하다. 하지만 그 모든 도전 속에 성장할 기회가 있다. 이 사실을 알고 가르치면 시간이 지날수록 같은 과정에서도 성장의 순간을 더 많이 관찰할 수 있다.

학생들과 관계를 쌓는 것은 골치 아픈 일이다. 하지만 불우한 환경에서 자라 고등학교를 힘들게 졸업한 제자가 몇 년 후 대학 졸업장을 받았다는 소식을 전할 때, 우리는 이 골치 아픈 일이 어째서 가치가 있는지 단번에 이해할 수 있다. 완전히 실패한 수업을 다시 조정하고 그 결과로 학생들이 변화하고 참여하는 것을 본다면, 우리는 그런 과정이 비록 어려운 도전일지라도 보람 있다는 것을 깨닫는다.

아이가 처음으로 글을 읽는 것을 보면서 기쁨을 느낄 때, 내성적인 학생이 또래들 앞에서 용감하게 발표하는 것을 볼 때, 학생들이 지역사회에 진정한 변화를 일으키는 무언가를 창조하거나, 어려운 토론에 적극적으로 참여하거나, 교사의 격려 덕분에 더 자신감 있게 걷는 모습을 볼 때, 교사가 만든 학급 풍토 속에서 반 아이들이 친절하고 포용적으로 행동하는 모습을 볼 때, 우리는 가르치는 일이 왜 가치 있는지 단번에 이해할 수 있다.

교사가 학생에게 미치는 영향은 크든 작든, 지속적이든 순간적이든 교육에 헌신하는 일이 얼마나 가치 있는지를 보여준다. 작은 변화와 소소한 기쁨의 순간들 속에서 가르치는 일의 진정한 본질이 살아나고, 교사가 학생들 인생에 일으킬 수 있는 변화를 다시금 확인하게 된다. 그러므로 교사는 적응해야 한다. 이것이 교사가 끝까지 버티는 데 필요한 회복력을 키우는 이유다.

교사의 역할은 매우 중요하다. 아마 이것이 교사들이 꿈도 꾸고 악몽도 꾸는 이유일 것이다. 중요한 일이 다가오면 의식과 무의식에 영향을 미치기 마련이다. 초임 교사라면 교사로서 맞이할 첫날이 다가올수록 불안감을 느낄 것이다. 당연한 일이다. 이제 매우 중요한 일을 앞두고 있지 않은가.

경력 30년 차 교사도 새 학기 첫날을 시작할 때면 아마 여전히 긴장하고 불안감을 느낄 것이다. 당연한 일이다. 여전히 매우 중요한 일을 앞두고 있기 때문이다. 그러니 긴장할 수밖에 없다.

첫날은 정말 중요하다. 그러나 꼭 그렇지만도 않다. 우리(트레버와 존)는 초임 교사였을 때, 새 학기 처음 며칠을 중점적으로 다룬 책을 읽었다. 학급 규칙과 수업 절차, 책상 배치에 관해 배울 수 있었다. 메시지는 분명했다. 좋은 첫인상을 남기고, 한 해를 위한 분위기를 형성하고, 새 학기 첫 주에 잘못하면 남은 한 해 동안 그것을 바로잡기 위해 계속 애써야 한다는 것이었다.

하지만 시간이 흐르면서 우리는 새 학기 첫 주가 과대평가 되었음을 깨달았다. 첫 주에만 너무 집중하는 것은 결혼식 당일에만 초점을 맞추고, 그다음 이어지는 모든 날 속에서 진정한 삶을 찾을 수 있다는 사실을 잊는 것과 같다.

교단에 선 첫해와 새 학기 첫 주는 장대한 여정의 서막에 불과하다. 서막이 중요하기는 하지만, 장대한 여정은 서막 속에만 있는 것이 아니다. 사건이 일어나고, 갈등이 깊어지고, 인물들이 성장하고, 줄거리가 복잡해지면서 더 넓은 여정이 펼쳐진다.

'새 학기 첫날' 복장을 고집하거나 '새 학기 첫날' 인사말을 연습하는 것도 나름 괜찮다. 그러나 그에 못지않게 중요한 것, 어쩌면 더 본질적인 것은 지치고 영감이 필요한 114일째 되는 날에도 어떻게 계속해서 실험하고 성장할지 고민하는 것이다. 그런 순간에, 그리고 교사로서 맞이할 수많은 순간에 우리는 다른 접근법을 찾아야 한다.

혁신은 출근 첫날이나 개학 첫날에만 필요한 개념이 아니다. 25일째 되는 날, 4025일째 되는 날도 마찬가지다. 하루하루가 혁신할 기회라고 생각하고, 언제든 실수하고, 그 과정에서 배울 수 있는 자유를 누려야 한다. 끊임없이 변화하는 세상 속에서 항상 새로운 학생들을 만나고, 새로운 상황에 놓이고, 새로운 지식을 얻고, 새로운 전략을 사용할 것이므로 매년 새로 시작하는 교사가 된다는 것을 깨달아야 한다.

변화는 마음가짐에서 시작된다. 예비 교사이든 교단에 선 지 수십 년이 된 교사이든 우리 모두 항상 새로 시작하는 교사가 된다는 것을 알아야 한다. 학생들을 돕기 위해 그리고 학생들이 변화시킬 세상을 위해 가르치는 일에 새로운 시각으로 접근해야 한다. 끊임없이 탐구하고 발견하며, 실패하고 성공하고 성장할 기회를 놓치지 말아야 한다.

우선 글 쓰는 일을 사랑하도록 이끌어 준 리암스 선생님과 내가 소리 내어 내 글을 읽을 수 있게 용기를 준 초니에르 선생님께 감사하다. 담당 교사가 아닌데도 방과 후에 남아 수학 공부를 잡아준 볼랜더 선생님, 부모님의 이혼을 견뎌낼 수 있게 도움을 준 피터스 선생님, 공부할 때 완벽을 추구하도록 격려해 준 페리 선생님께 깊은 감사의 인사를 전한다.

미국 현대언어학회의 핸드북(MLA Handbook)이 여전히 꿈에 나타나 나를 괴롭히지만, 그래도 감사하다. 교사는 이야기꾼임을 몸소 보여준 휘트니 선생님, 내가 나를 믿을 수 있게 지도해 준 밴디 선생님, 책임감을 가르쳐준 스카일러 선생님, 교직에 50년을 있어도 여전히 새로운 교사일 수 있다는 사실을 보여준 스틸맨 선생님께도 감사하다.

그리고 지금의 내가 될 수 있게 시간과 에너지, 열정과 전문지식, 인내를 아끼지 않은 모든 선생님께 감사드린다. 선생님들은 나에게 축복이었고, 그것은 지금까지도 변함없는 일이다.

- 트레버 뮤어

내 생각과 이야기, 입에서 나온 말은 나 혼자만의 산물이 아니다. 그 안에는 지금의 내가 될 수 있도록 깊은 영향을 준 여러 훌륭한 선생님들의 노력이 어우러져 있다.

나조차 나를 믿지 못할 때도 끝까지 믿음을 보여준 모든 선생님께 감사하다. 특히 역사를 사랑할 수 있게 영감을 심어주고, 투지력을 키울 수 있도록 지켜봐 준 스무트 선생님께 감사드린다. 나는 중학교 2학년 때 처음으로 프로젝트 기반 학습을 경험했다. 그때 스무트 선생님 덕분에 나를 표현하는 목소리를 찾을 수 있었다. 역사 연구가 재미있는 일이며, 모든 창의적인 행위가 곧 용기의 표현임을 일깨워준 다로우 선생님, 갈등 속에 숨겨진 미묘한 차이를 통찰할 수 있게 해준 앨런 선생님께도 감사하다.

비문학 독서에 흥미를 느끼게 하고, 가장 힘들고 외로웠던 고등학교 시절 대화를 나눈 베데네 선생님과 월러 선생님께도 감사하다. 더 좋은 작가가 되고 싶은 열망을 가진 사람으로 성장하도록 이끈 무어 선생님께도 감사를 전한다. 인내심을 가지고 수학을 개인 지도하고, 그래서 통계학이 재미있는 과목임을 깨닫게 해준 바일 선생님께도 진심으로 감사하다.

초임 교사였을 때 '성공은 시험 점수가 아니라 충실함에 있다'는 사실을 일깨우며 조언을 아끼지 않았던 친구 브래드에게도 고마운 마음을 전한다.

- 존 스펜서

교사를 위한
학급운영 마인드셋

초판 1쇄 인쇄 2025년 5월 14일
초판 1쇄 발행 2025년 5월 20일

지은이 | 트레버 뮤어, 존 스펜서
옮긴이 | 허성심
펴낸이 | 심남숙
펴낸곳 | ㈜한문화멀티미디어
등록 | 1990. 11. 28 제21-209호
주소 | 서울시 광진구 능동로43길 3-5 동인빌딩 3층 (04915)
전화 | 영업부 2016-3500 편집부 2016-3507
홈페이지 | http://www.hanmunhwa.com

운영이사 | 이미향
편집 | 강정화 최연실
기획·홍보 | 진정근
디자인·제작 | 이정희
경영 | 강윤정
회계 | 김옥희
영업 | 이광우

만든 사람들
책임 편집 | 한지윤 디자인 | 하현정
인쇄 | 천일문화사

ISBN 978-89-5699-489-5 03370